汽车鉴定与评估实务

主　编　董恩国　孙奇涵
副主编　武小芳　张翠华

北京理工大学出版社
BEIJING INSTITUTE OF TECHNOLOGY PRESS

内 容 简 介

本书以汽车评估国家职业标准为依据,合理安排教材的知识结构和能力结构,系统介绍了汽车鉴定与评估概述、汽车基础知识、旧机动车鉴定评估方法、旧机动车技术状况鉴定、旧汽车评估实务、旧机动车交易市场和运作、汽车碰撞损失评估、新汽车评估和旧机动车鉴定评估师等相关内容,覆盖了当前汽车评估工作中所需的基本知识和基本技能。

本书可作为交通运输专业、车辆工程专业、汽车运用专业、汽车服务工程专业和汽车技术服务与营销等相关专业的教材,同时适用于汽车行业及相关行业的工程技术人员、汽车检测人员及广大汽车驾驶员的阅读参考。

版权专有　侵权必究

图书在版编目(CIP)数据

汽车鉴定与评估实务 / 董恩国,孙奇涵主编. —北京:北京理工大学出版社,(2021.7 重印)
ISBN 978-7-5640-5319-2

Ⅰ.①汽… Ⅱ.①董…②孙… Ⅲ.①汽车-鉴定②汽车-评估 Ⅳ.①U472

中国版本图书馆 CIP 数据核字(2011)第 244884 号

出版发行 / 北京理工大学出版社
社　　址 / 北京市海淀区中关村南大街 5 号
邮　　编 / 100081
电　　话 / (010)68914775(办公室)　68944990(批销中心)　68911084(读者服务部)
网　　址 / http://www.bitpress.com.cn
经　　销 / 全国各地新华书店
印　　刷 / 涿州市新华印刷有限公司
开　　本 / 787 毫米×1092 毫米　1/16
印　　张 / 16.25
字　　数 / 372 千字
版　　次 / 2021 年 7 月第 1 版第 9 次印刷　　　责任编辑 / 张慧峰
定　　价 / 43.00 元　　　　　　　　　　　　　责任校对 / 周瑞红
　　　　　　　　　　　　　　　　　　　　　　　责任印制 / 吴皓云

图书出现印装质量问题,本社负责调换

前　　言

随着我国汽车工业的飞速发展，汽车销售、汽车保险、汽车置换等汽车服务性行业迅速发展，汽车评估就是在这样的市场经济条件下应运而生的。所谓汽车评估，就是由汽车评估机构的专业评估人员，根据特定的目的，遵循客观经济规律和公正的原则，按照法定的标准和程序，运用科学的方法，对汽车的现实价格进行评定和估算。它是汽车交易、置换等服务的重要组成部分。

旧机动车交易在我国经过近 20 年的发展已成为汽车市场的重要组成部分，随着经济环境的回暖和旧机动车相关政策的相继出台，中国旧机动车市场发展前景广阔，预计在 2012 年交易量将突破 500 万辆。旧机动车交易涉及新车销售所没有的许多社会热点知识，如汽车技术鉴定、评估、拍卖、经纪、置换、典当、过户等，这些服务领域丰富了旧机动车的研究内容。随着我国旧机动车行业的不断发展，市场对该行业人才的需求日渐高涨，对专业技术人员水平的要求也不断提高。

国家已对旧机动车鉴定评估师实行职业资格证书准入制度，在这个背景下，二手车鉴定评估师更加成为市场稀缺的热门人才之一。

考虑到汽车交易市场对汽车专业人才的需求，编者编写了《汽车鉴定与评估实务》一书。

在本书的编写过程中，我们力求体现以下特色：

一、注重知识的系统性，合理安排教材的知识结构和能力结构。

二、理论体系合理，内容循序渐进，有充足的案例说明，重视基本能力的培养。

三、强调理论与实际的联系，突出实用性，以提高学习者解决实际问题的能力。

本书共分 9 章，分别是汽车鉴定与评估概述、汽车基础知识、旧机动车鉴定评估方法、旧机动车技术状况鉴定、旧汽车评估实务、旧机动车交易市场和运作、汽车碰撞损失评估、新汽车评估和旧机动车鉴定评估师，内容覆盖了当前汽车评估工作中所需的基本知识和基本技能。在附录中我们提供了与汽车评估直接相关的部分法规、鉴定评估报告书示范及常用表格。

本书由天津职业技术师范大学董恩国、孙奇涵任主编，由董恩国对全书进行统稿。全书编写分工如下：第 1 章、第 5 章、第 7 章由董恩国编写；第 2 章、第 3 章由孙奇涵编写；第 4 章及第 6 章由淄博工业学校武小芳编写；第 8 章、第 9 章及附录部分由天津职业技术师范大学中职硕士张翠华（天津公用高级技工学校）编写，此外吉林科技职业技术学院杨秀丽参加了本书的编写。

本书在编写过程中参考并引用了许多文献资料，为此向相关作者表示衷心的感谢！由于作者水平有限，书中难免会有不当之处或错误，恳请同行专家及广大读者批评指正。

目 录

第1章 汽车鉴定与评估概述 ... 1
- 1.1 汽车鉴定评估的概念 ... 1
- 1.2 汽车鉴定评估的目的及特点 ... 2
- 1.3 汽车鉴定评估原则及基本程序 ... 4
- 1.4 国外汽车评估简介 ... 8
- 1.5 我国汽车评估简介 ... 10

第2章 汽车基础知识 ... 14
- 2.1 车辆识别代号（VIN）和汽车产品型号 ... 14
- 2.2 汽车的主要性能参数 ... 18
  - 2.2.1 汽车的主要技术参数 ... 18
  - 2.2.2 汽车的主要性能指标 ... 24
  - 2.2.3 汽车经济使用寿命 ... 27

第3章 旧机动车鉴定评估方法 ... 31
- 3.1 旧机动车鉴定评估概述 ... 31
- 3.2 旧汽车成新率的确定 ... 33
- 3.3 二手车价格鉴定评估的基本方法 ... 46
  - 3.3.1 重置成本法 ... 46
  - 3.3.2 现行市价法 ... 54
  - 3.3.3 收益现值法 ... 59
  - 3.3.4 清算价格法 ... 61
  - 3.3.5 旧机动车价格评估方法的比较和应用 ... 64
- 3.4 二手车评估技巧 ... 66

第4章 旧机动车技术状况鉴定 ... 69
- 4.1 旧机动车技术状况的静态检查 ... 69
- 4.2 旧机动车技术状况的动态检查 ... 73
- 4.3 旧机动车状况的仪器检测 ... 75
- 4.4 旧机动车技术状况的评定与分级标准 ... 82

第5章 旧汽车评估实务 ... 88
- 5.1 旧汽车评估的前期准备工作 ... 88
- 5.2 现场鉴定 ... 91
  - 5.2.1 旧汽车评估的手续检查 ... 91
  - 5.2.2 鉴定旧汽车技术状况 ... 98
  - 5.2.3 车辆拍照 ... 98
- 5.3 评定估算工作 ... 99

5.4 撰写旧汽车评估报告 …………………………………………………… 100

第6章 旧机动车交易市场和运作 …………………………………………… 110
6.1 我国的旧机动车交易市场 ………………………………………………… 110
6.2 旧机动车销售实务 ………………………………………………………… 112
    6.2.1 二手车收购评估 …………………………………………………… 112
    6.2.2 二手车收购定价 …………………………………………………… 113
    6.2.3 二手车销售定价 …………………………………………………… 116
6.3 汽车置换 ……………………………………………………………………… 118
6.4 机动车质押典当 ……………………………………………………………… 120
6.5 旧机动车的投资 ……………………………………………………………… 123
    6.5.1 资金的时间价值 …………………………………………………… 123
    6.5.2 投资方案的选择 …………………………………………………… 126
6.6 旧机动车交易过户、转籍的办理程序 …………………………………… 129
    6.6.1 常见二手车交易类型 ……………………………………………… 129
    6.6.2 二手车交易程序 …………………………………………………… 130

第7章 汽车碰撞损失评估 …………………………………………………… 139
7.1 汽车型号的确定 ……………………………………………………………… 139
7.2 碰撞损伤的诊断 ……………………………………………………………… 141
    7.2.1 基本的汽车碰撞损伤鉴定步骤 …………………………………… 141
    7.2.2 碰撞对不同车身结构的影响 ……………………………………… 143
    7.2.3 发动机、底盘的定损 ……………………………………………… 153
    7.2.4 电器设备与空调系统的定损 ……………………………………… 155
    7.2.5 车辆其他保险事故的定损 ………………………………………… 157
7.3 损失项目的确定 ……………………………………………………………… 158
7.4 汽车修理工时费用的确定 ………………………………………………… 163
7.5 车辆损失评估报告的撰写 ………………………………………………… 169

第8章 新汽车评估 …………………………………………………………… 174
8.1 新汽车的价格 ………………………………………………………………… 174
8.2 新汽车的定价 ………………………………………………………………… 177
    8.2.1 新汽车的定价方法 ………………………………………………… 177
    8.2.2 新汽车的定价策略 ………………………………………………… 180
8.3 新汽车评估实例 ……………………………………………………………… 183

第9章 旧机动车鉴定评估师 ………………………………………………… 190
9.1 鉴定评估师的职业背景 ……………………………………………………… 190
9.2 鉴定评估师的基本要求 ……………………………………………………… 192
9.3 鉴定评估师的技能要求 ……………………………………………………… 194
    9.3.1 旧机动车鉴定估价师 ……………………………………………… 194
    9.3.2 旧机动车高级鉴定估价师职业技能标准 ……………………… 195
9.4 鉴定评估师考核实施办法 ………………………………………………… 197

附录一　机动车登记规定……………………………………………… 202
附录二　旧机动车流通管理办法…………………………………… 216
附录三　汽车报废标准……………………………………………… 221
附录四　旧机动车鉴定评估委托书样本…………………………… 222
附录五　机动车鉴定评估作业表…………………………………… 224
附录六　二手车技术状况调查表…………………………………… 225
附录七　旧机动车鉴定评估报告书………………………………… 226
附录八　二手车鉴定评估收费标准………………………………… 229
附录九　机动车注册登记/转入申请表…………………………… 230
附录十　二手车交易合同…………………………………………… 232
附录十一　车损评估表……………………………………………… 239
附录十二　工时费标准……………………………………………… 241
附录十三　旧机动车鉴定评估师技能要求………………………… 246
参考文献…………………………………………………………… 250

第 1 章 汽车鉴定与评估概述

1.1 汽车鉴定评估的概念

汽车鉴定评估是指依法设立具有执业资质的汽车鉴定评估机构和汽车鉴定评估人员，接受国家机关和各类市场主体的委托，按照特定的目的，遵循法定或公允的标准和程序，运用科学的方法，对经济和社会活动中涉及的汽车所进行的技术鉴定，并根据鉴定结果对汽车在鉴定评估基准日的价值进行评定估算的过程。

1. 汽车评估的分类

广义的汽车评估常指新汽车评估与旧汽车评估两种价值评估和碰撞损失评估、水灾损失评估、火灾损失评估、盗抢损失评估 4 种事故车损失评估；狭义的汽车评估主要指旧汽车评估和事故车中的碰撞损失评估及碰撞后的贬值评估。

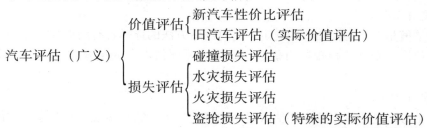

汽车评估的分类为汽车价格评估提供具有可操作性的、实用性强的技术平台，确保汽车价格鉴定活动在技术规范的基础上，确保客观性、公平性，并进一步提升价格鉴定人员的工作水平和工作质量，保证汽车价格鉴定的客观公正。

汽车评估需要解决的关键问题包括：

（1）结合当前的机动车市场情况和现有的各种估价方法，提出适合国情的机动车估价方法。

（2）结合汽车鉴定估价的特殊要求，综合应用经济学和法学等学科知识，提出汽车价格鉴定估价的流程和原则。

2. 汽车鉴定评估要素

汽车鉴定评估共涉及了 8 个基本要素，主要包括：鉴定评估主体、鉴定评估客体、鉴定评估依据、鉴定评估目的、鉴定评估原则、鉴定评估程序、鉴定评估值和鉴定评估方法。

1）鉴定评估主体

鉴定评估主体是指从事汽车鉴定评估的机构和人员，这是汽车鉴定评估工作中的主导者。在汽车鉴定评估业务中，对汽车鉴定评估的主体资格有严格的限制条件。

2）鉴定评估客体

鉴定评估客体通常是指被评估的车辆，这是鉴定评估的具体对象。合理科学地对机动车进行分类，有利于在评估过程中进行信息资料的搜集和应用。被评估车辆可以按照不同标准分为汽车、电车、农用运输车、拖拉机和挂车等。按照车辆的使用用途可以将机动车分为营运车辆、非营运车辆和特种车辆，其中营运车辆又可分为公路客运、公交客运、出租客运、旅游客运、货运和租赁几种类型。特种车辆又可分为警用、消防、救护和工程抢险等车型。

注意：评估的客体不仅仅包含车辆，还包括与车辆相关的无形资产，如出租车营运车线路营运权等。

3）鉴定评估依据

鉴定评估依据是指汽车鉴定评估工作所遵循的法律、法规、经济行为文件、合同协议以及收费标准和其他参考依据。

4）鉴定评估目的

鉴定评估目的是指车辆鉴定评估所要服务的经济行为是什么？车辆鉴定评估的目的将影响车辆评估方法的选择。

5）鉴定评估原则

鉴定评估原则是指车辆鉴定评估的行为规范。它是调节车辆评估当事人各方关系、处理鉴定评估业务的行为准则。

6）鉴定评估程序

鉴定评估程序是指汽车鉴定评估工作从开始到最后结束的工作程序。

7）鉴定评估值

鉴定评估值是对汽车评估值的规定，它对评估方法的选择具有约束性。如果需要评估汽车的现行市价法，则宜选择现行市价法；如果需要评估汽车的重置成本，则要使用重置成本法。

8）鉴定评估方法

鉴定评估方法是指汽车鉴定评估所运用的特定技术，它是实现汽车鉴定评估值的手段和途径。目前常用重置成本法对车辆的价值进行评定和估算。

以上8种要素之间相互依托，是保证汽车鉴定评估工作正常进行和评估值科学性的重要因素。

3. 汽车鉴定与评估的核心要素

对于汽车鉴定与评估，最核心的要素有以下两点：

（1）汽车鉴定评估既是科学也是艺术与经验的结合。汽车价格形成的因素复杂、多变，不是任何人用数学公式能够计算出来的，因此正确的汽车技术状况鉴定和汽车价格的估计、推测与判断，必须依赖于一套科学严谨的汽车鉴定评估理论和方法，而且还需要评估人员的经验。

（2）汽车鉴定评估不是对评估对象的主观给定，而是把汽车客观实在的价值通过评估活动正确的反映出来。即汽车鉴定评估是基于对汽车客观实在的价值认识后，运用科学的评估理论、方法和长期积累的评估经验将其表达出来，而不是将某主观想象的数据强加给评估对象。

1.2 汽车鉴定评估的目的及特点

1. 汽车鉴定评估的目的

汽车鉴定评估的目的一般会影响车辆评估方法的选择。在接受车辆评估委托时，需要明确车辆的评估目的。对车辆的鉴定评估是一种市场价格的评估,对客户提出不同的委托目的,有不同的评估方法。对于同一辆车,由于不同的评估目的,可以评估出不同的结果。

在汽车鉴定评估市场,汽车鉴定评估的主要目的可以分为以下两类:

1) 变动汽车产权

变动汽车产权是指车辆所有权发生转移的经济行为。它包括汽车的交易、置换、拍卖、抵债、并购、投资、转让和捐赠等。

(1) 车辆交易。转让汽车在交易市场上进行买卖时,买卖双方对汽车交易价格的期望是不同的,甚至相差甚远。因此需要鉴定评估人员对被交易的汽车进行鉴定评估,评估的价格作为买卖双方成交的参考底价。

(2) 车辆置换。车辆置换强调的是旧物品(或次等的、较差的)与新物品(较好的)进行交换,这种交换是不等价性的,由置换方给予差额补贴。置换业务有两种情况:一种是以旧换新业务;另一种是以旧换旧业务。两种情况都会涉及对置换车辆的鉴定评估。对汽车鉴定评估结果的公平与否,直接关系到置换双方的利益。

(3) 车辆拍卖。车辆拍卖是指以公开竞价的形式,将特定物品或者财产权利转让给最高应价者的买卖方式。对于私家车、公务车、抵押车辆、企业清算车辆、海关获得的抵税车辆等,都需要对车辆进行鉴定评估,为拍卖车辆活动提供拍卖底价。此外,还有与拍卖方式基本类似的招标底价。

(4) 其他经济行为。其他经济行为,如果在企业发生联营、兼并、出售、股份经营或破产清算时,也需要对企业所拥有的汽车进行鉴定评估,以充分保证企业的资产权益。

2) 不变动汽车产权

不变动汽车产权是指车辆所有权未发生转移的经济行为。它包括汽车的保险、担保、抵押贷款、典当、纳税评估和司法鉴定(盗抢、财产纠纷等)等。

(1) 车辆保险。在对车辆进行投保时,所缴纳的保险费高低直接与车辆成本的价值大小有关。同样当被保险车辆发生保险事故,保险公司需要对事故进行理赔。为了保障双方的利益,需要对保险理赔车辆进行公平的鉴定评估。除对碰撞车进行车损评估外,还应对火烧车和浸水车进行鉴定评估。

(2) 担保。担保是指车辆所有单位或所有人,以其拥有的汽车为其他单位或个人的经济行为提供担保,并承担连带责任的行为。

(3) 抵押贷款。银行为了确保放贷安全,要求贷款人以机动车作为贷款抵押。银行为了确保贷款的安全性,要对汽车进行鉴定评估。而这种贷款安全性的高低在一定程度上取决于对抵押车辆评估的准确性。一般情况下,要比市价略低。

(4) 典当。当典当双方对当物车辆的价值认知有较大的悬殊时,为了保障典当业务的正常进行,可以委托汽车鉴定评估人员对当物车辆的价值进行评估,典当行以此可以作为放款的依据。

(5) 纳税评估。纳税评估是指政府为纳税赋税,由评估人员估定的作为机动车纳税基础的价格。

(6) 司法鉴定。司法鉴定可以分为民事案件和刑事案件。

① 民事案件。民事案件是指法院执行阶段的各种车辆,其委托方一般是人民法院,委

托目的是案件执行需要进行抵债变现。

② 刑事案件。刑事案件一般是指盗抢车辆、走私车辆和受贿车辆等。其委托方一般是指国家司法机关和行政机关，其委托目的是为取证需要。按现阶段我国相关的司法解释，涉及刑事的物品（包括车辆）的鉴定是一种政府职能行为，而不是社会中介业务。

2. 汽车鉴定评估的特点

汽车作为一类资产，既是生产资料，也是消费资料。作为生产资料是用于生产或经营的车辆，其特征是有明显的价值转移，对产权所有者产生收益，如营运载货车、客车。而作为家庭的消费资料时，汽车以交通代步为主，其特征是没有明显的价值转移，对所有者不产生经济收益，车辆价值随使用年限及使用里程数的增加而消费掉。

汽车自身存在如下特点：

（1）其单位价值大、使用时间长；

（2）和房地产一样，有权属登记，其使用管理严格，税费附加值较高；

（3）其使用强度、使用条件和维护保养水平差异较大，并有较高的技术含量。

由于汽车的自身特点，决定了汽车鉴定评估的特点：

（1）汽车鉴定评估以技术鉴定为基础。汽车本身具有较强的工程技术特点，在长期的使用中，由于机件的摩擦和自然力的作用，使它处于不断磨损的过程中。随着使用里程和使用年数的增加，车辆实体的有形损耗和无形损耗加剧。其损耗程度的大小，因使用强度、使用条件、维修保养等水平差异很大。因此，评定车辆实物和价值状况，一般需要通过技术检测等技术手段鉴定其损耗程度。

（2）汽车鉴定评估的评估对象单位。由于汽车单位价值相差比较大、规格型号多、车辆结构差异很大。为了保证评估质量，对于单位价值大的车辆，一般都是分整车、分部件逐辆、逐件地进行鉴定评估。

（3）汽车鉴定评估要考虑其手续构成的价值。由于国家对车辆实行登记管理，其使用税费附加值高。因此，对汽车进行鉴定评估时，除估算其实体价值以外，还应考虑由于登记管理手续和各种使用税费构成的价值。

1.3 汽车鉴定评估原则及基本程序

1. 汽车鉴定评估的基本原则

汽车鉴定评估的基本原则分为工作原则和经济性原则。

1）工作原则

汽车鉴定评估的工作原则是评估机构和评估工作人员在评估工作中应遵循的基本原则，包括合法性原则、独立性原则、科学性原则、公平性原则、客观性原则、规范性原则、专业化原则和评估时点原则等。

（1）合法性原则。汽车鉴定评估行为必须符合国家法律和法规，必须遵循国家对机动车户籍管理、报废标准和税费征收等政策要求，这是汽车鉴定评估的前提。

（2）独立性原则。独立性原则是要求汽车鉴定评估机构和工作人员应根据国家的法规、规章制度及可靠的资料数据，对被评估的汽车价格独立的做出评估结论，且不受外界干扰和委托者的意图影响，保持独立公正；是评估行为对于委托当事人应具有非利害和非利益关系。评估机构必须是独立的评估中介机构，评估人员必须与评估对象的利益涉及者没有任何利益关系，决不能既从事经营服务，又从事交易评估。

（3）科学性原则。科学性原则是指汽车鉴定评估机构和人员运用科学的方法、程序、技术标准和工作方案开展活动。即根据评估的基准日、特定目的，选择适用的方法和标准，遵循规定的程序实施操作。

（4）公平性原则。公平、公开、公正是汽车鉴定评估机构和工作人员应遵循的一项最基本的道德规范。要求鉴定评估人员的思想作风态度应当公正无私，评估结构应该是公正合理的，而不能偏向任何一方。

（5）客观性原则。客观性原则要求鉴定或评估结果应以充分的事实为依据，在鉴定评估过程中的预测推理和逻辑判断等只能建立在市场和现实的基础资料以及现实的技术状态上。

（6）规范性原则。规范性原则要求鉴定评估机构建立完整、完善的管理制度，严谨的鉴定作业流程。管理上要建立回避制度、审复制度、监督制度，作业流程制度要科学、严谨。

（7）专业化原则。专业化原则要求鉴定评估工作要由专业的鉴定评估机构承担。同时还要求汽车鉴定评估行业内部存在专业技术竞争，以便为委托方提供广阔的选择余地；要求鉴定评估人员接受国家专门的职业培训持证上岗，主要包括价格鉴证师、资产评估师和机动车鉴定估价师等。

（8）评估时点原则。评估时点原则又称评估基准日、评估期日或评估时日，是一个具体日期，通常用年、月、日表示，评估额是在该日期的价格。汽车市场是不断变化的，汽车价格具有很强的时间性，它是某一时点的价格。在不同时点，同一辆汽车会有不同的价格。

评估时点原则说明评估实际上只是求取某一时点上的价格，所以在评估一辆汽车的价格时，必须假设市场情况停止在评估时点上，同时评估对象即汽车的状况通常也是以其在该时点时的状况为准。评估时点并非总是与评估作业日期（进行评估的日期）相一致。评估时点前于评估作业日期，称之为"追溯性"评估；评估时点与评估作业日期基本相近，称之为"现实性"评估，这是经常在评估实践中遇到的；评估时点后于评估作业日期，称之为"前瞻性"评估，即评估车辆在将来的价格。一般将评估人员进行实车勘察的日期定为评估时点，或因特殊需要将其他日期指定为评估时点。确立评估时点原则的意义在于评估时点是责任交代的界限和评估汽车时值的界限。

2）经济性原则

汽车鉴定评估的经济原则是指在汽车鉴定评估过程中，进行具体技术处理的原则。它是汽车鉴定评估原则的具体体现，是在总结汽车鉴定评估经验及市场能够接受的评估准则的基础上形成的，主要包括最佳效用原则、替代原则、预期收益原则。

（1）最佳效用原则。最佳效用原则是指若一辆汽车同时具有多种用途，在公开市场条件下进行评估时，应按照其最佳用途来评估车辆价值。这样既可保证车辆出售方的利益，又有利于车辆的合理使用。

（2）替代原则。替代原则是商品交换的普遍规律，即价格最低的同质商品对其他同质商品具有替代性。

依据此原理，汽车鉴定评估的替代原则是指在评估中，面对几个相同或相似车辆的不同价格时，应取较低者为评估值，或者说评估值不应高于替代物的价格。这一原则要求评估人员从购买者角度进行汽车鉴定评估，因为评估值应是车辆潜在购买者愿意支付的价格。

（3）预期收益原则。预期收益原则是指在对营运性车辆评估时，车辆的价值可以不按照其过去形成的成本或购置价格决定，但必须充分考虑未来可能为投资者带来的经济效益。车辆的市场价格，主要取决于其未来的有用性或获利能力。未来效用越大，评估值越高。

预期收益原则要求在进行评估时，必须合理预测车辆的未来获利能力及取得获利能力的有效期限。

2. 基本程序

二手车鉴定评估的程序是依法按资产评估的法定程序进行的。资产评估的程序在国家有关的法律、法规和规章制度中作出了具体规定。从专业评估角度而言，汽车鉴定评估大致要经历以下几个阶段：接待客户，明确评估业务基本事项、验明车辆合法性、签署汽车鉴定评估业务委托书、拟定鉴定评估计划、车辆技术状况鉴定、市场调查与资料搜集、车辆价值评定估算、编写和提交汽车鉴定评估报告。

1）接待客户，明确评估业务基本事项

接待客户具体应该了解的内容包括：

（1）客户基本情况。包括车辆权属和权属性质；

（2）客户要求。客户要求的评估目的、期望使用者和完成评估的时间；

（3）车辆使用性质。了解车辆是生产营运车辆还是生活消费车辆；

（4）车辆基本情况。包括车辆类别、名称、型号、生产厂家、初次登记日期、行驶里程数、所有权变动或流通次数、落籍地和技术状态等。

2）验明车辆合法性

验明车辆合法性主要核查以下两项：

（1）来历和处置的合法性。查看《机动车登记证》或产权证明。

（2）使用和行驶的合法性。检查手续是否齐全、真实和有效，是否年检；检查《机动车行驶证》登记的事项与行驶牌照和实物是否相符。

3）签署汽车鉴定评估业务委托书

《汽车鉴定评估业务委托书》是鉴定评估机构与委托方对各自权力、责任和义务的约定，是一种经济合同性质的契约。

（1）汽车鉴定评估委托书应写明委托方和评估机构的名称、住所、工商登记注册号、上级单位、鉴定评估资格类型及证书编号、评估目的、评估范围、被评车辆的类型和数量、评估工作起止时间、评估机构的其他具体工作任务，委托做好的基础工作和配合工作，评估收费方式和金额，反映评估业务委托方和机构各自的责任、权力、义务及违约责任的其他具体内容。

（2）汽车鉴定评估委托书必须符合国家法律法规和汽车鉴定评估行业管理规定并做到内容全面、具体，含义清晰准确。

（3）涉及国有资产占有单位的汽车鉴定评估项目，应由委托方按规定办妥手续后，再进行评估业务委托。

4）拟订鉴定评估计划

汽车鉴定评估机构要根据评估项目的规模大小、复杂程度和评估目的做出评估计划。

(1) 汽车鉴定评估人员执行评估业务时，应该按照鉴定评估机构编制的评估，以便对工作做出合理安排，保证在预计时间内完成评估项目。

(2) 汽车鉴定评估人员应当重点考虑以下因素：

① 被评估车辆和评估目的；

② 被评估车辆的结构、类别、数量和分布，评估风险；

③ 相关法律、法规及宏观经济近期发展变化对评估对象的影响；

④ 评估业务的规模和复杂程度；

⑤ 与评估有关资料的齐全情况及变现的难易程度；

⑥ 评估小组成员的业务能力、评估经验及优化组合；

⑦ 对专家及其他评估人员的合理使用。

5) 汽车技术状况鉴定

(1) 技术鉴定要达到以下基本目的：

① 为车辆的价值估算提供科学的评估证据；

② 为车辆发生的经济行为提供法律依据；

③ 为期望使用者提供车辆技术状况的质量保证。

(2) 鉴定包括以下基本事项：

① 识别伪造、拼装、组装、盗抢和走私车辆；

② 鉴别手续牌证的真伪；

③ 鉴别由事故造成的严重损伤；

④ 鉴别由自然灾害（水淹、火烧）造成的严重损伤；

⑤ 鉴别车辆内部和外部技术状况。

(3) 技术鉴定应检查的部位和检查的项目如下：

① 静态检查；

② 动态检查；

③ 仪器检查。

6) 市场调查与资料搜集

进行市场调查与资料搜集的目的是确定被评估车辆的现行市场价格。进行市场询价时，应重点做好以下工作：

(1) 确定被评估车辆基本情况（车辆类型、厂牌型号、生产厂家和主要技术参数等）；

(2) 确定询价参照对象及询价单位（询价单位名称、询价方式、联系电话和询价单位接待人员姓名、询价单位地址等），并将询价参照对象情况与被评估车辆基本情况进行比较；

(3) 确定询价结果。市场调查和询证资料经过整理，就可以编制成《车辆询价表》，《车辆询价表》也是汽车鉴定评估主要的工作底稿之一。

7) 汽车价值评定估算

(1) 确定估算方法。

① 汽车鉴定评估应熟知、理解，并正确运用市价法、收益法、成本法、清算价格法以及这些评估方法的综合运用；

② 对同一被评估车辆宜选用两种以上的评估方法进行评估；

③ 有条件选用市价法进行评估的,应以市价法为主要的评估方法;

④ 营运车辆的评估在评估资料可查并齐全的情况下,可选用收益法为其中的一种评估方法;

⑤ 汽车鉴定评估一般适宜采用市价法和成本法进行评估。

(2) 评价评估结果

① 对不同评估方法估算出的结果,应进行比较分析。如果这些结果差异较大时,应排除原因。

② 对不同评估方法估算出的结果应做这些检查:计算过程是否有误、基础数据是否准确、参数选择是否合理、是否符合评估原则、公式选用是否恰当、选用的评估方法是否适宜评估对象和评估目的。

(3) 在确认所选用的评估方法估算出的结果无误之后,应根据具体情况计算求出一个综合结果。

(4) 在计算求出一个综合结果的基础上,应考虑一些不可量化的价格影响因素,对结果进行适当的调整,认定该结果作为最终的评估结果。

(5) 当有调整时,应在评估报告中明确阐述理由。

8) 编写和提交汽车鉴定评估报告

(1) 编写汽车鉴定评估报告。编写汽车鉴定评估报告书可分为如下两个步骤:

① 在完成汽车鉴定评估数据的分析和讨论上,对有关部分的数据进行调整。由具体参加评估的汽车鉴定评估人员草拟出汽车鉴定评估报告书。

② 在鉴定评估的基本情况和评估报告书初稿的初步结论与委托方交换意见,听取委托方的反馈意见后,持独立、客观和公正的前提下,认真分析委托方提出的问题和建议,考虑是否应该修改评估报告书,对报告书中存在的疏忽、遗漏和错误之处进行修正,待修改完毕后即可撰写出正式的汽车鉴定评估报告书。

(2) 提交汽车鉴定评估报告。汽车鉴定评估机构撰写出正式的鉴定评估报告书以后,经过审核无误,按以下程序进行签名盖章:先由负责该项目的汽车鉴定评估人员签章,再送复核人审核签章,最后送评估机构负责人审定签章并加盖机构公章。汽车鉴定评估报告书签发盖章后即可连同作业表等送交委托方。

1.4 国外汽车评估简介

在发达国家,车主基本每三年换一辆车,如此高的换车频率,人人都买新车是不可取的。旧机动车由于其相对较高的性价比和较低的门槛成为了国外许多人的首选。据统计,目前美国、德国、瑞士、中国台湾和日本等国家和地区二手车的销量分别是新车销量的3.5倍、2倍、2倍、2倍和1.4倍等。

1. 美国的旧机动车评估体系

在美国,人们对旧机动车刮目相看的首要原因是旧机动车项目一般包括合格的质量要求、严格的检测标准、质量改进保证、过户保证以及比照新车销售推出的送货方案等。甚至一些大汽车公司开展的认证还会提供与新车一样利率的购车贷款。

美国对旧机动车的定价做法一般是为拥有的品牌车编制一本《价格总目录》,包括汽车出厂的年代、品牌、型号及行驶里程等。销售店的工作人员只需翻查《目录》就可大致定出比较合理的价格。另外，影响车价的因素还有很多，例如，是否出过事故、有无大修记录和车体有无划痕等，这些因素都会使车价上下浮动。为了避免旧机动车市场信息不准确，购买旧机动车有一定的试用期限，以避免消费者上当。例如，通用公司规定车龄7年以内的旧车有与新车无异的1～2年的全美质量保证，而且，所有销售店出售的旧机动车都必须持有政府颁发的技术合格证书才能上路行驶。这些做法是美国旧机动车市场兴旺的重要原因。

2. 日本的旧机动车评估体系

日本在1966年成立了财团法人日本评估协会，其对规范二手车的评估行为起到了重要作用。根据日本评估协会的规定，要想获得旧机动车的评估资格，必须是旧机动车的销售店。销售店要向评估协会申请实施评估业务，经过评估协会对其进行审查合格后，发给《评估业务确认书》，并在店内挂上"评估业务实施店"的标牌。销售店要有通过评估协会组织的技能考试的专业评估师，评估师分为大型评估师和小型评估师。评估师的资格有效期为3年，通过进修可以晋升。

对旧机动车的价格，日本通行的计算方法的公式为：

评估价格 = 基本评估价 − 标准维修费用及标准杂费 − 各公司调整点 − 加减点

其中，基本评估价是根据评估协会发行的指导手册，通过旧机动车行情信息系统推算出来的。

日本评估协会每月会发行一本《价格指导手册》，俗称银皮书。在书中刊登各地区（全国分为3个地区）的零售价格。此外，在东京横滨地区还发行一本黄皮书，刊登零售价和批发价。

在日本，旧车的一切修复历史都要如实告知车主，"除了对厂牌、用途进行登记外，还要对汽车的行驶里程作特别记录"。对车辆侧梁等处的修复历史和不符合安全标准需要修复的隐患做详细记录，并附有《车辆状况评价书》。同时，每辆旧机动车可以在全国享受1年或2.5万公里的售后维修服务。买车人如果不满意，可以在车辆售出的10天或500 km以内退货。

3. 墨西哥的旧机动车评估体系

墨西哥旧机动车市场受到有关部门的严格监督和管理，除了要遵守经营普通商品的有关法律法规外，还必须遵守特定行业的管理法规，其中最具约束力的就是有一个专门关于旧车经营者必须遵守的旨在保护消费者利益的法规。根据其规定，旧车经营者必须向消费者提供所售车辆的机械性能和行驶合法性能的详细情况，并与消费者签订正规的销售合同，以防止销售过程中欺诈和误导行为的发生。

"法规"还规定，旧车经营者必须对所购车辆250多个关键部位进行严格的机械性能检测和检修，销售的车辆内部和外部要良好、安全要可靠及车辆证件手续要齐全。在签订合同时，必须要标明所售旧车的具体车况和合法性，包括车型、车身颜色、车牌、车号、发动机号、行驶里程、机械性能、车税和车证等；合同还要有对保质期、保修条件和违约处罚等项目的具体说明，并在车辆管理部门备案。

墨西哥有专门从事旧车收购、检修和销售业务的场所，买卖经营合法规范，所售车辆安

4. 瑞士的旧机动车评估体系

瑞士的旧机动车评估系统称作优诺泰斯评估系统，该系统由旧机动车协会制定，任何旧机动车的估价都由这一套科学的评估系统来确定。旧机动车的销售价格首先经过技术检测部门的技术人员进行测定，列出测试清单，然后对此车估价，销售商根据旧机动车的估价和原销售价格，最终确定旧机动车的实际售价。

旧机动车车主可以得到一张保修单，享受2年的保修期。这种承诺不仅在瑞士，而且在全欧洲通行。如果2年内车主转卖，保修期还可以随车主的更换转移给另一个车主。这样既解除了车主购买旧机动车的后顾之忧，在某种程度上又促进了旧机动车的销售。

1.5 我国汽车评估简介

中国二手车价值评估起步晚，在税收、估价、置换、检测等方面与国外比较存在着较大的差距。价格评估涵盖了经济学、汽车工程学、法学、工程数学等内容，涉及面广，专业技术要求高，需要研究技术检查规范标准，对各种用途的车辆采用标准的、统一的技术检查的主体和操作流程，提高对二手车价值评估的质量。

1. 国内二手车市场现状

1）消费者在价格上吃亏

在二手车交易中，信息不对称使消费者是信息的弱势群体，不能全面获得车辆的技术状况、价格、行驶里程、维修经历等信息。而卖方为了获取利益，常常隐瞒二手车的缺陷。尽管目前许多交易市场引入计算机估价系统，从而得出一个"建议价"，但买卖双方按"建议价"成交的很少。在交易过程中，"私卖公、高估价，公卖私、低估价"的现象时有发生。

2）难以鉴别出非法车辆

目前，进入二手车市场的车辆有部分是非法车辆，这些车辆有的是偷盗或租赁的车辆，有的是走私车。汽车厂家和经销商的业务员相对缺乏相关鉴别经验，如何避免置换车辆中出现盗抢车、组装车、拼装车、走私车等成为了二手车交易的障碍。此外，交易中的假身份证、假代码证书、假公章、假合同也给经销商造成非常大的麻烦和风险，这些都严重制约了二手车市场的发展。

3）交易主体有限

当前的旧机动车交易一般有以下两种情况。

（1）个人间的交易。一方有意卖出旧车，另一方有意买入，经双方协商达成买卖协议，到交易市场办理有关手续。这是一种比集市交易更为原始的交易办法。

（2）集市化交易。在固定的开市时间或交易日，众多的买方和卖方都集中到交易市场选择、谈判，达成交易协议后，在市场办理交易手续。这样的交易方式突出缺点是耗费买卖双方时间多、交易的信誉度差、价格往往难以令买卖双方都满意，且很难满足顾客随时交易的需要。

4）服务初级化

许多市场的服务方式比较单一，二手车不容易就地销售，一般流向不发达的小城市和乡镇，涉及车辆跨地区的销售过户转籍问题。

5）二手车技术检测落后

《关于调整汽车报废标准的若干规定的通知》中规定以技术检验为延长汽车使用年限的依据，即达到使用年限需继续使用的，必须依据国家机动车安全、污染物排放有关规定进行严格检验，检验合格后可延长使用年限。但是，国家并没有要求所有二手车在交易前必须经过有关的技术检测，这样就很难保证二手车的行驶安全和购车者的利益。

2. 制约二手车发展的关键因素

1）缺乏有效、统一、全面的二手车评估体系与法制

目前，我国二手车评估中存在的主要问题如下：

（1）部分地区评估随意性，评估结果差异化，人为因素不能被排除；

（2）现行的旧车理论还比较陈旧，计算残值方法还缺乏科学性，其仅从车辆的使用年限、行驶里程角度出发，鉴定估价处于经验型的初级状态。

2）我国汽车保有量基础差

虽然我国汽车保有量不断上涨，但与汽车大国还是有很大差距。至2008年年底美国的汽车保有量为2.31亿，平均每千人拥有790辆，德国的汽车保有量为4 891多万辆，平均每千人拥有593辆，意大利的汽车保有量为3 822多万辆，平均每千人拥有660辆。而我国的汽车保有量刚刚达到5 000万辆，人均汽车拥有量仅为世界平均水平的1/3。很显然，我国的汽车保有量较低，使我国二手车交易缺乏量的支撑。

3）缺乏二手车评估的专业人才

二手车的需求量与日俱增，但是二手车专业评估师的数量却仍十分匮乏。各大高校都把目光集中在培养汽车设计等高精尖人才上，涉及二手车专业的绝大多数集中在大中专学校。

3. 完善现有的二手车市场

1）建立健全旧车交易诚信体系和售后服务体系

通过借鉴新车的经营管理模式，建立旧机动车专营店，用全新的经营理念和先进的销售服务手段，全面提升旧车市场的层次，完善市场的功能，进一步解决客户信息面窄、交易效率低的问题，为客户提供更现代化的服务。还要进一步转变旧车市场、旧车经营企业观念，把旧车的售后服务作为企业发展的根本。

2）规范旧机动车交易秩序

在交易过程中，售车人要向旧机动车交易市场提供居民身份证或单位介绍信、原始购车发票、机动车行驶证、成交发票、购置附加凭证、车船使用税"税讫"标志和养路费缴纳凭证等，购车人要持个人身份证或单位介绍信，双方共同到工商行政管理部门凭旧机动车交易市场的交易凭证予以验证，再由车管部门据此办理转籍过户手续。

3）加快评估定价人员的培养步伐

发挥国家有关部门的作用，分批对各地旧车市场的评估人员进行专业培训，提高评估人员的业务水平；并在高等院校的价格专业增加旧机动车评估内容，探索设立旧车评估定价专业。同时为评估师设立独立于旧车市场与经营企业之外的评估师事务，提高可信的评估价格，满足市场对专业评估人员的需要。

习 题

一、填空题

1. 广义的汽车评估常指新汽车评估与旧汽车评估两种价值评估和碰撞损失评估、水灾损失评估、_____、_____4 种事故车损失评估；狭义的汽车评估主要指旧汽车评估和事故车中的碰撞损失评估及_____。

2. 在汽车鉴定评估过程中，涉及了 8 个基本要素：_____、鉴定评估客体、鉴定评估依据、_____、鉴定评估原则、鉴定评估程序、_____和鉴定评估方法。

3. 鉴定评估主体是指从事汽车鉴定评估的机构和人员。鉴定评估客体通常是指_____，是鉴定评估的具体对象。

4. 对车辆的鉴定评估是一种_____的评估，所以对客户提出不同的委托目的，有不同的评估方法。对于同一辆车，由于_____，可以使其评估出来的结果有所不同。

5. 变动汽车产权是指车辆所有权发生转移的经济行为。它包括汽车的_____、置换、拍卖、_____、并购、投资、转让和捐赠等。

6. 置换业务有两种情况，一种是_____，另一种是以旧换旧业务。

7. 不变动汽车产权是指车辆所有权未发生转移的经济行为。它包括汽车的_____、担保、抵押、_____、纳税、事故车损和司法鉴定（盗抢、财产纠纷等）。

8. 担保是指车辆所有单位或所有人，以其拥有的_____为其他单位或个人的经济行为提供担保，并承担_____的行为。

9. 汽车鉴定评估的基本原则分为_____和_____。

10. 汽车市场是不断变化的，汽车价格具有很强的_____，它是某一时点的价格。在不同时点，同一辆汽车往往_____。

二、名词解释

1. 汽车鉴定评估
2. 变动汽车产权
3. 不变动汽车产权
4. 汽车鉴定评估的工作原则
5. 评估时点原则
6. 预期收益原则

三、简答题

1. 汽车评估的分类拟解决的关键问题是什么？
2. 汽车鉴定与评估的核心要素是什么？
3. 汽车鉴定评估包括哪些工作原则？
4. 汽车鉴定评估包括哪些经济原则？
5. 评估时点与评估作业日期的区别是什么？

6. 如何完善我国二手车市场？

四、论述题

1. 详细分析汽车鉴定评估要素。
2. 依据汽车鉴定评估的主要目的，如何对汽车鉴定评估市场进行分类？
3. 汽车鉴定评估的基本程序。

第 2 章　汽车基础知识

2.1　车辆识别代号（VIN）和汽车产品型号

1. VIN 车辆识别代码

在评估碰撞事故车辆之前，首先要确定汽车型号。不同的型号、不同的类型表示不同的结构、不同的配置、不同的价值。汽车的型号、类型、结构是十分复杂，当代世界各国汽车公司生产的汽车大部分采用 VIN 车辆识别代码，我国 2004 年 12 月 1 日起也实行了该项规则。

该规则是由世界组织 ISO 统一编制的，由一组字母和阿拉伯数字组成，共 17 位，俗称汽车身份证号。它是识别一辆汽车不可缺少的工具。VIN 的每位代码代表着汽车的某一方面信息参数，按照识别代码的编码顺序，可以识别出该车的生产国别、制造公司或生产厂家、车辆类型、品牌名称、车型系列、车身型式、发动机型号、车型年款（属哪年生产的年款型车）、安全防护装置型号、检验数字、装配工厂名称和出厂顺序号码等（VIN 代码在 30 年内不会发生重号、重复生产）。

其基本内容由 3 个部分组成：第一部分，世界制造厂识别代号（WMI）必须经过申请、ISO 批准和备案后方能使用；第二部分，车辆说明部分（VDS）；第三部分，车辆批示部分（VIS）。如图 2-1 所示。

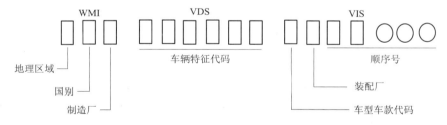

图 2-1　VIN 车辆识别代码

例 1　VIN 号为：LE4EJ68WAV5700321。

第 1 位：生产地理区域代码

由 ISO 统一分配，亚洲地区代码为 J~R，中国定为"L"，1-美国，2-加拿大，3-墨西哥，6-澳大利亚，J-日本，K-韩国，L-中国台湾，W-德国。

第 2 位：生产国家代码

由 ISO 统一分配，中国的代码为"0~9"和"A~Z"，北京吉普汽车有限公司使用的代码为"E"。

第 3 位：车型类别代码

4-BJ2021 系列

第 4 位：厂家最大总质量分级代码

北京厂定的总质量分级代码,该车系列总质量是 3 176~3 628 kg,属于 J 级代码。

第 5 位:车型种类型代码(按驱动车轮和转向盘位置)

J-4×4,左方向盘。

第 6 位:车型系列代码

6-中档型(2-经济型,7-高档型)。

第 7 位:车身类型代码

8-4 门金属硬顶(1-2 门软顶,2-2 门玻璃钢硬顶,3-2 门金属硬顶,6-4 门玻璃钢硬顶)。

第 8 位:发动机类型代码

W-2.5(四缸化油器式汽油机)。

第 9 位:检验车型代码

A_BJ2021EL 四缸电喷长轴距切若基。

第 10 位:车辆生产年份代码

V-1997(1997 年生产的产品)。

第 11 位:装机厂代码

5-总装厂。

第 12~17 位:出厂顺序代码

第 12 位为公历年的末位数字。例如:1995 年第 12 位为 5,1996 年第 12 位为 6,以此类推。第 13 位是按照每个公历年两年的生产顺序从 00 001~99 999 顺序编排。例如 1999 年生产的第一辆汽车,其顺序号为 90001。

例 2 VIN 号为 1GNCV06DPT2000001。

第 1 位:生产国家

1-美国。

第 2 位:生产厂家

G-通用汽车公司。

第 3 位:车型类别

N-雪佛莱部生产的功能车。

第 4 位:该车最大总质量分级代码

C-车辆定额总质量在 40 001~50 001 kg 之间。

第 5 位:车型种类代码

V-该车型为 APV 基本型。

第 6~7 位:车型系列

06-APV,多功能系列。

第 8 位:发动机代码

D-该车发动机为 3.1 L,V6。

第 9 位:检验数代码

第 10 位:车型年款

P-该车生产年份为 1993 年。

第 11~17 位:出厂顺序号

2. 汽车产品型号

掌握了 VIN 车辆识别代码后，评估时可以很简便地了解该车辆的相关信息，以便在评估中确定损失项目、更换零部件、制定修理方案、确定工时费等作为依据，而具体汽车型号各个国家根据本国汽车生产厂生产的产品编制规则。我国在 1989 年实施的 GB/T 9417—1988《汽车产品型号编制规则》，其规则基本型号由两位汉语拼音字母和 4～5 位阿拉伯数字组成，如图 2-2 所示。

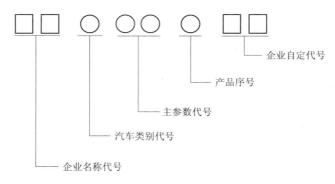

图 2-2　汽车产品型号规则

（1）企业名称代号。位于产品型号的第一部分，用代表企业名称的 2 个或 3 个汉语拼音字母表示。如 CA、EQ、BJ、SH、TJ、NJ、CQ、SX、LZW 分别代表一汽、二汽、北京、上海、天津、南京、重庆、陕西、柳州五菱。

（2）汽车类别代号。如表 2-1，为国产汽车类别代号。

表 2-1　国产汽车类别代号

汽车类别代号	汽车种类	汽车类别代号	汽车种类	汽车类别代号	汽车种类
1	载货汽车	4	牵引汽车	7	轿车
2	越野汽车	5	专用汽车	8	挂车
3	自卸汽车	6	客车	9	半挂车专用半挂车

如果是专用汽车，还包括一个专用汽车分类代号，如图 2-3 所示。

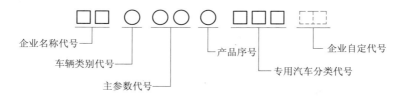

图 2-3　专用汽车型号构成

专用汽车分类代号用反映专用汽车的结构和用途特征的 3 个汉语拼音表示。其具体含义如表 2-2。

表 2-2 专用汽车结构特征代号

结构类型	结构特征代号	结构类型	结构特征代号
厢式汽车	X	特种结构汽车	T
罐式汽车	G	起重举升汽车	J
专用自卸汽车	Z	仓栅式汽车	C

（3）主参数代号。主参数代号位于产品型号的第三部分，用两位阿拉伯数字表示，除客车、轿车外，其余车辆的主参数特征均以载重量（t）为单位，轿车以发动机排量（L）为单位，客车以乘客座位数为单位。

（4）产品序号。产品序号位于产品型号的第四部分，用阿拉伯数字表示。

（5）企业自定代号。企业自定代号位于产品型号的最后部分，同一种汽车结构略有变化而需要区别，可以用汉语拼音字母和阿拉伯数字表示。

例1 CA1091

"CA"代表一汽，"1"代表货车，"09"代表总质量（自重＋载重之总和），"1"代表第二代产品。

例2 EQ1090

"EQ"代表二汽，"1"代表货车，"09"代表总质量，"0"代表第一代产品。

3. 发动机型号编制规则

1）发动机型号组成

国产发动机型号按国家标准 GB 725—1991 编制。主要内容包括：

（1）发动机产品名称均按其所采用的燃料命名，例如汽油机、柴油机、煤气机、双（多）种燃料发动机等。

（2）内燃机型号应能反映内燃机的主要结构特征及性能。

（3）内燃机型号由4部分组成，如图 2-4 所示。

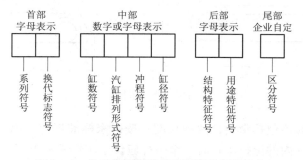

图 2-4 发动机型号的排列顺序及符号含义

① 首部。产品特征代号,由制造厂根据需要自选相应字母表示,但需经行业标准化归口单位核准、备案。

② 中部。由缸数符号、冲程符号、汽缸排列形式符号和缸径符号组成。

冲程符号:无符号表示四冲程,E 表示二冲程。

汽缸排列形式符号:无符号表示直列及单缸卧式;V 表示 V 形布置;P 表示平卧。

③ 后部。结构特征和用途特征符号,以字母表示。

结构特征符号:无符号表示水冷;F 表示风冷;N 表示凝气冷却;S 表示十字头式;DZ 表示可倒转(直接换向);Z 表示增压。

用途特征符号:无符号表示通用型及固定动力;T 表示拖拉机;M 表示摩托车;C 表示工程机械;Q 表示车用;J 表示铁路机车;D 表示发电机组;C 表示船用主机,右机基本型;Cz 表示船用主机,左机基本型;Y 表示农用运输车;L 表示林业机械。

④ 尾部。区分符号。同一系列产品因改进等原因需要区分时,由制造厂选用适当的符号表示。

2)汽车发动机型号编制举例

(1) CA 6102 型汽油机。表示由第一汽车制造厂生产、六缸、直列、四冲程、缸径 102 mm、水冷、车用汽油机。

(2) EQ 6100Q – I 型汽油机。表示由第二汽车制造厂生产、六缸、直列、四冲程、缸径 100 mm、水冷、车用汽油机,且为第一次改型后的产品。

2.2 汽车的主要性能参数

2.2.1 汽车的主要技术参数

1. 尺寸参数

1)车长

车长是指垂直于车辆纵向对称平面,并分别抵靠在汽车前、后最外端突出部位的两垂面之间的距离,如图 2 – 5 所示。

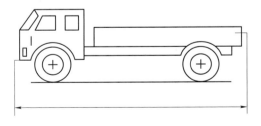
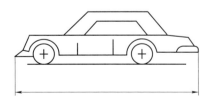

图 2 – 5 车长

全挂车长有包括和不包括牵引杆两种长度。按国家标准规定,第二个数值写在括号内。在确定包括有牵引杆在内的全挂车长时,牵引杆应位于车辆正前方,牵引杆的销孔或连接头中心线应垂直于水平面。

半挂车除全长外,还有半挂车牵引杆销中心至半挂车后端之间的距离,此数值按国家标准规定写在括号内。

我国道路车辆的汽车总长极限尺寸如下：

（1）三轮汽车。车长为 4 600 mm；当采用转向盘转向、由传动轴传递动力、具有驾驶室且驾驶员座椅后设计有物品放置空间时，车长为 5 200 mm。

（2）货车及半挂牵引车。车长限值不适用于不以运输为目的的专用作业车；设计总质量不超过 26 000 kg 的汽车起重机的车长限值为 13 000 mm。货车及半挂牵引车车长限定值如表 2-3。

表 2-3　货车及半挂牵引车车长限定值

二轴	最大设计总质量≤3 500 kg	6 000 mm
	最大设计总质量>3 500 kg，且≤8 000 kg	7 000 mm[①]
	最大设计总质量>8 000 kg，且≤12 000 kg	8 000 mm[①]
	最大设计总质量>12 000 kg	9 000 mm[①]
三轴	最大设计总质量≤20 000 kg	11 000 mm
	最大设计总质量>20 000 kg	12 000 mm
四轴		12 000 mm

① 当货厢与驾驶室分离，且货厢为整体封闭式，车长限值增加 1 000 mm

（3）乘用车及客车。乘用车及客车车长限定值如表 2-4。

表 2-4　乘用车及客车车长限定值

乘用车及二轴客车	12 000 mm
三轴客车	13 700 mm
单铰接客车	18 000 mm

（4）挂车。挂车车长限定值如表 2-5。

表 2-5　挂车车长限定值

半挂车[①]	一轴	8 600 mm
	二轴	10 000 mm[②]
	三轴	13 000 mm[③]
中置轴（旅居）挂车		8 000 mm
其他挂车	最大设计总质量≤10 000 kg	7 000 mm
	最大设计总质量>10 000 kg	8 000 mm

① 运送不可拆解物体的低平板专用半挂车车宽限值 3 000 mm；车长限值不适用于运送不可拆解物体的低平板专用半挂车、运送车辆的专用半挂车（但与牵引车组成的列车长度需符合本规定）和运送单箱长度大于 12.2 m（40 ft）集装箱的框架式集装箱半挂车；

② 对于整体封闭式厢式半挂车、集装箱半挂车以及组成五轴汽车列车的罐式半挂车，车长最大限值为 13 000 mm；

③ 自 2008 年 1 月 1 日起，在高等级公路上使用的整体封闭式厢式半挂车，车长最大限值为 14 600 mm

2）车宽

车宽是指平行于车辆纵向对称平面，并分别抵靠车辆两侧固定突出部位（除后视镜、侧面标志灯、转向指示灯、挠性挡泥板、折叠式踏板、防滑链及轮胎与地面接触部分的变形外）的两平面之间的距离。

我国道路车辆车宽的极限尺寸如下：

（1）三轮汽车车宽为1 600 mm。当采用转向盘转向、由传动轴传递动力、具有驾驶室且驾驶员座椅后设计有物品放置空间时，车宽1 800 mm。

（2）最高设计车速小于70 km/h的四轮货车，车宽为2 000 mm。

（3）其他车宽为2 500 mm。

对于货厢为整体封闭式的厢式货车（且货厢与驾驶室分离）、整体封闭式厢式半挂车、整体封闭式厢式汽车列车及车长大于11 000 mm的客车，车宽最大限值为2 550 mm。运送不可拆解物体的低平板挂车列车车宽限值为3 000 mm。

3）车高

车高是指车辆没有装载且处于可运行状态，车辆支撑平面与车辆最高突出部位相抵靠的水平面之间的距离。

我国道路车辆的车高极限尺寸：

（1）三轮汽车车高为2 000 mm。当采用转向盘转向、由传动轴传递动力、具有驾驶室且驾驶员座椅后设计有物品放置空间时，车高为2 200 mm；

（2）最高设计车速小于70 km/h的四轮货车，车高为2 500 mm；

（3）其他车高为4 000 mm；

（4）定线行驶的双层客车高度限定值为4 200 mm；

（5）对于集装箱挂车列车指装备空集装箱时的高度。2007年1月1日以前，集装箱挂车列车的车高最大限定值为4 200 mm。

4）其他尺寸规定

（1）当汽车或汽车列车处于满载状态、外后视镜底边离地高度小于1 800 mm时，其单侧外伸量不得超出汽车或汽车列车最大宽度处250 mm。外后视镜底边离地高度大于或等于1 800 mm时，其单侧外伸量不得超出汽车或汽车列车最大宽度处250 mm；

（2）汽车的顶窗、换气装置等处于开启状态时，不得超出车高300 mm；

（3）汽车的后轴与挂车的前轴之间的距离不得小于3.00 m（牵引中置轴挂车除外）；

（4）挂车及二轴货车的货箱栏板高度不得超过600 mm；二轴自卸车、三轴及三轴以上货车的货箱栏板高度不得超过800 mm；三轴及三轴以上自卸车的货箱栏板高度不得超过1 500 mm。

5）轴距

轴距是指通过车辆同一侧相邻两车轮的中点，并垂直于车辆纵向平面的两垂线之间的距离，如图2-6（a）所示。

对于二轴以上的车辆，其轴距由从最前面的相邻两车轮之间的轴距分别表示，总轴距则为各轴距之和，如图2-6（b）所示。

6）轮距

汽车轴的两端为单车轮时，轮距为车轮在支撑平面上留下轨迹的中心线之间的距离，如

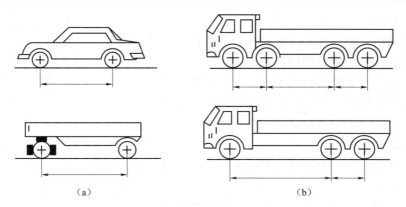

图2-6 轴距

图2-7（a）所示。

汽车车轴的两端为双车轮时，轮距为车轮中心平面（双轮车中心平面为外车轮轮路内缘等距的平面）之间的距离，如图2-7（b）所示。

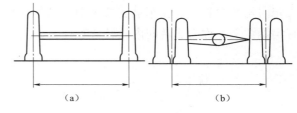

图2-7 轮距

7）前悬架

前悬架，是指通过两前轮中心的垂面与抵靠在车辆最前端（包括前拖钩、车牌及任何固定在车辆前部的刚性部件）且垂直于车辆纵向对称平面的垂面之间的距离，如图2-8所示。

8）后悬架

后悬架，是指通过车辆最后车轮轴线的垂面与抵靠在车辆最后端（包括牵引装置、车牌及任何固定在车辆后部的刚性部件）且垂直于车辆纵向对称平面的垂面之间的距离，如图2-9所示。

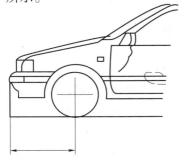
图2-8 前悬架

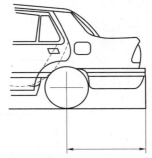
图2-9 后悬架

客车及封闭式车厢（或罐体）的车辆后悬不允许超过轴距的65%；对于专用作业车和轮式专用机械车，在保证安全的情况下，其后悬可按客车后悬要求核算，其他机动车后悬不允许超过轴距的55%，机动车后悬均不应大于3.5 m。

对于多轴机动车，其轴距应按第一轴至最后轴的距离计算（对铰接客车按第一至第二轴的距离计算），后悬从最后一轴的中心线往后计算。对于客车后悬以车身外蒙皮尺寸计算，如后保险杠突出于后背外蒙皮，则以后保险杠尺寸计算，不计后尾梯。

9）最小离地间隙

最小离地间隙是指车辆支撑平面与车辆上的中间区域内最低点之间的距离。中间区域为平行于车辆纵向对称平面，且与其等距离的两平面之间所包含的部分，两平面之间的距离为同一轴上两端车轮内缘最小距离的80%，如图2-10所示。

10）转弯直径

转弯直径是指当转向盘转到极限位置时，内、外转向轮的中心平面在车辆支撑平面上的轨迹圆直径，如图2-11（a）所示。由于转向轮的左右极限转角一般不相等，故有左转弯直径与右转弯直径之别。

转向轮的中心平面在车辆支撑平面上的轨迹圆直径有实际意义，称为非转向内轮转弯直径，如图2-11（b）所示。

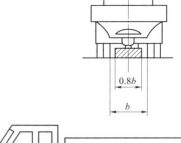

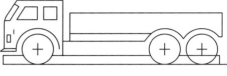

图2-10 最小离地间隙

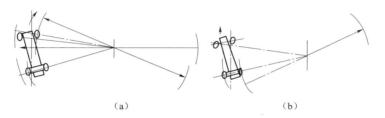

图2-11 转弯直径和非转向内轮转弯直径

11）通道圆与外摆值

汽车和汽车列车（不包括具有作业功能的专用装置的突出部分）必须能在同一个车辆通道圆内通过，车辆通道圆的外圆直径 D_1 为25.00 m，车辆通道圆的内圆直径 D_2 为10.60 m。汽车和汽车列车由直线行驶过渡到上述圆周运动时，任何部分超出直线行驶时的车辆外侧面垂直面的值（车辆外摆值）T 不得大于0.80 m。测量方法如图2-12所示。

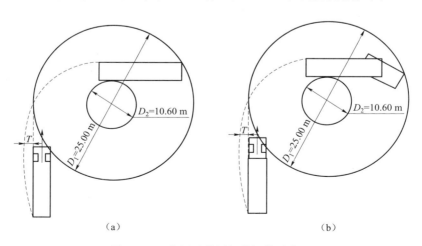

图2-12 车辆通道圆与外摆值示意图
(a) 汽车；(b) 汽车列车

2. 质量参数

1) 轴荷

轴荷是指汽车满载时各车轴对地面的垂直载荷。

（1）单轴。汽车及挂车单轴的最大允许轴荷不得超过表 2-6 规定的最大限值。

表 2-6　汽车及挂车单轴的最大允许轴荷的最大限值

车辆类型		最大允许轴荷最大限值/kg
挂车及二轴货车	每侧单轮胎	6 000[①]
	每侧双轮胎	10 000[②]
客车、半挂牵引车及三轴以上（含三轴）货车	每侧单轮胎	7 000[①]
	每侧双轮胎 非驱动轴	10 000[②]
	每侧双轮胎 驱动轴	11 500

① 安装名义断面宽度超过 400 mm（公制系统）或 13.00 in（英制系列，1 in = 0.025 4 m）轮胎的车轴时，其最大允许轴荷不得超过规定的各轮胎负荷之和且最大限值为 10 000 kg；

② 装备空气悬架时，最大允许轴荷的最大限值为 11 500 kg

（2）并装轴。汽车及挂车并装轴的最大允许轴荷不得超过表 2-7 规定的最大限值。

表 2-7　汽车及挂车并装轴的最大允许轴荷的最大限值

车辆类型			最大允许轴荷最大限值/kg
汽车	并装双轴	并装双轴的轴距 < 1 000 mm	11 500
		并装双轴的轴距 ≥ 1 000 mm，且 < 1 300 mm	16 000
		并装双轴的轴距 ≥ 1 300 mm，且 < 1 800 mm	18 000[①]
挂车	并装双轴	并装双轴的轴距 < 1 000 mm	11 000
		并装双轴的轴距 ≥ 1 000 mm，且 < 1 300 mm	16 000
		并装双轴的轴距 ≥ 1 300 mm，且 < 1 800 mm	18 000
		并装双轴的轴距 ≥ 1 800 mm	20 000
	并装三轴	相邻两轴之间轴距 ≤ 1 300 mm	21 000
		相邻两轴之间距离 > 1 300 mm，且 ≤ 1 400 mm	24 000

① 驱动轴为每轴每侧双轮胎且装备空气悬架时，最大允许轴荷的最大限值为 19 000 kg

（3）其他类型的车轴。其他类型的车轴的最大允许轴荷不得超过该轴轮胎数乘以 3 000 kg。

2) 汽车总质量

汽车总质量是指装备齐全时的汽车自身质量与按规定装满客（包括驾驶员）、货时的载质量之和，也称满载质量。

3) 载质量

汽车载质量是指在硬质良好路面上行驶时所允许的额定载质量。当汽车在碎石路面上行驶时,载质量应有所减少(为好路面的75%~80%)。

越野汽车的载质量是指越野行驶或土路上行驶的载质量。

轿车的装载量以座位数表示。城市客车的装载量等于座位数,并包括站立乘客数(一般按平方米面积8~10人计)。长途客车和旅游客车的装载质量等于座位数。

2.2.2 汽车的主要性能指标

汽车的重要性能包括动力性、燃油经济性、操纵稳定性、行驶平顺性、通过性、制动性、排放污染物及噪声。

1. 汽车的动力性

汽车的动力性可用以下3个指标评定:

1)汽车的最高车速

汽车的最高车速是指在平直良好的路面上(水泥混凝土路面和沥青混凝土路面)汽车所能达到的最高行驶速度。

2)汽车的加速能力

汽车的加速能力是指汽车在行驶中迅速增加行驶速度的能力。汽车的加速能力常用汽车的原地起步加速性和超车加速性评价。

(1)原地起步加速性是指汽车由停车状态起步后以最大的加速度加速,并恰当地选择最有利的换挡时机,逐步换至最高挡后达到某一预定的距离或车速所需的时间。一般常用 0~400 m 所需的时间表示,也可用 0~100 km/h 所需的时间表示。

(2)超车加速性是指汽车用最高挡或次高挡由某一预定车速(该挡最低稳定车速或 30 km/h)全力加速至某一高速所需时间。时间越短,超车加速能力越强。

3)汽车的爬坡能力

汽车的爬坡能力是指汽车满载时在良好的路面上以最低前进挡所能爬行的最大坡度。

2. 汽车的燃油经济性

汽车在一定的使用条件下,以最小的燃油消耗量完成单位运输工作的能力称为汽车的燃油经济性。

汽车的燃油经济性常用一定运行工况下汽车行驶 100 km 的燃油消耗量或一定燃油量能使汽车行驶的里程衡量。

在我国及欧洲,燃油经济性指标的单位为 L/100 km,即行驶 100 km 里程所消耗的燃油量(L)。其数值越大,汽车的燃油经济性越差;在美国,汽车燃油经济性的单位为 mile/USgal,即每加仑燃油能行驶的英里数。其数值越大,燃油经济性越好。这项指标是用做比较相同载质量汽车的燃油经济性或分析同一汽车的燃油经济性的。

对于不同载质量的汽车在相同的运行条件下完成单位运输工作量的燃油经济性的评价,则常用完成单位货物周转量的平均燃油消耗量来衡量,其单位为 r(100 t·km)。

3. 汽车的排放污染物

汽车排放污染主要有3个排放源:一是由发动机排气管排出的发动机燃烧废气,汽油车的主要污染物成分是一氧化碳(CO)、碳氢化合物(HC)、氮氧化合物(NO_x)。而柴油车除了这3种有害物外,还排放大量的颗粒物;二是曲轴箱排放物,由发动机在压缩及燃烧过程中未燃的碳氢化合物从燃烧室漏向曲轴箱再排向大气而产生,主要是碳氢化合物;三是燃料蒸发排放物,主要由发动机供油系统的化油器和燃油箱的燃料蒸发而产生。在未加控制时,曲轴箱和燃料蒸发排放的碳氢化合物各约占 HC 总排放量的 1/4。

汽车污染物各排放源相对排放量如表 2-8 所示。

表 2-8 汽车污染物各排放源相对排放量

%

	CO	HC	NO_x
曲轴箱	1~2	15~25	1~2
燃油系统	0	15~25	0
排气管	98~99	55~70	98~99

我国近年来对轻型汽车、重型汽车发动机、摩托车及农用车相继发布了一系列新车排放标准,控制因素包括排气污染物、燃油蒸发、曲轴箱通风、排气可见污染物、烟度和噪声等。这些标准对于防止机动车对空气的污染起到了非常重要的作用。

4. 汽车的操纵稳定性

操纵稳定性反映汽车的两个相互紧密联系的性能,即汽车的操纵性和稳定性。汽车的操纵稳定性直接影响汽车在转向或受到各种意外干扰时的行车安全性。

1)操纵性

操纵性是指汽车对驾驶员的转向指令能够及时准确地响应的能力。轮胎的气压和弹性、悬架的刚度以及汽车的重心位置对汽车的操纵性有显著的影响。

2)稳定性

稳定性是指汽车在受到外界扰动(如路面碎石或突然阵风的扰动)后,不发生失控,自动迅速恢复原来的行驶状态和方向、抑制发生倾覆和侧滑的能力。汽车行驶稳定性又可分为纵向稳定性和横向稳定性,前者反映汽车受扰动后的方向保持能力,后者反映汽车在横向坡道上行驶、转弯或受到其他侧向力作用时抵抗侧翻的能力。汽车的重心高度越低,稳定性越好。

正确的前轮定位角度使汽车具有自动回正和保持直线行驶的能力,提高了汽车直线行驶的稳定性。如果装载超高、超载,转弯时车速过快,横向坡道角过大以及偏载等,都易造成汽车侧滑及侧翻。

5. 汽车的行驶平顺性

行驶平顺性是指汽车在行驶过程中对路面不平度引起的振动的抑制能力。评价汽车行驶平顺性的主要指标为汽车的振动频率和幅值。由于路面不平整的冲击,汽车行驶时将发生振动,会使乘员感到疲劳和不舒适,损坏运载的货物。振动引起的附加动载荷加剧零部件的磨损,影响汽车的使用寿命。车轮载荷的波动会降低车轮的地面附着性,不利于汽车的操纵稳定性。

中高级轿车的行驶速度比较高,因此要求具有优良的行驶平顺性。轮胎的弹性、性能优越的悬架系统、座椅的降振性能以及尽量小的非悬挂质量,都可以提高汽车的行驶平顺性。非悬挂质量的大部分来自车轮,轿车采用较轻的铝制轮辋,即是为提高其行驶平顺性和车轮地面附着性。与行驶平顺性紧密相关的是乘坐舒适性,包括身体上和心理上的舒适性。在良好行驶平顺性的基础上,座椅尺寸、形状及其空间与人体接触处的材料硬度和质感、车身振动频率和乘坐安全感发挥着重要影响。

6. 汽车的通过性

通过性是指汽车在一定的载荷质量下,能以较高的平均速度通过各种不平路段和无路地带,克服各种障碍(陡坡、侧坡、台阶、壕沟等)的运行能力。各种汽车的通过能力是不一样的。轿车和客车由于经常在市内行驶,通过能力比较差。而越野汽车、军用车辆、自卸汽车和载货汽车,就必须有较强的通过能力。

采用宽断面轮胎、多轮胎可以提高汽车在松软土壤、雪地、冰面、沙漠、光滑路面上的运行能力;较深的轮胎花纹可以增加附着系数而不容易打滑,全轮驱动方式可使汽车的动力性得以充分的发挥;结构参数的合理选择,可以使汽车具有良好的运行能力。例如,较大的最小离地间隙、接近角、离去角和车轮半径等,都可以提高汽车的通过性。

7. 汽车的制动性

汽车的制动性能直接关系着汽车的行车安全。只有在保证行车安全的前提下才能充分利用汽车的其他使用性能,如提高汽车的行驶速度、机动性能等。

汽车的制动性主要由制动效能、制动抗热衰退性和制动时汽车的方向稳定性3个方面评价。

1) 制动效能

制动效能是指汽车迅速降低行驶速度直至停车的能力。制动效能是制动性能最基本的评价指标,它由一定初速度下的制动距离、制动减速度和制动时间评定。

制动距离与行车安全不仅有直接关系,而且最直观,因此交通管理部门通常接制动距离来制定安全法规。

2) 制动抗热衰退性

汽车的制动抗热衰退性是指汽车高速制动、短时间多次重复制动或下长坡连续制动时制动效能的热稳定性。

3) 制动时汽车的方向稳定性

制动时,汽车的方向稳定性是指汽车在制动时按指定轨迹行驶的能力,即不发生跑偏也不侧滑或失去转向的能力。通常,规定一定宽度的试验通道,制动稳定性良好的汽车,在试验时不允许产生不可控的效能使它偏离这条通道。

8. 汽车噪声

随着汽车工业和城市交通的发展,城市汽车拥有量日益增加。各种调查和测量结果表明,城市交通噪声是目前城市环境中最主要的噪声源。因此,在汽车设计和使用中,不仅追求其动力性、经济性等性能,也将噪声作为一个重要指标。

汽车噪声源大致可分为:与发动机转速有关的声源和与车速有关的声源,如图2-13所示。

与发动机转速有关的噪声源主要有

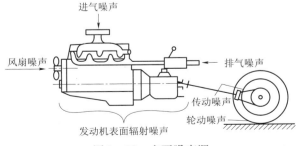

图2-13 主要噪声源

进气噪声、排气噪声、冷却系统风扇噪声和发动机表面辐射噪声。用发动机带动旋转的各种发动机附件（如空气压缩机、发电机等）的噪声也属此类。与车速有关的噪声源有传动噪声（变速器、传动轴）、轮动噪声、车体产生的空气动力噪声。

为了有效地控制城市交通噪声，我国制定了各种机动车辆的噪声标准，规定了机动车辆的车内、车外噪声的测量方法及限值标准，如 GB 1495—2002《汽车加速行驶车外噪声限值及测量方法》。

9. 其他使用性能

1）乘员上下车的方便性

它反映轿车和客车适应乘员上下车的能力，它取决于车门的布置形式和车门踏板的结构参数，如踏板的高度、深度、级数、能见度以及车门的宽度。公交车的上下方便性还影响着线路停车时间和乘员安全。

2）容量

容量是指汽车一次允许运载的最大货物量或乘员人数。货车用装载质量、车厢容积和货物比重表示，客车用座位数和乘员站立地板面积表示。

3）装卸方便性

它反映汽车对装卸货物的适应能力、装卸操作的容易和便利程度。汽车的装卸方便性与车厢的高度、可翻倒的栏板数目以及车门的数量和尺寸有关。

4）质量利用系数

它等于汽车装载质量与整备质量的比值，反映单位整备质量的承载能力。汽车质量利用系数越高，说明设计和制造水平高，使用经济性好。我国轻型汽车质量利用系数一般为 1.1 左右，中型车在 1.35 左右，重型车为 1.3~1.7。

5）耐久性

耐久性是指汽车在到达需要进行大修的极限技术状态之前，只是通过预防性维护保养措施维持其继续工作的能力，主要评价指标包括第一次大修前的平均行驶里程、大修平均间隔里程和技术使用寿命。新车的质保里程或时间期限是评价汽车耐久性的一个实用指标。

6）易维护性

易维护性是指进行维修检测保养工作时，接触、拆卸、装配和更换汽车各总成和零部件的方便性。一般来说，经市场长期考验，保有量大的品牌汽车具有良好的易维护性。

7）维修性

维修性是指在规定的条件下，按规定的程序和操作步骤诊断并排除汽车故障，使其保持或恢复规定功能的能力。一般来说，经市场长期考验，客户口碑良好的汽车都具有较好的维修性。

2.2.3 汽车经济使用寿命

在一辆汽车的整个使用时期内，汽车的制造费用平均约占全部使用期内总费用的 20%，而汽车的使用、维修费用则占总费用的 80%。如果汽车在长期运用中，能保持其较低的使用维修费用，那么其经济使用寿命则长，反之，则缩短。

1. 汽车经济使用寿命的指标

汽车经济使用寿命的主要指标有：年限、行驶里程、使用年限和大修次数。

1）年限

年限是指汽车从开始投入运行到报废的年数。这种方法除考虑了运行时间外，还考虑了车辆停驶期间的自然损耗问题。这种方法计量简单，没有反映汽车的使用强度和使用条件，同样使用年限的车辆由于行驶里程、载重、维护保养、驾驶技术和道路环境条件的不同而造成技术状况差异很大。

2）行驶里程

行驶里程即汽车从开始投入运行到报废期间的行驶里程数。这种方法反映了汽车的真实使用强度，但没有反映运行条件的差异，如道路环境条件、载重乘员条件和保养维护状况等，也没有包含停驶期间的自然损耗。

专业运输车辆，由于其运行条件差异较大，虽然使用年限大致相同，但累计行驶里程相差悬殊。汽车运输业中，大多数以行驶里程作为考核车辆各项指标的基数，但对于在用汽车评估，行驶里程一般作为参考依据。

3）使用年限

使用年限是把汽车总的行驶里程与平均行驶里程所得的年限比值，作为使用年限的量标。这种方法综合了行驶里程和使用年限的特点，但计算起来年均行驶里程需要统计量值的支持，而该值不易取得，且差异性较大。

4）大修次数

汽车在使用过程中，当动力性和经济性下降到一定程度，已无法用正常的维修和小修方法使其恢复正常技术状况时，就要进行大修。

运输技术部门除用里程作为指标外，也用大修次数作为指标。汽车报废之前，截止到第几次大修最为经济，需权衡买新车的费用加旧车未折完的损失和大修费用加经营费用的损失，来预测截止到某次大修最经济合算。

2. 影响汽车经济使用寿命的因素

影响汽车经济使用寿命的因素如下所述：

1）汽车的损耗

汽车的损耗包括汽车的有形损耗和无形损耗。

有形损耗是指车辆在使用过程中本身的损耗。它包括磨损、锈蚀、腐蚀等自然损耗以及燃料、润滑料和维护保养费用的增加。有形损耗主要与运输成本有关。

无形损耗是指由于技术的进步，生产的发展，出现了性能好、生产效率高的新型车，或原车型价格下降等情况，促使在用汽车提前更新。实际上是旧车型相对新车型的贬值，这个问题将在后面的重置成本法进行车辆评估时详述。

2）经济水平

我国各地的经济发展水平差异很大，在发达地区的车辆淘汰更新快，经济使用寿命短，相反欠发达和落后地区的车辆淘汰更新慢，经济使用寿命相对较长。如出租车的使用年限从3年至8年不等，有的落后地方8年后还可以使用。

3）使用条件

（1）道路条件。道路对汽车使用寿命影响很大，直接影响车辆技术速度。道路条件差，车辆技术速度就慢，燃油消耗增大，车辆磨损增大，经济使用寿命则短。

（2）自然条件。我国幅员辽阔，各地自然、地理条件差异较大，温度、湿度、沙尘含量差异较大，因此车辆经济使用寿命也存在一定的差异。

习　　题

一、填空题

1. VIN 车辆识别代码由世界组织 ISO 统一编制，由一组_____和阿拉伯数字组成，共_____位，俗称汽车身份证号。

2. 主参数代号位于汽车产品型号的第三部分，用_____阿拉伯数字表示。除客车、轿车外，其余车辆的主参数特征均以_____为单位，客车以_____为单位，轿车以发动机排量（L）为单位。

3. 发动机型号组成中，对于冲程符号，无符号表示_____冲程，E 表示二冲程。

4. 发动机型号组成中，对于汽缸排列形式符号，无符号表示_____及单缸卧式；V 表示_____形布置；P 表示平卧。

5. 发动机型号组成中，对于结构特征符号，无符号表示_____冷；F 表示_____冷；N 表示凝气冷却；S 表示十字头式；DZ 表示可倒转（直接换向）；Z 表示_____。

6. 发动机型号组成中，对于用途特征符号，无符号表示_____及固定动力；T 表示_____；M 表示摩托车；C 表示工程机械；Q 表示_____。

7. 汽车总质量是指装备齐全时的汽车_____与按规定装满客（包括驾驶员）、货时的载质量之和，也称_____。

8. 汽车载质量是指在硬质良好路面上行驶时所允许的_____载质量。当汽车在碎石路面上行驶时，载质量应有所_____。

9. 汽车的重要性能包括_____、燃油经济性、操纵稳定性、行驶平顺性、通过性、_____、排放污染物及噪声。

10. 汽车的最高车速是指在_____的路面上（水泥混凝土路面和沥青混凝土路面）汽车所能达到的_____行驶速度。

11. 汽车的加速能力是指汽车在行驶中迅速增加行驶速度的能力。汽车的加速能力常用汽车的_____和_____评价。

12. 汽车的爬坡能力是指汽车_____在良好的路面上以_____前进挡所能爬行的最大坡度。

13. 汽车在一定的使用条件下，以_____的燃油消耗量完成单位运输工作的能力称为汽车的燃油经济性。

14. 操纵稳定性反映汽车的两个相互紧密联系的性能，即汽车的_____和_____。

15. 行驶平顺性是指汽车在行驶过程中对_____引起的振动的抑制能力。评价汽车行驶平顺性的主要指标为汽车的振动_____和幅值。

16. 汽车的制动性主要由_____、制动抗热衰退性能和制动时汽车的_____ 3 个方面评价。

17. 按照噪声产生的过程，汽车噪声源大致可分为：与_____有关的声源和与

_____有关的声源。

18. 与发动机转速有关的噪声源主要有_____、_____、冷却系统风扇噪声和发动机表面辐射噪声。

19. 与车速有关的噪声源有_____、_____、车体产生的空气动力噪声。

二、名词解释

1. 汽车的加速能力
2. 汽车的爬坡能力
3. 行驶平顺性
4. 汽车总质量
5. 汽车载质量

三、简答题

1. VIN 的每位代码代表的意义是什么？
2. 发动机型号的组成及含义是什么？
3. 我国道路车辆的汽车总长极限尺寸是什么？
4. 我国道路车辆车宽的极限尺寸是什么？
5. 我国道路车辆的车高极限尺寸是什么？
6. 如何评定汽车的动力性？
7. 如何评定汽车的经济性？
8. 如何评定汽车的操纵稳定性？
9. 如何评定汽车的平顺性？
10. 如何评定汽车的制动性能？
11. 汽车经济使用寿命的主要指标是什么？

四、论述题

1. VIN 号为 LE4EJ68WAV5700321 的含义。
2. VIN 号为 1GNCV06DPT2000001 的含义。

第 3 章 旧机动车鉴定评估方法

3.1 旧机动车鉴定评估概述

1. 二手车价格鉴定评估的概念

根据评估学理论和二手车特点，二手车鉴定评估的广义定义为：二手车鉴定评估是指依法设立具有二手车鉴定评估资质的评估、鉴定和认证机构，接受二手车处置权人的委托，由鉴定评估专业人员根据特定目的，运用科学方法，依据法定程序和规范统一标准，对二手车的时点价格进行鉴定、认证和估算的总称。

二手车价格鉴定评估的狭义定义是：二手车鉴定与评估机构及其从业人员，在国家主管部门制定的鉴定评估标准、鉴定评估流程的指导下，根据机动车的行驶里程、使用时间、车辆安全、环保、主要零部件的技术状况和该车型现行市场价格等相关因素，对二手车的现时价格提出供交易的双方进行二手车交易的参考价格的过程。

国家商务部、公安部、国家工商总局、国家税务总局联合发布的《二手车流通管理办法》中，二手车鉴定评估的定义是：二手车鉴定评估是指二手车鉴定评估机构对二手车技术状况及其价值进行鉴定评估的经营活动。

综合上述定义，二手车的价格鉴定与评估概念包括以下含义：

（1）二手车鉴定评估机构必须合法。凡从事二手车鉴定评估的机构，都必须取得国务院价格主管部门颁发的鉴定评估机构资质。

（2）二手车鉴定评估必须遵循委托原则。委托评估原则的好处在于，在不需要二手车鉴定与评估机构参与的二手车交易过程中，为参与交易的双方简化了交易手续，节省了交易成本，从而加快了二手车在交易市场的流通速度。

（3）二手车鉴定评估必须由专业人员进行。二手车的价格鉴定与评估是一项专业技术性要求较高的工作，凡从事二手车鉴定与评估的人员，必须具有"价格鉴证师"执业资格或"二手车鉴定估价师"从业资格证书。

（4）二手车鉴定评估必须对其时点价格进行评估。在市场经济条件下，由于影响市场的因素很多，同一二手车在不同时点价格是不同的，因此，二手车鉴定评估就是根据基准日二手车的实际状况评出该时点的价格。

（5）二手车鉴定评估必须具有明确的评估目的。根据评估目的不同，在选择二手车鉴定与评估方法时，具有较强的针对性。

2. 汽车鉴定评估的假设与价值类型

1）鉴定评估的假设

汽车鉴定评估假设与汽车鉴定评估标准有着密切的联系。汽车鉴定评估过程中所采用的理论和方法，都是建立在一定的假设条件上的。如果假设不同，所适用的评估标准也就不同，评估结果也会大相径庭。汽车鉴定评估的假设有继续使用假设、公开市场假设和清偿假设 3 种。

（1）继续使用假设。继续使用假设是指汽车将按现行用途继续使用，或将转换用途继续使用。对于可继续使用的汽车的评估与不能继续使用的汽车的评估，所采用的价值类型是不同的。例如，对一辆可继续使用的处于在用状态的汽车进行评估时，一般采用重置成本法评估，其处于在用状态的价值，其评估值包括车辆的购买价及运输费用等。但如果汽车无法继续使用，只能将其拆零出售，以现行市价法评估其零件的变现值，并且还需扣除拆零费用。

在采用继续使用假设时，还需考虑以下因素：

① 车辆尚有显著的剩余使用寿命，这是继续使用假设的最基本的前提要求。

② 车辆能用其提供的服务或用途满足所有者或占有使用者经营上期望的收益，这是投资者持有或购买车辆的前提条件。

③ 车辆的所有权明确，能够在评估后满足汽车交易或抵押等业务需要。这同时也是转换用途的前提条件。

④ 充分考虑车辆的使用功能，即无论车辆的现行用途，还是转换用途继续使用，都是在法律许可的范围内，按车辆的最佳效用使用。

⑤ 车辆从经济上和法律上允许转作他用。

（2）公开市场假设。公开市场假设是指被评估的车辆可以在完全竞争的交易市场上，按市场原则进行交易，其价格的高低取决于该汽车在公开市场上的行情。不同类型的车辆，其性能、用途不同，市场程度也不一样。一般情况下，用途广泛的车辆比用途狭窄的车辆市场活跃，因此也越容易通过市场交易实现其最佳效用。

这里所谓的最佳效用是指车辆在法律许可的范围内，被用于最有利的用途，可取得最佳的经济效果。在汽车鉴定评估时，对于具备在公开市场上进行交易的条件的车辆，应根据车辆所在的地区、环境条件及市场的供求关系等因素确定其最佳用途。按车辆的最佳用途进行评估，有助于实现车辆的最佳效用。

（3）清偿假设。清偿假设是指车辆所有者以拍卖的方式出售车辆。这种汽车交易与公开市场下的交易具有两点区别：交易双方的地位不平等，卖方是非自愿地被迫出售，交易被限制在较短的时间内完成。因此，汽车的价格一般明显低于继续使用或公开市场假设下的价格。

2）汽车鉴定评估的价值类型

资产评估的价值类型主要有两种表述方式：

一种是将价值类型分为市场价值和非市场价值。市场价值是指在公开市场条件下自愿买方与自愿卖方在评估基准日进行交易的价值估计数额，当事人双方应自主谨慎行事，不受任何强迫压制。非市场价值是指不满足市场价值成立的资产在非公开市场条件下实现的价值。

另一种是将资产评估值归纳为重置成本、现行市价、收益现值和清算价格4种价值类型。

（1）重置成本价值类型。重置成本是指在现行条件下（市场条件与技术条件），按功能重置车辆，并使其处于在用状态所耗费的成本。重置成本以现行价格和费用标准作为计价依据。重置成本与历史成本一样，都是反映车辆在购置、运输、注册和登记等购建过程中全部费用的价格。车辆在全新状态下，其重置成本与历史成本是一致的。但由于车辆或长或短地保留了一段时期，从而影响车辆的重置更新费用，使车辆的重置成本与历史成本发生差异。

车辆的重置成本可以分为复原重置成本与更新重置成本。复原重置成本是指按照与被评估车辆的材料、制造标准、设计结构等相同的条件,以现时价格购置相同的全新车辆所需的全部成本。更新重置成本指利用新型材料、新技术标准、新设计等,以现时价格购置相同或相似功能的全新车辆所支付的全部成本。一般情况下,应首先选用更新重置成本,如果不存在更新重置成本,则再考虑用复原重置成本。

(2) 现行市价价值类型。现行市价又称变现价格,是指车辆在公开市场上的销售价格。

现行市价的最基本特征是价格源于公平市场。所谓公平市场,即充分竞争的市场,卖方不存在对市场垄断,买卖双方的交易行为都是自愿的,都有足够的时间与能力了解市场行情。

车辆以现行市价价格进行价值评估时,需具备以下两个基本条件:

① 需要存在一个充分发育、活跃和公平的汽车交易市场。

② 与被评估车辆相同或类似的车辆在市场上有一定的交易量,能够形成市场行情。

(3) 收益现值价值类型。收益现值是指通过估算被评估资产的未来预期收益并折算成现值,借以确定被评估车辆价值的一种资产评估方法。从资产购买者的角度出发,购买一项资产所付的代价不应高于该项资产或具有相似风险因素的同类资产未来收益的现值。

采用收益现值法对旧机动车辆进行评估所确定的价值,是指为获得该机动车辆以取得预期收益权利所支付的货币总额。

(4) 清算价格价值类型。清算价格是指企业由于破产等原因,以变卖车辆的方式清偿债务或分配剩余权益状况的车辆价格。清算价格是非正常的市场价格。它与现行市价的根本区别在于:现行市价是公平市场价格,而清算价格是非正常市场上的拍卖价格,这种价格由于受到期限限制和买主限制,一般大大低于现行市价。

适用于清算价格法的汽车鉴定评估业务主要有企业破产清算以及因抵押、典当等不能按期偿债而导致的车辆变现清偿等。

3.2 旧汽车成新率的确定

成新率是反映旧机动车新旧程度的指标。旧机动车成新率是表示旧机动车的功能或使用价值占全新机动车的功能或使用价值的比率,也可以理解为旧机动车的现时状态与机动车全新状态的比率,它与有形损耗率一起反映了同一车辆的两个方面,车辆的有形损耗也称车辆的实体性贬值,它是由使用磨损和自然损耗构成的。机动车的有形损耗率与机动车的成新率的关系是:

$$成新率 = 1 - 有形损耗率$$

在旧机动车鉴定估价的实践中,重置成本法是旧机动车鉴定估价的首选办法,要想较为准确地评估车辆的价值,成新率是关键。成新率的确定不仅需要根据一定的客观资料和检测手段,还在很大程度上依靠评估人员的经验进行判断。

旧机动车鉴定估价成新率的确定方法通常采用使用年限法、部件鉴定法、整车观测法、行驶里程法、综合分析法和综合成新率法等方法。

1. 使用年限法

使用年限法包括等速折旧法和加速折旧法。

1) 计算方法

(1) 等速折旧法。

$$C_n = \left(1 - \frac{Y}{G}\right) \times 100\%$$

(2) 加速折旧法。

① 年份数求和法：

$$C_n = \left[1 - \frac{2}{G(G+1)} \sum_{n=1}^{Y} (G+1-n)\right] \times 100\%$$

② 双倍余额递减法：

$$C_n = \left[1 - \frac{2}{G} \sum_{n=1}^{Y} \left(1 - \frac{2}{G}\right)^{n-1}\right] \times 100\%$$

$$= \left(1 - \frac{2}{G}\right) \times 100\%$$

式中，C_n——使用年限成新率；

G——规定使用年限；

Y——已使用年限。

2) 规定使用年限与已使用年限

(1) 规定使用年限。汽车有 3 种规定使用年限，即 8 年（常见的有微型载货汽车、出租车）、10 年和 15 年（9 座以下（含 9 座）非营运载客汽车（包括轿车、含越野型））。

(2) 已使用年限。已使用年限是代表汽车运行量和工作量的一种方法，这种方法是以汽车正常使用为前提的，包括正常的使用时间和使用强度。

对于一辆汽车，它的经济使用寿命指标有规定使用年限，同时也以行驶里程数作为运行量的计量单位。从理论上讲，综合考虑已使用年限和行驶里程数要符合实际一些，即汽车的已使用年限应采用折算年限，有：

$$折算年限 = \frac{总的累计行驶里程}{年平均行驶里程}$$

这种使用年限表示方法既反映了汽车的使用情况（即管理水平、使用水平、维护保养水平）、使用强度，又包括了运行条件和某些停驶时间较长的汽车的自然损耗。

在汽车评估的实际计算中，通常在使用等速折旧时，将已使用年限和规定使用年限换算成月数；在使用加速折旧时，已使用年限和规定使用年限按年数计算，不足 1 年部分按十二分之几折算。例如 3 年 9 个月，前 3 年按年计算，后 9 个月按第四年折旧的 $\frac{9}{12}$ 计算。汽车评估实务中通常不计算不足 1 个月的天数折旧，近几年我国各类汽车年平均行驶里程如表 3 - 1。

表 3-1 我国各类汽车年平均行驶里程

汽车类别	年平均行驶里程/万 km
微型、轻型货车	3~5
中型、重型货车	6~10
私家车	1~3
行政、商务用车	3~6
出租车	10~15
租赁车	5~8
旅游车	6~10
中、低档长途客运车	8~12
高档长途客运车	15~25

汽车按年限折旧不宜采用等速折旧法，宜采取加速折旧的方法。采用等速折旧法时经常是未考虑经济性贬值而造成新车和准新车往往评估值偏高，而使报废车评估值偏低，因此在用直线法计算成新率时往往要考虑市场波动系数。表 3-2 所示为正常使用 5 年内的轿车变现系数。

表 3-2 正常使用 5 年内的轿车变现系数

已使用时间/月	1~6	7~12	13~18	19~24	25~30	31~36	37~42	43~48	49~54	55~60
变现系数	0.80	0.84	0.86	0.88	0.90	0.92	0.94	0.96	0.98	1.00

旧汽车市场上的旧汽车市场价格也呈加速折旧的态势，如表 3-3 所示。一般 25 万元以上的汽车采用年份数求和法较好，25 万元以下的汽车采用双倍余额递减法较好。

表 3-3 汽车年限成新率

使用年限	使用年限 15 年			使用年限 10 年			使用年限 8 年		
	等速折旧法	加速折旧法		等速折旧法	加速折旧法		等速折旧法	加速折旧法	
		年数求和法	双倍余额法		年数求和法	双倍余额法		年数求和法	双倍余额法
1	93.33	87.50	86.67	90.00	81.82	80.00	87.50	77.78	75.00
2	86.67	75.83	75.11	80.00	65.46	64.00	75.00	58.34	56.25
3	80.00	65.00	65.10	70.00	50.91	51.20	62.50	41.67	42.19
4	73.33	55.00	56.42	60.00	38.18	40.96	50.00	27.78	31.64
5	66.67	45.83	49.90	50.00	27.27	32.77	37.50	16.67	23.73

续表

使用年限	使用年限15年			使用年限10年			使用年限8年		
	等速折旧法	加速折旧法		等速折旧法	加速折旧法		等速折旧法	加速折旧法	
		年数求和法	双倍余额法		年数求和法	双倍余额法		年数求和法	双倍余额法
6	60.00	37.50	44.25	40.00	18.18	26.21	25.00	8.34	17.80
7	53.33	30.00	39.35	30.00	10.91	21.97	12.50	2.78	13.35
8	46.67	23.33	35.11	20.00	5.46	16.78			
9	40.00	17.50	31.43	10.00	1.82	13.42			
10	33.33	12.50	28.24						
11	26.67	8.33	25.48						
12	20.00	5.00	23.09						
13	13.33	2.50	21.01						
14	6.67	0.83	19.21						

3）评估实例

例：某家庭用普通型桑塔纳轿车，初次登记年月是 2005 年 6 月，评估基准时是 2010 年 6 月，请分别用等速折旧法、加速折旧法中的年份数求和法与双倍余额递减法计算成新率。

解：该车已使用 5 年，由于为私家车，规定使用年限为 15 年，则成新率为：

（1）等速折旧法：$C_n = \left(1 - \dfrac{Y}{G}\right) \times 100\% = \left(1 - \dfrac{5}{15}\right) \times 100\% = 66.7\%$

（2）年份数求和法：$C_n = \left[1 - \dfrac{2}{G(G+1)} \sum_{n=1}^{Y}(G+1-n)\right]$

$= \left[1 - \dfrac{2}{15(15+1)} \sum_{n=1}^{Y}(15+1-n)\right] \times 100\%$

$= \left\{1 - \dfrac{2}{15(15+1)}\left[(15+1-1) + (15+1-2) + (15+1-3) + (15+1-4) + (15+1-5)\right]\right\} \times 100\%$

$= 45.8\%$

（3）双倍余额递减法：$C_n = \left[1 - \dfrac{2}{G}\sum_{n=1}^{Y}\left(1 - \dfrac{2}{G}\right)^{n-1}\right] \times 100\%$

$= \left[1 - \dfrac{2}{15}\sum_{n=1}^{5}\left(1 - \dfrac{2}{15}\right)^{n-1}\right] \times 100\%$

$= \left\{1 - \dfrac{2}{15}\left[\left(1 - \dfrac{2}{15}\right)^{1-1} + \left(1 - \dfrac{2}{15}\right)^{2-1} + \left(1 - \dfrac{2}{15}\right)^{3-1} + \right.\right.$

$$\left(1-\frac{2}{15}\right)^{4-1}+\left(1-\frac{2}{15}\right)^{5-1}\right]\right\}\times100\%$$
$$=48.9\%$$

2. 部件鉴定法

部件鉴定法是指评估人员在确定旧机动车各组成部分技术状况的基础上，按其各组成部分对整车的重要性和价值量的大小加权评分，最后确定成新率的一种方法。它既考虑了车辆的有形损耗，也考虑了车辆由于维修或换件等追加投资使车辆价值发生的变化。这种方法一般用于价值较高的车辆的价格评估。

1) 基本步骤

（1）将车辆分成若干主要部分，根据各部分建造成本占车辆建造成本的比重，按百分比确定权重。

（2）以全新车辆各部分的功能为标准，若某部分功能与全新车辆对应部分的功能相同，则该部分的成新率为100%；若某部分的功能完全丧失，则该部分的成新率为0。

（3）根据若干部分的技术状况给出各部分的成新率，分别与各部分的权重相乘，即得某部分的权分成新率。

（4）将各部分的权分成新率相加，即得到被评估车辆的成新率。

表3-4所示为车辆各部分的价值权分参考表。由于在不同种类、档次的车辆上，各组成部分对整车的重要性及其价值占整车的比重各不相同，有些类型车辆之间相差还很大，因此下表只供评估人员参考，不可作为唯一标准。在实际评估时，应根据车辆各部分价值量占整车价值的比重，调整各部分的权重。

表3-4 车辆各部分价值权分参考表

权重/% 类别 总成部件	轿车	客车	货车
发动机及离合器总成	25	28	25
变速器及传动轴总成	12	10	15
前桥、转向器及前悬架总成	9	10	15
后桥及后悬架总成	9	10	15
制动装置	6	5	5
车架装置	0	5	6
车身装置	28	22	9
电器及仪表装置	7	6	5
轮胎	4	4	5
合计	100	100	100

表3-5为轿车各部分的价值权分参考。

表 3-5 轿车各部分的价值权分参考

总成部件 \ 权重/% \ 类别	轿车	各部分成新率	权分成新率
发动机及离合器总成	25	60	15
变速器及传动轴总成	12	50	6
前桥、转向器及前悬架总成	9	50	4.5
后桥及后悬架总成	9	50	4.5
制动装置	6	45	2.75
车身装置	28	65	18.2
电器及仪表装置	7	50	3.5
轮胎	4	40	1.6

2）评估实例

例：某宝马轿车购买日为 2002 年 10 月 15 日，该车经过技术鉴定，发动机动力下降不大，提速很快，左后轮 ABS 系统工作失灵，后轮轮胎偏磨严重，但车身保养较好，无明显擦伤刮痕，其他和该车的使用时间的新旧程度大体相当。试用部件鉴定法确定其成新率。

轿车各部分的价值权分参考如表 3-5 所示。评估基准日定为 2010 年 4 月 10 日，该车使用年限为 7 年半，故基准成新率为 50%。因为发动机动力下降不大，提速很快，所以根据实际情况在基准成新率基础上增加，定为 60%；因为左后轮 ABS 系统工作失灵，所以制动系统的成新率要减少，定为 45%；因为后轮轮胎偏磨严重，故轮胎的成新率减少，定为 40%；因为车身保养较好，无明显擦伤刮痕，所以根据实际情况车身在基准成新率基础上增加，定为 65%。其他采用基准成新率。

将各部分的权分成新率相加得到该车的成新率为 56.05%。

3. 整车观测法

整车观测法主要是采用人工观察的方法，辅之以简单的仪器检测，对旧机动车技术状况进行鉴定、分级以确定成新率的一种方法。对旧机动车技术状况分级的办法是先确定两端，即先确定刚投入使用不久的车辆和将报废处理的车辆，然后再根据车辆评估的精细程度要求在刚投入使用不久与报废车辆之间分若干等级。以轿车为例，其技术状况分级、成新率参考表 3-6。

表 3-6 轿车技术状况分级

车况等级	新旧情况	有形损耗率/%	技术状况描述	成新率/%
1	使用不久的车	0~10	刚使用不久，行驶里程一般在 3 万~5 万 km，在用状态良好，能按设计要求正常使用	100~90
2	较新车	11~35	使用 1 年以上，行驶里程 5 万~15 万 km，一般没有经过大修，在用状态良好，故障率低，可随时出车使用	89~65

续表

车况等级	新旧情况	有形损耗率/%	技术状况描述	成新率/%
3	旧车	36~60	使用5~10年，行驶里程15万~40万 km，在用状态一般，外观中度受损，可随时出车使用	64~40
4	老旧车	61~85	使用10年以上，行驶里程40万 km以上，发动机或整车经过一次大修，动力性能、经济性能、工作可靠性能都有所下降，外观油漆脱落受损、金属件锈蚀程度明显。故障率上升，维修费用、使用费用明显上升。但车辆符合《机动车安全技术条件》，在用状态一般或较差	39~15
5	待报废处理车	86~100	基本到达或到达使用年限，通过《机动车安全技术条件》检查，能使用但不能正常使用，动力性、经济性、可靠性下降，燃料费、维修费、大修费用增长速度快，车辆收益与支出基本持平，排放污染和噪声污染到达极限	15以下

表 3-6 是一般车辆成新率判定的经验数据，不能作为唯一标准。整车观测分析法对车辆技术状况的评判，大多数是由人工观察的方法进行的，成新率的估值是否客观、实际，取决于评估人员的专业水准和评估经验。这种方法简单易行，单评估值没有部件鉴定法准确，一般用于中、低等价值的旧机动车的初步估算。

4. 行驶里程法

行驶里程法是通过确定被评估二手车的尚可行驶里程与规定行驶里程的比值确定二手车成新率的一种方法。

1）计算方法

行驶里程法主要包括等速折旧法和54321法。

（1）等速折旧法。

$$C_s = \frac{S_g - S}{S_g} \times 100\% = \left(1 - \frac{S}{S_g}\right) \times 100\%$$

式中，C_g——行驶里程成新率；

S——二手车实际累计行驶里程（km）；

S_g——车辆规定的行驶里程（km）。

（2）54321法。

若一部车的有效寿命为30万 km，将其分为5段，每段6万 km，每段价值依序为新车价值的5/15、4/15、3/15、2/15、1/15。

假设新车价值为20万元，已行驶12万 km，那么该车还值多少钱呢？

$$20 \times (3+2+1)/15 = 8（万元）$$

通常，54321法在家用轿车的估价上应用比较广泛。

2）行驶里程法的前提条件

行驶里程法计算成新率的前提条件：车辆里程表的记录必须是原始的，不能是被人为更改过的。由于里程表容易被人为更改,因此在实际应用中,较少直接采用此方法进行评估。

3) 累计行驶里程与规定行驶里程

(1) 累计行驶里程。二手车累计行驶里程是指被评估二手车从开始使用到评估基准时点所行驶的总里程。

(2) 规定行驶里程。车辆规定行驶里程是指《汽车报废标准》中规定的该车型的行驶里程。行驶里程较使用年限更真实地反映了二手车使用强度及使用过程中实际的物理损耗。它反映了二手车使用强度对其成新率的影响。总的行驶里程越大,车辆的实际有形损耗也越大。

5. 综合分析法

1) 综合分析法原理

综合分析法是以使用年限法为基础,再综合考虑到影响旧汽车价值的多种因素,以系数调整确定成新率的一种方法,其计算公式为:

$$C = C_n \times K_t$$

式中,C——成新率;

C_n——使用年限成新率;

K_t——鉴定调整系数。鉴定调整系数推荐采用表 3-7 中的系数。

表 3-7 鉴定调整系数

修正系数	状况及分级	系数数值	权重/%
综合技术性能 K_1	一级	1.0	40
	二级	0.9	
	三级	0.7	
整车装备外观检查合格率 K_2	100%	1.0	20
	≥80% 且 <100%	0.8	
	≥60% 且 <80%	0.6	
	≥40% 且 <60%	0.4	
	40% 以下	0.2	
事故状况 K_3	无事故	1.0	15
	一般事故	0.7	
	大事故	0.4	
	特大事故	0.2	
制造质量 K_4	进口名牌车	1.0	10
	进口非名牌车	0.9	
	国产车	0.8	
工作性质与环境 K_5	私家车	1.0	15
	公务车、商务车	0.9	
	运输公司营运车	0.7	
	出租车	0.5	

旧汽车成新率的影响因素和鉴定调整系数说明如下：

（1）综合技术性能调整系数 K_1。汽车技术状况是汽车品质的最根本因素，用汽车技术等级评定汽车的技术状况最为科学和合理。汽车技术等级分为三级，然后取调整系数修正汽车的成新率，技术状况调整系数取值范围为 1.0~0.7。

（2）整车装备、外观检查合格率调整系数 K_2。通过整车装备、外观检查合格率可以确定旧汽车需要进行修理或换件的项目，对旧汽车的交易价格构成重要影响。按照整车装备、外观检查合格率，系数范围为 1.0~0.2。

（3）事故调整系数 K_3。事故通常是指汽车因碰撞、倾覆造成汽车结构件的损伤，尤其以承载式汽车的车身件为代表。汽车发生过事故后，一般对汽车的交易价格形成重大影响，同时也是旧汽车鉴定评估人员必须非常重视的工作。将事故系数设定为 1.0~0.2。

（4）制造质量调整系数 K_4。汽车品牌对旧汽车的市场价格有着重要影响，国家进口的名牌汽车，购车者对这类车容易接受。合资名牌汽车在旧汽车市场上较为热销，合资非名牌车一般滞销。国产名牌汽车容易接受，国产非名牌汽车购买者不愿购买。

在我国汽车市场上一些品牌有着明显的地域性。如上海大众系列车在华东、西北市场比较走俏，旧汽车市场价格也高于其他品牌的同类型车；而一汽大众捷达车在华北、东北、华南市场比较走俏，旧汽车市场价格也高于其他品牌的同类型车。调整系数范围为 1.0~0.8。

（5）工作性质与环境调整系数 K_5。工作性质与环境调整系数影响汽车的使用强度，汽车的使用强度主要来自于行驶里程。汽车鉴定评估人员可以根据车况，结合经验加以认定。调整系数范围为 1.0~0.5。

2）评估实例

例：某捷达车初次登记年月为 2003 年 6 月，评估基准日为 2008 年 6 月，基准地为南京，公务车需要进行项目修理费用为 1 500 元，重置成本为 13 万元，经汽车技术等级评定为二级车。以鉴定调整系数分别求无、有重大事故的车辆成新率。

解：成新率：$K = K_1 \times 40\% + K_2 \times 20\% + K_3 \times 15\% + K_4 \times 10\% + K_5 \times 15\%$。

技术状况调整系数 $K_1 = 1.0$；

修理费用 1 500 元，重置成本 13 万元，整车装备、外观检查合格率调整系数 $K_2 = 0.7$；

无重大事故调整系数 $K_3 = 1.0$，有重大事故调整系数 $K_3 = 0.4$；

合资名牌车调整系数 $K_4 = 1.0$；

工作性质与环境调整系数 $K_5 = 0.9$；

因此，无重大事故时：

成新率 $= 1 \times 40\% + 0.7 \times 20\% + 1.0 \times 15\% + 1.0 \times 10\% + 0.9 \times 15\% = 92.5\%$；

有重大事故时：

成新率 $= 1 \times 40\% + 0.7 \times 20\% + 0.4 \times 15\% + 1.0 \times 10\% + 0.9 \times 15\% = 83.5\%$。

6. 综合成新率法

1）综合成新率法原理

（1）计算公式。所谓综合成新率就是采用定性和定量分析的方法，综合多种单一因素对二手车成新率的估算结果，并分别赋予不同的权重，计算加权平均成新率。这样，可以尽量减小使用单一因素成新率计算给评估结果所带来的误差，因而是一种较为科学的方法。

综合成新率法的数学计算公式为：

$$C_Z = C_1 \cdot a_1 + C_2 \cdot a_2$$

式中，C_Z 为综合成新率；C_1 为二手车理论成新率；C_2 为二手车现场查勘成新率；a_1、a_2 为权重系数，且 $a_1 + a_2 = 1$。权重系数的取值要求评估人员根据被评估二手车的实际情况而定。

（2）二手车理论成新率 C_1。二手车理论成新率包括使用年限法和行驶里程法计算的成新率，是根据二手车实际使用的时间和行驶里程计算而得，是一种对二手车成新率的定量计算。实际计算中，可将使用年限成新率和行驶里程成新率加权平均得到二手车理论成新率。计算公式为：

$$C_1 = C_Y \cdot 50\% + C_S \cdot 50\%$$

式中，C_Y 为使用年限成新率；C_S 为行驶里程成新率。

（3）二手车现场查勘成新率 C_2。二手车现场查勘成新率是由评估人员根据现场查勘情况而确定的一个综合评价值。具体确定步骤是：评估人员先对二手车作技术状况现场查勘（包括静态检查和动态检查），得出鉴定评价意见，然后对整车和重要部件分别作综合评分，累加评分，其结果就是二手车现场查勘成新率。二手车现场查勘成新率是一个定性与定量相结合的结果。

被评估二手车技术状况现场勘查主要内容如下：

① 车身外观。包括车身颜色、光泽、有无褪色、车身是否被碰撞过、前后保险杠是否完整、车灯是否齐全等；

② 车内装饰。包括装潢程度、颜色、清洁程度、仪表是否完整等；

③ 发动机工作状况。包括发动机动力状况、是否有更换部件（或替代部件）和修复现象、是否有漏油现象等；

④ 底盘。包括是否有变形、是否有异响、变速箱状况是否正常、前后桥状况是否正常、传动系统工作状况是否正常、是否有漏油现象、转向系统情况是否正常和制动系统工作状况是否正常等；

⑤ 电器系统。包括电源系统是否工作正常、发动机点火器是否工作正常、空调系统是否工作正常和音响系统是否工作正常等。

以上查勘情况，一般应由评估委托方或车辆所有单位技术人员签名，以确认查勘情况是客观的、真实的，不存在与实际车况不相符合的情况。确定查勘情况后，评估人员必须对被评估车辆作出查勘鉴定结论。上述资料经过整理，就可以编写《二手车技术状况调查表》，如表 3-8 所示。

表3-8 二手车技术状况调查表

评估委托方：×××　　　　　　　　　　　　　　　　　　评估基准日：2002年4月30日

车辆基本情况	明细表序号	01	车辆牌号	粤×.×××		厂牌型号	BUICK上海别克/BUICK/G18	
	生产厂家	上海通用	已行驶里程	50 000 km		规定行驶里程	500 000 km	
	购置日期	2001.2	登记日期	2001年2月		规定使用年限	15年（180个月）	
	大修情况			无大修				
	改装情况			无改装				
	耗油量	正常	是否达到环保要求	是		事故次数及情况	无事故	
现场查勘情况								
车辆实际技术状况	外形车身部分	颜色	白	光泽	较好	褪色	无	锈蚀	无
		有否被碰撞	轻微	严重程度	—	修复	—	车灯是否齐全	齐全
		前、后保险杠是否完整	完整	其他：车头右侧及左前车门有轻碰刮痕				
	车内装饰部分	装潢程度	一般	颜色	浅色	清洁	较好	仪表是否齐全	是
		座位是否完整	是	其他					
	发动机总成	动力状况评分	85	有否更换部件	无	有否修补现象	无	有否替代部件	无
		漏油现象	严重□　一般□　轻微□　无☑					
	底盘各部分	有否变形	无	有否异响	无	变速箱状况	工况正常	后桥状况	正常
		前桥状况	正常	传动状况	工况正常	漏油现象	严重□　一般□　轻微□　无☑	
		转向系统情况	工况正常			制动系统情况	工况正常	
车辆实际技术状况	电气系统	电源系统是否工作正常	工况正常	发动机点火器是否工作正常	工况正常	空调系统是否有效	工况正常	音响系统是否正常工作	工况正常
	其他							
	鉴定意见	维护保养情况较好，磨损正常，整体车况较好						

资产占有单位技术人员签字：×××　　　　　　　　　　　　　　　　　　评估人员签字：×××

在上述对二手车作技术状况现场查勘的基础上，对整车和重要部件做定量分析并以评分形式给予量化，如参考表3-9。总分就是二手车现场查勘成新率。

表 3-9 二手车成新率评定表

序号	项目名称	达标程度	参考标准分	评分
1	整车 （满分 20 分）	全新	20	—
		良好	15	15
		较差	5	—
2	车架 （满分 15 分）	全新	15	12
		一般	7	—
3	前后桥 （满分 15 分）	全新	15	12
		一般	7	—
4	发动机 （满分 30 分）	全新	30	—
		轻度磨损	25	28
		中度磨损	17	—
		重度磨损	5	—
5	变速箱 （满分 10 分）	全新	10	—
		轻度磨损	8	8
		中度磨损	6	—
		重度磨损	2	—
6	转向及 制动系统 （满分 10 分）	全新	10	—
		轻度磨损	8	8
		中度磨损	5	—
		重度磨损	2	—
	总分（现场查勘成新率/%）		100	83

被评估二手车理论成新率和现场查勘成新率的权重分配、使用年限成新率和机动车行驶里程成新率的权重分配，要根据被评估二手车类型、使用状况、维修保养状况综合考虑，科学、合理地确定权重分配，这与二手车鉴定评估人员的实践工作经验和专业判断能力有着直接关联。

2）评估实例

2010 年 3 月辽宁大连马某委托当地一会计师事务所吴某对欲处置的 09 款福克斯两厢 2.0AT 运动型进行评估。

（1）车辆概况。

车牌号：辽 A×××××；车型：×××××××Z；发动机号：××××××××××；车身号：××××××××××；乘员数（包括驾驶员）：5 人；生产商：长安福特；登记日期：2009 年 2 月。

（2）性能参数及配置。

发动机型号：Duratec – HE DOHC 16 V；排量：1 999 mL；最大功率：104/6 000

[kW/(r/min)];最大扭矩:180/4 000 [N·m/(r/min)];汽缸数:4个;汽缸排列形式:直列横置;汽缸压缩比:10.8;排放标准:欧Ⅲ标准;燃油供给方式:多点喷射;冷却系统:水冷、三元催化;标准配置;前悬架:麦弗逊式;后悬架:多连杆;驱动方式:前驱;动力助力转向:标准配置;助力转向:电子液压助力;前制动器:盘式;后制动器:盘式;最高车速:185 km/h;整车整备质量:1 360 kg;经济油耗:8.8 L;长×宽×高:4 342×1 840×1 500。

(3)采用重置成本法进行价值评估。

① 重置成本全价的确定。

现行购置价的确定:经当地市场调查,09款福克斯两厢2.0AT运动型新车的大连市场售价为154 000元。

车辆购置税及相关税费的确定:

车辆购置税为154 000×10% = 15 400(元)。

证照费、检车费为500元。

重置成本全价为154 000 + 15 400 + 500 = 169 900(元)。

② 成新率的确定。采用综合成新率法计算成新率。

计算理论成新率 C_1:查看该车里程表为23 200 km。由于为私家车,所以理论成新率直接由年限法计算而得。该车登记日期为2009年2月,评估基准日为2010年3月,已使用1年,根据国家《汽车报废标准》,小型越野汽车的规定使用年限为15年,所以有:

$$C_1 = C_Y = (1 - 已使用年限/规定使用年限) \times 100\% = (1 - 1/15) \times 100\% = 93\%$$

计算现场查勘成新率 C_2:评估人员在现场对该车的勘察中,分别对车辆的发动机、底盘、车身、内饰及电气系统进行鉴定打分,如表3-10所示。

表3-10 车辆鉴定评分表

项目	鉴定标准	鉴定情况	评定分数
发动机、离合器总成	35分 ① 汽缸压力是否符合标准; ② 机油是否泄漏,冷却系统是否漏水; ③ 燃油消耗是否在正常范围内; ④ 测量汽缸内椭圆度不超过0.125 mm; ⑤ 在高中低速时没有断火现象和其他异常现象	燃油消耗超标 -8分 其他情况一般	26
前桥总成	8分 工字梁应无变形和裂纹,转向系统操作轻便灵活,转向节不应有裂纹	操作较灵活及准确,其他均正常	6
后桥总成	10分 圆锥主动齿轮轴在1 400~1 500 r/min,各轴承温度不应高于60℃,差速器及半轴的齿轮符合要求的敲击声或高低变化声响,各结合部位不允许漏油	基本符合要求	8

续表

项目	鉴定标准	鉴定情况	评定分数
变速器总成	8分 ① 变速箱在运动中，齿轮在任何挡位均不应有脱挡、跳挡及异常声响； ② 变速杆不应有明显抖动，密封部位不漏油，变速操作杆操作灵便； ③ 箱体各孔圆度误差不大0.007 5 mm	基本符合要求	6
车身总成	29分 车身无碰伤变形、脱漆、锈蚀，门窗玻璃完好，各焊口应无裂纹及损伤，连接件齐全无松动，密封良好、座椅完整	有脱漆、锈蚀现象，车辆维护一般	20
轮胎	2分 依磨损量确定	中度磨损	1
其他	8分 ① 制动系统：气压制动的储气筒，制动管不漏气； ② 电气系统：电源点火、信号、照明应正常	工作状况一般	5
合计			72

所以，现场勘察成新率 C_2 = 现场勘察打分值/100 = 72%。

取权重系数 $a_1 = 0.4$，$a_2 = 0.6$，则综合成新率为：

$$C_Z = C_1 \cdot a_1 + C_2 \cdot a_2 = 93\% \times 0.4 + 72\% \times 0.6 = 80\%$$

③ 评估值的确定。

评估价值 = 重置全价 × 综合成新率 = 16 990 × 80% = 135 920（元）

3.3 二手车价格鉴定评估的基本方法

3.3.1 重置成本法

1. 重置成本法概述

1）重置成本法的基本原理

重置成本法是二手车评估的重要方法之一。重置成本法是指以评估基准日的当前条件下重新购置一辆全新状态的被评估车辆所需的全部成本（完全重置成本，简称重置全价）减去该被评估车辆的各种陈旧性贬值后的差额作为被评估车辆评估价格的一种评估方法。

重置成本是购买一项全新的与被评估车辆相同的车辆所支付的最低金额。重置成本是评估基准时重新购置具有同等效用的新汽车的完全价值，它不会因为评估的目的而改变。重置成本应以现行市场纯车价以及车辆购置税为基础。因为如养路费、保险费会因汽车的使用而逐步被消费掉，所以将其准确计入重置成本意义不大。

2) 影响汽车重置成本的配置与参数

(1) 发动机部分。

① 燃料种类。使用不同燃料的汽车或可以使用多种燃料的汽车其发动机差异很大，车价必然有较大的差异。例如，捷达车型中就有汽油车、柴油车和汽油与天然气双燃料车，仅此不同车价就相差数千甚至数万元。

② 排量。同样的富康车排量有 1.4 L 和 1.6 L 之分，夏利排量有 1.0 L、1.1 L、1.3 L 和 1.4 L 等，其车价往往相差数千甚至数万元。

③ 电喷还是化油器。虽然现在不再生产化油器汽车，但是旧车市场上还有大量的化油器汽车存在，并且电喷还有单点喷射和多点喷射的区别。

④ 单顶置凸轮轴 SOHC 和多顶置凸轮轴 DOHC 的区别。这主要通过气门数反映，例如，富康 1.6 L 有 8 气门和 16 气门之分、捷达发动机有 8 气门和 20 气门之分等。

⑤ 是否是可变配气相位。可变配气相位是近年来流行的发动机设计，2007 年前后有许多厂家同时有 VVT 和 VVTi 两种不同配置的汽车投放市场。

⑥ 是否具有废气再循环 EGR，尾气排放是欧Ⅰ、欧Ⅱ还是欧Ⅲ，是否具有废气涡轮增压器等。

(2) 底盘部分。

① 变速器形式。例如，手动机械变速器、自动变速器、无级变速器等；

② 制动形式。例如，制动防抱死 ABS、电子控制制动防抱死 ABS + EBD、驱动防滑 ASR 等；

③ 转向形式。例如，电控动力转向 EPS 等；

④ 新技术的应用。例如，电子稳定程序 ESP、电控空气悬架 EAS 等。

(3) 电器。汽车电器的使用情况。例如，安全气囊 SRS、电控安全带、倒车雷达、防追尾碰撞系统、车窗玻璃升降方式等。

(4) 车身。汽车车身的使用技术。例如，车身面板是否采用镀锌板、采用何种安全防撞结构、是否有天窗以及天窗种类、车身油漆种类等。

以上各个方面都会影响汽车的重置成本，要对汽车的配置与参数进行认真细致的判断与评估，从而准确的确定汽车的重置成本。

3) 重置成本法的特点

通过对重置成本、实体性贬值、功能性贬值和经济性贬值的分析，已经能够运用重置成本法确定汽车的评估价格，在使用中尽管工作量大，难以计算经济性贬值，但它充分地考虑了车辆的损耗，评估结果公平合理，在不易计算车辆未来收益或难以取得旧机交易市场参照车辆条件下可以广泛应用。

2. 车辆评估值的估算

重置成本法的估价模型：

模型 1：评估值 = 重置成本 − 实体性贬值 − 功能性贬值 − 经济贬值

模型 2：被评估车辆的评估值 = 更新重置成本 × 成新率

模型 3：评估值 = 重置成本 × 成新率 × 调整系数

模型 1 中，除了要准确了解旧机动车的更新重置成本和实体性贬值外，还必须计算其功能性贬值和经济性贬值，而这二者贬值因素要求估价人员对未来影响旧机动车的运营成本、收益乃至经济寿命有较为准确的把握,否则难以评估旧机动车的市场价值。因此,模型1让估价人员很难操作。模型3是在模型2的基础上再减去一定的折扣,从而估算出被估价机动车的价值。模型3较模型1而言,较充分地考虑了影响汽车价值的各种因素,可操作性强。

1)车辆实体性贬值估算

实体性贬值也称有形损耗,是指机动车在存放和使用过程中,由于物理和化学原因而导致的车辆实体发生的价值损耗,即由于自然力的作用而发生的损耗。假如用损耗率来衡量,一辆全新的车辆,其实体性贬值为百分之零,而一辆完全报废的车辆,其实体性贬值为百分之百,处于其他状态下的车辆,其实体性贬值率则位于这两个数字之间。一般可以采取观察法、使用年限法和修复费用法等方法进行估算。

(1)观察法。观察法也称成新率法,是指对评估车辆,由具有专业知识和丰富经验的工程技术人员对车辆的实体各主要总成、部件进行技术鉴定,并综合分析车辆的设计、制造、使用、磨损、维护、修理、大修理、改装情况和经济寿命等因素,将评估对象与其全新状态相比较,考察由于使用磨损和自然损耗对车辆的功能、技术状况带来的影响,判断被评估车辆的有形损耗率,从而判断被评估汽车的实体性贬值的一种方法,计算公式为:

$$车辆实体性贬值 = 重置成本 \times 有形损耗率$$

(2)使用年限法。通过确定被评估汽车已使用年限与该车辆预期可使用年限的比率来确定汽车有形损耗(成新率)。其计算公式表达为:

$$车辆实体性贬值 = (重置成本 - 残值) \times \frac{已使用年限}{规定使用年限}$$

式中残值,是指旧机动车辆在报废时净回收的金额,在鉴定估价中一般略去残值不计。

(3)修复费用法。修复费用法也叫功能补偿法。通过确定被评估汽车恢复原有的技术状态和功能所需要的费用补偿,直接确定汽车的有形损耗。

2)功能性贬值估算

功能性贬值是由于科学技术的发展导致的车辆贬值,即无形损耗。这类贬值又可细分为一次性功能贬值和运营性功能贬值。一次性功能贬值是由于技术进步引起劳动生产率的提高,现在再生产制造与原功能相同的车辆的社会必要劳动时间减少,成本降低而造成原车辆的价值贬值。具体表现为原车辆价值中有一个超额投资成本将不被社会承认。营运性功能贬值是由于技术进步,出现了新的、性能更优的车辆,致使原有车辆的功能相对新车型已经落后而引起其价值贬值。具体表现为原有车辆在完成相同工作任务的前提下,在燃料、人力、配件、材料等方面的消耗增加,形成了一部分超额运营成本。

(1)一次性功能贬值的估算。对目前在市场上能购买到的且有制造厂家继续生产的全新车辆,一般采用市场价即可认为已包含了该车辆的功能性贬值。从理论上讲,同样的车辆其复原重置成本与更新重置成本之差即是该车辆的一次性功能性贬值。但在实际评估工作中,计算某车辆的复原重置成本是比较困难的,一般用更新重置成本(即市场价)作为一次性功能贬值。

在实际评估时经常遇到这种情况:待评估的车辆其型号是已停产或是国内淘汰的车型,这样就没有实际的市场价,只有采用参照物的价格用类比法估算。参照物一般采用替代型号的车辆。这些替代型号的车辆其功能通常比原车型有所改进和增加,因此其价值通常比原车型的价格高。

(2) 营运性功能贬值的估算。测定营运性功能贬值的步骤为：
① 选定参照物，并与参照物对比，找出营运成本有差别的内容和差别的量值；
② 确定原车辆尚可继续使用的年限；
③ 查明当前的折现率；
④ 通过计算超额收益或成本降低额，最后计算出营运性陈旧贬值。

例：某一被评估车辆甲，其出厂时的燃料经济性指标为每百公里耗油量 14 L，平均年维修费用为 2.5 万元。以目前新出厂的同型车辆乙为参照车辆，该车出厂时燃料经济性指标为每百公里耗油量 12 L，平均每年维修费用为 2 万元。如果甲、乙两车在营运成本的支出项目方面大致相同，被评估车辆尚可使用 5 年，每年平均出车日为 300 天，每日营运 150 km，所得税率为 33%，适用的折现率为 10%，试估算被评估车辆的营运性功能损耗（油价格取为 7.2 元/L）。

根据上述资料，对被评估车辆的功能性损耗估算如下：
① 被评估车辆每年油料的超额费用为：
$$150 \times (14\,L - 12\,L) \times 7.2\,元/L \times 300/100 = 6\,480\,元$$
② 被评估车辆每年维修的超额费用为：
$$25\,000 - 20\,000 = 5\,000\,（元）$$
③ 被评估车辆的年超额营运成本为：
$$6\,480 + 5\,000 = 11\,480\,（元）$$
④ 被评估车辆的年超额营运成本的净额为：
$$11\,480 \times (1 - 33\%) = 7\,691.6\,（元）$$
⑤ 将被评估车辆在剩余使用年限内的年超额营运成本净额折现累加，估算其功能性损耗为：
$$7\,691.6 \times \frac{(1 + 10\%)^5 - 1}{10\% \times (1 + 10\%)^5}$$
$$= 7\,691.6 \times 3.790\,8$$
$$= 29\,157.3\,（元）$$

3）车辆经济性贬值估算

经济性贬值是指由于外部经济环境变化所造成的车辆贬值。所谓外部经济环境，包括宏观经济政策、市场需求、通货膨胀、环境保护等。经济性贬值是由于外部环境而不是车辆本身或内部因素所引起的达不到原有设计的获利能力而造成的贬值。外界因素对车辆价值的影响不仅是客观存在的，而且对车辆价值影响还相当大，在旧机动车的评估中不可忽视。

对于营运性车辆，通常采用以下两种方式计量其经济性损耗：一种是利用车辆年收益损失额折现累加计算；另一种是通过车辆利用率的变化估算。

（1）利用车辆年收益损失额估算经济性损耗。利用年收益损失额折现累加计算如果由于外界因素变化，导致车辆营运收益的减少额或投入成本的增加额能够估算出来，可以直接按车辆继续使用期间每年的收益损失额折现累加，以求得车辆的经济性损耗。如下式：

$$车辆的经济性损耗 = 车辆年收益损失额 \times (1 - 所得税率) \times \frac{(1+i)^n - 1}{i(1+i)^n}$$

使用上述公式应注意，年收益损失额只能因外界因素计量，不能把因技术落后等自身因素所造成的收益损失额归入此类。

例：某人欲出售一辆已使用了6年的出租车。由于国家行业政策及检测标准的变化，目前每年较过去平均需增加投入成本3 500元，方能满足有关的规定要求。试估算该出租车的经济性损耗。

根据国家规定，出租车的使用年限为8年。从购车登记日起，至该车的评估基准日止，该车已使用年限为6年，该车的剩余使用年限为2年。取所得税率33%，适用的折现率为10%，则车辆的经济性损耗为：

$$车辆的经济性损耗 = 3\ 500 \times (1 - 33\%) \times \frac{(1 + \%)^3 - 1}{10\% \times (1 + 10\%)^3}$$

$$= 3\ 500 \times 67\% \times 2.486\ 9$$

$$\approx 5\ 852\ （元）$$

（2）通过车辆利用率的变化估算经济性损耗。如果由于外部因素的影响，导致车辆的利用率下降，可以按照以下公式估算车辆的经济性损耗率：

$$车辆经济性损耗率 = \left[1 - \left(\frac{汽车的实际工作量}{汽车的正常工作量}\right)^x\right] \times 100\%$$

在上式中，x 为规模效益指数（$0 < x < 1$）。其调整计算的结果，说明车辆的运输量与投入成本之间并非呈线性关系。当车辆的运输量降至正常运输量的一半时，其投入成本却也降至正常投入成本的一半。x 一般在 0.6~0.7 之间。在确定了车辆的经济性损耗率后，可按照以下公式计算车辆的经济性损耗：

$$车辆的经济损耗 = (重置成本 - 有形损耗 - 功能性损耗) \times 经济性损耗率$$

例：由于某行业企业生产普遍不景气，工作量不足，某专用汽车的利用率仅为正常工作量的55%，而且在该汽车的剩余使用年限内，这种情况也不会有所改变。经评估汽车的重置成本为20万元，成新率为60%，功能性损耗可以忽略不计，试估算该车辆的经济损耗。具体估算过程如下：

① 计算车辆的经济性损耗率：

$$车辆的经济性损耗率 = (1 - 0.6^x) \times 100\%$$

取 $x = 0.7$，则车辆的经济性损耗率 $= (1 - 0.6^{0.7}) \times 100\% = (1 - 0.699) = 30.1\%$

② 车辆扣除有形损耗和功能性损耗后的价值为：

$$200\ 000 \times 60\% = 120\ 000\ （元）$$

③ 车辆的经济性损耗为：

$$120\ 000 \times 30.1\% \approx 36\ 120\ （元）$$

3. 重置成本的计算

对于汽车鉴定评估定价，计算重置成本，一般采用重置核算法和物价指数法。

1）重置核算法

重置核算法也称为直接法和加合分析法，它是按待评估车辆的成本构成，以现行市价为标准，将车辆按成本构成分为若干组成部分，先确定各组成部分的现时价格，然后相加得出待评估车辆的重置全价的一种评估方法。

（1）重置成本的构成。汽车的重置成本构成计算方法如下：

$$车辆重置成本 = 购置全新车辆的市场成交价 + 车辆购置价格以外一次性缴纳的税费总和（如车辆购置附加税和牌照等）$$

重置成本构成不应包括车辆拥有阶段和使用阶段的税和费,如车辆拥有阶段的年审费、车船使用税和消费税,车辆使用阶段的保险费、燃油税和路桥费等。

(2) 进口车重置成本的构成。不同类型进口汽车的关税率、消费税率和增值税率如表 3-11 所示。

表 3-11 进口汽车的关税率、消费税率和增值税率

车型	排量 P/升	座位数 Z/座	关税率/%				消费税率/%	增值税率/%
			2004年1月1日	2005年1月1日	2006年1月1日	2006年7月1日		
轿车	$P<1.0$		34.20	30.00	28.00	25.00	3	17
	$1.0 \leq P \leq 1.5$		34.20	30.00	28.00	25.00	5	17
	$1.5 < P \leq 2.2$		34.20	30.00	28.00	25.00	5	17
	$2.2 \leq P \leq 2.5$		34.20	30.00	28.00	25.00	8	17
	$2.5 \leq P \leq 3.0$		34.20	30.00	28.00	25.00	8	17
	$P>3.0$		37.60	30.00	28.00	25.00	8	17
越野车	$1.5<P<2.4$		34.20	30.00	28.00	25.00	3	17
	$2.4 \leq P \leq 2.5$		34.20	30.00	28.00	25.00	5	17
	$2.5<P \leq 3.0$		34.20	30.00	28.00	25.00	5	17
	$P>3.0$		37.60	30.00	28.00	25.00	5	17
面包车	$1.5<P<2.0$	$Z \leq 9$	34.20	30.00	28.00	25.00	3	17
	$2.0 \leq P \leq 2.5$	$Z \leq 9$	34.20	30.00	28.00	25.00	5	17
	$2.5<P \leq 3.0$	$Z \leq 9$	34.20	30.00	28.00	25.00	5	17
	$P>3.0$	$Z \leq 9$	37.60	30.00	28.00	25.00	5	17
小客车	$P \leq 2.0$	$10 \leq Z \leq 19$	32.50	25.00	25.00	25.00	5	17
	$P>2.0$	$10 \leq Z \leq 19$	32.50	25.00	25.00	25.00	3	17
中巴车	$P \geq 2.0$	$20 \leq Z \leq 22$ 柴油	32.50	25.00	25.00	25.00	5	17
		$23 \leq Z \leq 30$ 柴油	32.50	25.00	25.00	25.00	0	17
		$30<Z$ 柴油	29.20	25.00	25.00	25.00	0	17
	$P \geq 2.0$	$20 \leq Z \leq 22$ 汽油	32.50	25.00	25.00	25.00	3	17
		$23 \leq Z \leq 30$ 汽油	32.50	25.00	25.00	25.00	0	17
		$Z>30$ 汽油	29.20	25.00	25.00	25.00	0	17

根据海关税则和收费标准,进口轿车的重置成本(即现行价格)由以下税费构成:

① 报关价。即到岸价,又称 CIF 价格,它与离岸价 FOB 的关系是:

$$报关价 = 离岸价 + 途中保险费 + 国外运杂费$$

由于这部分费用是以外汇支付的,所以在计算时,需要将报关价格换算成人民币,外汇汇率采用评估基准日的外汇汇率进行计算。

② 关税。关税的计算方法如下:

$$关税 = 报关价 \times 关税税率$$

自 2006 年 7 月 1 日起,小轿车的关税税率为 25%。

③ 消费税。消费税的计算方法如下:

$$消费税 = \frac{报关价 + 关税}{1 - 消费税率} \times 消费税率$$

根据轿车排量不同,消费税率亦不同。排量在 1.0 L 以下的为 3%;1.0~2.2 L 的为 5%;2.2 L 以上的为 8%。

④ 增值税。增值税的计算方法如下:

$$增值税 = (报关价 + 关税 + 消费税) \times 增值税率$$

各种进口增值税率均为 17%。

⑤ 其他费用。除上述费用之外,进口车价还包括通关、商检、运输、银行、选装件价格、经销商和进口许可证等非关税措施造成的费用。

以某款 2.4 L 车型为例,假设该车型海关报关价(CIF)为 20 万元,其重置成本为:

$$关税 = 报关价 \times 关税税率 = 20 \times 30\% = 6(万元)$$

$$消费税 = \frac{报关价 + 关税}{1 - 消费税率} \times 消费税率 = \frac{20 + 6}{1 - 8\%} \times 8\% = 2.261(万元)$$

$$增值税 = (报关价 + 关税 + 消费税) \times 17\% = (20 + 6 + 2.261) \times 17\% = 4.804(万元)$$

$$\begin{aligned}最终进口车价格 &= (报关价 + 关税 + 消费税 + 增值税) \times (1 + 8\%) \\ &= (20 + 6 + 2.261 + 4.804) \times (1 + 8\%) \\ &= 35.71(万元)\end{aligned}$$

公式内最后一个 8% 为报关、仓储、商检杂费和经销商信用证成本及利润。

一般而言,车辆重置成本大多是依靠市场调查搜集而来的,并不需要进行十分复杂的计算。但是对于市场上尚未出现的那些新车型(特别是进口新车型),由于其价格信息有时不易获得,这时则需要按照其重置成本的构成进行估算。

2)物价指数法

物价指数法也称价格指数法,是指根据已掌握历史上的价格指数,在汽车原始成本的基础上,通过现时指数确定其重置成本。其计算公式为:

$$B = B_Y \times \frac{I_1}{I_2} \quad 或 \quad B = B_Y \times (1 - \lambda)$$

式中,B——车辆重置成本;

B_Y——车辆原始成本;

I_1——车辆评估时物价指数;

I_2——车辆购买时物价指数;

$\lambda = \dfrac{I_1}{I_2}$ ——车辆价格变动指数。

对于无法找到现时市场价格时的被评估车辆,例如进口车辆或已停产车辆,这是一种很有用的方法。但要注意,一定要先检查被评估车辆的购买原价。如果购买原价不准确,则不能用物价指数法。

车辆价格变动指数是指通过掌握的车辆历年的价格指数,找出车辆价格变动趋势和速度的指标。

车辆价格变动指数与选择的被评估车辆已使用年限相适应。近5年内市场占有率为前3名的品牌车型,分别以现时购买车价与原始购买车价之比的算术平均值作为车辆价格变动指数。

4. 评估实例

案例1 2010年3月15日,客户吴先生驾驶其高尔夫2.0轿车到长春某高尔夫专卖店进行二手车置换业务。以下是鉴定估价师对该车的检查鉴定情况。

1)手续检验

手续齐全,主要证件有行驶证、登记证书、车辆附加费本、交强险单(到2010年9月15日)。此车整车为原装德国进口。

2)车辆使用背景

该车属私家车,有车库保管,一年下乡3次,长年工作在市区内,工作条件较好,使用强度不大,日常维护、保养也好。

3)配置

自动挡、天窗、双气囊、ABS、EBD、电动门窗、中控门锁、电动后视镜、真皮加热座椅、前置6碟CD、倒车雷达、氙气灯、行车电脑、空调、行车自动落锁、超重低音炮、全车4条全新韩泰轮胎等。

4)车况检查

(1)静态检查。查看车辆外观漆面全车80%原漆,通过车辆漆面查看,此车没有碰撞事故;打开发动机盖,发动机内保持很新,没有漏油的地方;查看挡泥板没有修复过的痕迹;进入驾驶室查看仪表台和真皮座椅保持很新,没有乱划老化的痕迹;整体查看此车外况有8.5成新。

(2)动态检查。冷车启动发动机(外面气温-26℃),经过三四个压缩比,车辆顺利启动。冷车高怠速在1 200 r/min;查看尾气正常;约5 min后,怠速回到了800 r/min左右。发动机运转平稳,脚踏刹车挂入D挡,变速器没有冲击感;松开刹车,车辆起步加速,由于水温低,换挡转速有些高,约1 800 r/min;当水温90℃以后,自动换挡转速在1 300 r/min左右。在平整路面加速到60 km/h,顺利跳到4挡,没有异响和冲击;松开转向盘,车子无跑偏的现象。急刹车制动,可以感到ABS工作时反馈给制动踏板的回跳感。

5)评估车价

用重置成本综合分析法评估该车的价值。

(1)重置成本综合分析法其计算公式为:

$$评估值\ P = B \times C_F = B \times (1 - Y/Y_g) \times K \times 100\%$$

(2)初次登记日为2006年3月,评估基准日为2010年3月,则已使用年限 $Y = 48$ 个月，规定使用年限为 15 年，$Y_g = 180$ 个月。

（3）重置成本的确定。因属交易类，故重置成本为市场价，即重置成本为 12 000 元。

（4）综合调整系数 K 的确定。根据技术鉴定情况，该车无须进项目修理或换件，参考表 3-7 得到以下综合调整系数：

该车技术状况好，车辆技术状况调整系数 $K_1 = 1.0$；

整车装备、外观检查调整系数 $K_2 = 0.8$；

该车无事故，调整系数 $K_3 = 0.9$；

制造质量调整系数 $K_4 = 1.0$；

该车主要在市内行驶，使用条件好，使用条件调整系数 $K_5 = 1.0$；

根据公式 $K = K_1 \times 30\% + K_2 \times 25\% + K_3 \times 20\% + K_4 \times 15\% + K_5 \times 10\%$ 得到综合调整系数为：

$$K = 1.0 \times 40\% + 0.8 \times 20\% + 0.9 \times 15\% + 1.0 \times 10\% + 1.0 \times 15\% = 94.5\%$$

（5）计算成新率 C_F：

$$C_F = (1 - Y/Y_g) \times K \times 100\% = (1 - 48/180) \times 0.945 \times 100\% = 69.3\%$$

（6）计算评估值 P：

$$P = B \times C_F = 12\ 000 \times 69.3\% = 83\ 160（元）$$

3.3.2 现行市价法

1. 现行市价法概述

1）现行市价法的基本原理

现行市价法是最直接、最简单的一种评估方法，也是汽车价格评估最常用的方法之一。现行市价法又称市价法、市场价格比较法和销售对比法。现行市价法是通过市场调查，选择一辆或几辆最近出售的与被评估车辆相同或类似的参照车作为比较对象，分析比较标的车与参照车之间的差异，并做出相应调整，从而确定标的车的价格。这种方法是以市场形成价格为理论基础的替代原理为依据，所使用的资料直接来源于市场，因此得出的结论也就更接近市场价格行情。

现行市价法的基本原理是通过市场调查，选择一辆或几辆最近出售的与被评估车辆相同或类似的参照车作为参照物，分析参照物的构造、功能、性能、新旧程度、地区差别、交易条件及成交价格等，并与被评估车辆对照比较，找出两者的差别所反映在价格上的差额，经过调整、计算出旧机动车辆的价格。

2）现行市价法的应用前提

用市价法进行评估，了解市场情况是很重要的，并且要全面了解，了解的情况越多，评估的准确性越高，这是市价法评估的关键。

运用现行市价法对汽车进行价格评估必须具备以下前提条件：

（1）要有一个活跃的、公平的市场，有充分的参照物可取。只有有了充分发育、活跃的旧机动车交易市场，在旧机动车交易市场上才有大量的旧机动车交易，与被评估相类似的车辆价格越容易获得，交易就越公平，现行市价法的结果就越精确。

（2）至少要有一个近期的、可比的、已经成交或已标价尚未成交的参照物车辆。所谓近期，即指参照物交易时间与车辆评估基准日相差时间相近，一般在 1 个月之内。所谓可比,即指车辆在规格、型号、功能、性能、内部结构、新旧程度及交易条件等方面不相上下。

(3) 参照物及其与被评估车辆可比较的指标、技术参数等资料是可以收集到的,并且价值影响因素明确、可以量化。

(4) 要有一个相对健全的汽车交易信息系统。

3) 现行市价法的评估步骤

(1) 考察鉴定被评估车辆。收集被评估车辆的资料,包括车辆的类别、名称、型号等。了解车辆的用途、目前的使用情况,并对车辆的性能、新旧程度等作必要的技术鉴定,以获得被评估车辆的主要参数,为市场数据资料的搜集及参照物的选择提供依据。

(2) 选择参照物。按照可比性原则选取参照物。车辆的可比性因素主要包括:类别、型号、用途、结构、性能、新旧程度、成交数量、成交时间、付款方式等。

参照物的选择一般应在两个以上。

(3) 对被评估车辆和参照物之间的差异进行比较、量化和调整。被评估车辆与参照物之间的各种可比因素,尽可能地予以量化、调整。具体包括:

① 销售时间差异的量化。在选择参照物时,应尽可能地选择在评估基准日成交的案例,以免去销售时间允许的量化步骤。若参照物的交易时间在评估基准日之前,可采用指数调整法将销售时间差异量化并予以调整。

② 车辆性能差异的量化。车辆性能差异的具体表现是车辆营运成本的差异。通过测算超额营运成本的方法将性能方面的差异量化。

③ 新旧程度差异的量化。被评估车辆与参照物在新旧程度上不一定完全一致,参照物也未必是全新的。这就要求评估人员对被评估车辆与参照物的新旧程度的差异进行量化。

$$差异量 = 参照物价格 \times (被评估车辆成新率 - 参照物成新率)$$

④ 销售数量、付款方式差异的量化。销售数量大小采用何种付款方式均会对车辆的成交单价产生影响。

对销售数量差异的调整采用未来收益的折现方法解决;对付款方式差异的调整,被评估车辆通常是以一次性付款方式为假定前提,若参照物采用分期付款方式,则可按当期银行利率将各期分期付款额折现累加,即可得到一次性付款总额。

(4) 汇总各因素差异量化值,求出车辆的评估值。对上述各差异因素量化值进行汇总,给出车辆的评估值。以数学表达式为:

$$被评估车辆的价值 = 参照物现行市价 \times \sum 差异量$$

或:
$$被评估车辆的价值 = 参照物现行市价 \times 差异调整系数$$

用市价法评估已包含了该车辆的各种贬值因素,包括有形损耗的贬值、功能性贬值和经济性贬值,因而用市价法评估不再专门计算功能性贬值和经济性贬值。

4) 现行市价法的特点

运用现行市价法进行汽车价格评估,能够比较客观地反映汽车目前的市场情况;其评估的参数、指标直接从市场获得,评估值能反映市场现实价格,评估结果易被各方面理解和接受。其不足是必须要有成熟、公开和活跃的市场作为基础。另外由于旧车的可比因素多而且复杂,即使是同一个生产厂家生产的同一型号的产品,同一天登记也可能由于使用强度、使用条件、维护水平的不同而带来车辆技术状况不同和评估值的差异。

2. 计算方法

在实际运用过程中，由于市场条件和掌握参照车资料的不同，现行市价法又可以分为直接市价法、类比市价法。

1）直接市价法

直接市价法是指市场上能够找到与被评估车辆完全相同的车辆的现行市价，并依其价格直接作为被评估车辆的评估价格的一种方法。直接市价法有两种情况：

（1）参照车辆与被评估车辆完全相同。也就是说如果在基准日市场能找到与价格鉴定标的车完全相同的车辆的成交价格，就可以其价格直接作为价格鉴定标的车的价格。

（2）参照车辆与被评估车辆相近。参照车辆与被评估车辆类别相同、主要参数相同、结构性能相同，只是生产序号不同，并作局部改动的车辆，可以认为近似等同。

其评估公式为：

$$评估值 = 参照车辆的市场价格$$

2）类比市价法

类比市价法是指评估车辆时，在公开市场上找不到与之完全相同但能找到与之相类似的车辆时，以此为参照车辆，并根据车辆技术状况和交易条件的差异对价格做出相应调整，进而确定被评估车辆价格的评估方法。

其基本计算公式为：

$$评估值 = 参照车辆的市场价格 + 评估对象比参照车辆优异的价格差额 + 参照车辆比评估对象优异的价格差额$$

或

$$评估值 = 参照车辆的市场价格 - 差异调整系数$$

3. 评估实例

例：在对某辆二手车进行评估时，评估人员选择了 3 辆近期成交的与被评估二手车类别、结构基本相同，技术经济参数相近的车辆作参照车辆。参照车辆与被评估二手车的一些具体技术经济参数如表 3-12。试采用现行市价法对该车进行价值评估。

表 3-12 参照车辆与被评估车辆有关经济参数

序号	技术经济参数	参照车辆 A	参照车辆 B	参照车辆 C	被评估二手车
1	车辆交易价格/元	50 000	65 000	40 000	
2	销售条件	公开市场	公开市场	公开市场	公开市场
3	交易时间	6 个月前	2 个月前	10 个月前	
4	已使用年限/年	5	5	6	5
5	尚可使用年限/年	5	5	4	5
6	成新率/%	60	75	55	70
7	年均维修费用/元	20 000	18 000	25 000	20 000
8	每百公里耗油量/L	25	22	28	24

1）对被评估二手车与参照车辆之间的差异进行比较和量化

（1）销售时间的差异。资料表明，在评估之前到评估基准日之间的 1 年内，物价指数大约每月上升0.5%。各参照车辆与被评估二手车由于时间差异所产生的差额为：

① 被评估二手车与参照车辆A每年相比较晚6个月，价格指数上升3%，其差额为：
$$50\ 000 \times 3\% = 1\ 500\ （元）$$

② 被评估二手车与参照车辆B每年相比较晚2个月，价格指数上升1%，其差额为：
$$55\ 000 \times 1\% = 550\ （元）$$

③ 被评估二手车与参照车辆C相比较晚10个月，价格指数上升5%，其差额为：
$$40\ 000 \times 5\% = 2\ 000\ （元）$$

（2）车辆性能的差异。各参照车辆与被评估二手车每年由于燃油消耗的差异所产生的差额，按每日营运150 km，每年平均出车250天，燃油价格按每升7.2元计算：

① 参照车辆A每年比被评估二手车多消耗燃料的费用为：
$$(25-24) \times 7.2 \times \frac{150}{100} \times 250 = 2\ 700\ （元）$$

② 参照车辆B每年比被评估二手车多消耗燃料的费用为：
$$(24-22) \times 7.2 \times \frac{150}{100} \times 250 = 5\ 400\ （元）$$

③ 参照车辆C每年比被评估二手车多消耗燃料的费用为：
$$(28-24) \times 7.2 \times \frac{150}{100} \times 250 = 10\ 800\ （元）$$

各参照车辆与被评估二手车每年由于维修费用的差异所产生的差额：

① 参照车辆A与被评估二手车每年维修费用的差额为：
$$20\ 000 - 20\ 000 = 0\ （元）$$

② 参照车辆B与被评估二手车每年维修费用的差额为：
$$20\ 000 - 18\ 000 = 2\ 000\ （元）$$

③ 参照车辆C与被评估二手车每年维修费用的差额为：
$$25\ 000 - 20\ 000 = 5\ 000\ （元）$$

各参照车辆与被评估二手车每年多花费的营运成本：

① 参照车辆A比被评估二手车每年多花费的营运成本为：
$$2\ 700 + 0 = 2\ 700\ （元）$$

② 参照车辆B比被评估二手车每年多花费的营运成本为：
$$5\ 400 + 2\ 000 = 7\ 400\ （元）$$

③ 参照车辆C比被评估二手车每年多花费的营运成本为：
$$10\ 800 + 5\ 000 = 15\ 800\ （元）$$

取所得税率为33%，则税后各参照车辆每年比被评估二手车多（或少）花费的营运成本：

① 税后参照车辆A比被评估二手车每年多花费的营运成本为：
$$2\ 700 \times (1-33\%) = 1\ 809\ （元）$$

② 税后参照车辆B比被评估二手车每年多花费的营运成本为：
$$7\ 400 \times (1-33\%) = 4\ 958\ （元）$$

③ 税后参照车辆 C 比被评估二手车每年多花费的营运成本为：
$$15\ 800 \times (1 - 33\%) = 10\ 586（元）$$

适用的折现率为 $i = 10\%$，则在剩余的使用年限内，各参照车辆比被评估二手车多（或少）花费的营运成本：

① 参照车辆 A 比被评估二手车多花费的营运成本折现累加为：
$$1\ 809 \times \frac{(1 + 10\%)^3 - 1}{10\% \times (1 + 10\%)^3} = 1\ 809 \times 3.790\ 8 = 6\ 858（元）$$

② 参照车辆 B 比被评估二手车多花费的营运成本折现累加为：
$$4\ 958 \times \frac{(1 + 10\%)^3 - 1}{10\% \times (1 + 10\%)^3} = 4\ 958 \times 3.790\ 8 = 18\ 795（元）$$

③ 参照车辆 C 比被评估二手车多花费的营运成本折现累加为：
$$10\ 586 \times \frac{(1 + 10\%)^3 - 1}{10\% \times (1 + 10\%)^3} = 10\ 586 \times 3.790\ 8 = 40\ 129（元）$$

（3）成新率的差异。

① 参照车辆 A 比被评估二手车由于成新率的差异所产生的差额为：
$$50\ 000 \times (70\% - 60\%) = 5\ 000（元）$$

② 参照车辆 B 比被评估二手车由于成新率的差异所产生的差额为：
$$65\ 000 \times (70\% - 75\%) = -3\ 250（元）$$

③ 参照车辆 C 比被评估二手车由于成新率的差异所产生的差额为：
$$40\ 000 \times (70\% - 55\%) = 6\ 000（元）$$

2）根据被评估二手车与参照车辆之间差异的量化结果，确定车辆的评估值

（1）初步确定被评估二手车的评估值。

① 与参照物 A 相比分析调整差额，初步评估的结果为：
$$车辆评估值 = 50\ 000 + 1\ 500 + 6\ 858 + 5\ 000 = 63\ 358（元）$$

② 与参照物 B 相比分析调整差额，初步评估的结果为：
$$车辆评估值 = 65\ 000 + 550 - 18\ 795 - 3\ 250 = 43\ 505（元）$$

③ 与参照物 C 相比分析调整差额，初步评估的结果为：
$$车辆评估值 = 40\ 000 + 2\ 000 + 40\ 129 + 6\ 000 = 88\ 129（元）$$

（2）综合定性分析，确定被评估二手车的评估值：

从上述初步估算的结果可知，按 3 个不同的参照车辆进行比较测算，初步评估的结果最多相差 44 624 元（88 129 - 43 505 = 44 624（元）），其主要原因是 3 个参照车辆的成新率不同。另外，在选取有关的技术经济参数时也可能存在误差。为减少误差，结合考虑被评估二手车与参照车辆的相似程度，决定采用加权平均法确定评估值。参照车辆 B 的交易时间离评估基准日较接近，且已使用年限、尚可使用年限、成新率等都与被评估二手车最相近，由于它的相似程度比参照车辆 A、C 更大，故决定取参照车辆 B 的加权系数为 60%；参照车辆 A 的交易时间、已使用年限、尚可使用年限、成新率等比参照车辆 C 的相似程度更大，故决定取参照车辆 A 的加权系数为 30%，取参照车辆 C 的加权系数为 10%。加权平均后，被评估二手车的评估值为：

$$车辆评估值 = 43\ 505 \times 60\% + 63\ 358 \times 30\% + 88\ 129 \times 10\% = 53\ 923.3（元）$$

3.3.3 收益现值法

1. 收益现值法概述

1）基本原理

收益现值法又称收益还原法、收益资本金化法，是指通过估算被评估资产的未来预期收益并折算成现值，借以确定被评估车辆价值的一种资产评估方法。

收益现值法对汽车进行评估的实质是将汽车未来收益转换成资产现值，而将其现值作为待评估资产的重估价值。从原理上讲，收益现值法是基于这样的事实，即人们之所以占有某车辆，主要是考虑这辆车能为自己带来一定的收益。如果某车辆的预期收益小，车辆的价格就不可能高；反之车辆的价格肯定就高。投资者投资购买车辆时，一般要进行可行性分析，其预计的内部回报率只有在超过评估时的折现率时才肯支付货币额来购买车辆。注意：运用收益现值法进行评估时，是以车辆投入使用后连续获利为基础的。在机动车的交易中，人们购买的目的往往不是在于车辆本身，而是车辆获利的能力。因此该方法较适用投资营运的车辆。

2）收益现值法的应用前提

被评估的汽车必须是经营性车辆，且具有继续经营和获利的能力，继续经营的收益能够而且必须能够用货币金额来表示，经营过程中的风险因素能够转化为数据加以计算，体现在折现率和资本化率中。非盈利的汽车不能用收益法评估。

3）收益现值法评估程序

（1）调查、了解营运车辆的经营行情，营运车辆的消费结构；

（2）充分调查了解被评估车辆的情况和技术状况；

（3）确定评估参数，即预测预期收益，确定折现率；

（4）将预期收益折现处理，确定旧机动车评估值。

4）收益现值法的优缺点

采用收益现值法的优点是：

（1）与投资决策相结合，容易被交易双方所接受；

（2）能真实和较准确地反映车辆本金化的价格。

其缺点是：预期收益额预测难度大，受较强的主观判断和未来不可预见的因素影响。

2. 收益现值法的计算方法

1）收益现值法评估值计算

运用收益现值评估车辆的价值反映了如下含义：即收益现值法把车辆所有者期望的收益转换成现值，这一现值就是购买者未来能得到好处的价值体现。

$$被评估车辆的评估值 = \sum_{t=1}^{n} \frac{各期未来预期收益}{(1+折现率)^t}$$

式中：t 为收益期，一般以年计。

当未来预期收益不等值时，应用下式计算：

$$P = \sum_{t=1}^{n} \frac{A}{(1+i)^t} = \frac{A_1}{(1+i)^1} + \frac{A_2}{(1+i)^2} + \cdots + \frac{A_n}{(1+i)^t}$$

式中：P 为评估值；A_t 为未来第 t 个收益期的预期收益额，收益期有限时（机动车的收益期是有限的），A_t 中还包括期末车辆的残值，一般估算时忽略不计；n 为收益年期（即剩余使用寿命的年限）；i 为折现率；t 为收益期，一般以年计。

而当未来预期收益等值时，应用下式计算：

$$P = A \cdot \left[\frac{1}{1+i} + \frac{1}{(1+i)^2} + \cdots + \frac{1}{(1+i)^n} \right] = A \cdot \frac{(1+i)^n - 1}{i \cdot (1+i)^n}$$

式中：$\frac{1}{(1+i)^t}$ 称为现值系数；$\frac{(1+i)^n - 1}{i \cdot (1+i)^n}$ 称为年金现值系数。

2）收益现值法中各评估参数的确定

（1）剩余使用寿命期的确定。剩余使用寿命期指从评估基准日到车辆报废的年限。如果剩余使用寿命期估计过长，就会高估车辆价格；反之，则会低估价格。因此，必须根据车辆的实际状况对剩余寿命作出正确的评定。在车辆技术状况基本正常的情况下，可以按国家规定的报废标准确定车辆的剩余使用寿命。如果车辆的技术状况很差，则应根据车辆的实际状况，判定车辆的剩余使用寿命。例如，一般出租车按照 8 年计算寿命期，现在已经使用 6 年的某轿车，其出租营运的剩余经济寿命期为 2 年。

（2）预期收益额的确定。收益现值法运用中，收益额的确定是关键。收益额是指由被评估对象在使用过程中产生的超出其自身价值的溢余额。对于预期收益额的确定应把握两点：

① 预期收益额是指车辆使用带来的未来收益期望值，是通过预测分析获得的。无论对于所有者还是购买者，判断某车辆是否有价值，首先应判断该车辆是否会带来收益。对其收益的判断，不仅仅是看现在的收益能力，更重要的是预测未来的收益能力。

② 计量收益额的指标。以企业为例，目前有几种观点：第一，企业所得税后利润；第二，企业所得税后利润与提取折旧额之和扣除资额；第三，利润总额。针对旧动车的评估特点与评估目的，为了估算方便，建议选择第一种观点，目的是准确反映预期收益额。为了避免计算错误，一般应列出车辆在剩余寿命期内的现金流量表。

（3）确定预期支出。根据本行业的情况，仔细分析被评估汽车的可能支出项目及支出额，列出预计支出清单。

（4）折现率的确定。折现率必须谨慎确定，折现率的微小差异，会带来评估值很大的差异。确定折现率不仅要有定性分析，还应有定量方法。每个行业，每个企业都有具体的资金收益率。但是，最后选择的折现率应该不低于国家债券或银行存款的利率。

一般来说，折现率应包括无风险收益率和风险报酬率两方面的风险因素，即：

折现率 = 无风险收益率 + 风险报酬率

无风险利率是指资产在一般无风险经营条件下的获利水平，风险报酬率是指承担投资风险的投资所获得的超过无风险报酬率以上部分的投资回报率，一般随投资风险递增而加大。风险收益能够计算，而为承担风险所付出的代价却不好确定。因此，风险收益率不容易计算出来，只要求选择的收益率中包含这一因素即可。

在使用资金收益率这一指标时，要充分考虑年收益率的计算口径与资金收益等的口径是否一致，若不一致，将会影响评估值的准确性。

3. 评估实例

例：某人拟购置一台较新的普通桑塔纳车用于个体出租车经营使用，经调查得到以下数据和情况。车辆登记日是 2000 年 4 月，已行使公里数 17.3 万公里，目前车况良好，能正常运行。如用于出租使用，全年可出勤 300 天，每天平均毛收入 480 元，评估基准日是 2009 年 2 月。

分析：从车辆登记使用到评估基准日止，车辆投入运行已 3 年。根据行驶公里数、车辆外观及发动机等技术状况，该车辆要投入出租营运，属正常使用、维护和保养之列。根据有关规定和车辆状况，车辆剩余经济寿命为 5 年。

预期收益额的确定思路是：将第一年的毛收入减去车辆使用的各种税和费用，包括驾驶人员的劳务费等，以计算其税后纯利润。根据目前银行储蓄年利率、国家债券、行业收益等情况，确定资金预期收益率为 15%，风险报酬率 5%，具体计算如下：

预计年收入：480×300	14.4 万元
预计年支出：每天耗油量 70 元，年耗油量为 70×300	2.1 万元
日常维修、保养费	1.3 万元
平均大修费用	0.75 万元
牌照、保险、养路费及各种规费、杂费（85 元/天）	2.8 万元
人员劳务费	1.6 万元
出租车标付费	0.7 万元

因此年毛收入为：14.4 − 2.1 − 1.3 − 0.75 − 2.8 − 1.6 − 0.7 = 5.15（万元）

按个人所得税条例规定年收入在 2 万～5 万元之间，应缴纳所得税率为 30%，因此年纯收入：$5.15 \times (1-30\%) = 3.6$（万元）。

该车剩余使用寿命为 5 年，预计资金预期收益率为 15%，再加上风险率 5%，故折现率为 20%，假设每年的纯收入相同，则由收益现值法公式求得收益现值，即评估值为：

$$p = A \cdot \frac{(1+r)^n - 1}{i \cdot (1+r)^n} = 3.6 \times \frac{(1+0.2)^6 - 1}{0.2 \times (1+0.2)^6} = 11.9 \text{（万元）}$$

3.3.4 清算价格法

1. 清算价格法概述

1）清算价格法的基本原理

所谓清算价格，是指由于破产或其他原因，要求在一定的期限内将车辆变现，在企业清算之日预期出卖车辆可收回的快速变现价格。主要根据汽车技术状况，运用现行市价法估算其正常价值，据处置情况和变现要求，乘以一个折扣率，最后确定评估价格。

清算价格法在原理上基本与现行市价法相同，区别是企业因迫于停业或者破产，急于将车辆拍卖、出售。所以，清算价格常低于现行市场价格。

2）清算价格法的前提条件

（1）具有法律效力的破产处理文件或抵押合同及其他有效文件；

（2）汽车以整体或拆零在市场上可以变现而且必须快速出售变现；

（3）所卖收入足以补偿因出售汽车的附加支出总额。

3）清算价格法的适用范围

清算价格法适用于抵押、企业破产及停业清理时要售出的车辆。

（1）抵押。抵押是指企业或个人为了进行融资，用自己特定的财产为担保向对方保证履行合同义务的担保形式。提供财产的一方为抵押人，接受抵押财产的一方为抵押权人。抵押人不履行合同时，抵押权人有权利将抵押财产在法律允许的范围内变卖，从变卖抵押物价款中优先获得赔偿。

（2）企业破产。企业破产是指当企业或个人因经营不善造成严重亏损、资不抵债时，企业应依法宣告破产，法院以其全部财产依法清偿其所欠的债务，不足部分不再清偿。

（3）清理。清理是指企业由于经营不善导致严重亏损，已临近破产的边缘或因其他原因无法继续经营下去，为弄清企业财物现状，对全部财产进行清点、整理和查核；为经营决策（破产清算或继续经营）提供依据，以及因资产损毁、报废而进行清理、拆除等的经济行为。

4）决定清算价格的主要因素

由于采用清算价格进行评估的车辆，通常要在较短的期限内将车辆变现，因此其价格往往低于现行市价。清算价格的高低一般与以下因素有关：

（1）现行市价。与被拍卖车辆相同或类似的车辆的现行市价价格越高，被拍卖车辆的清算价格通常也会高些；反之，价格就会低些。

（2）破产形式。如果企业完全丧失车辆的处置权，无法讨价还价，占有主动权的买方必然会尽力压低价格，以从中获益；如果企业尚有讨价还价的可能，则车辆的价格有可能高些。

（3）拍卖方式。若车辆与破产企业的其他资产一起整体拍卖，其拍卖值可能会高于包括车辆在内的各单项资产变现价值之和。

（4）拍卖时限。车辆的拍卖时限越短，车辆的清算价格就可能越低；反之，若拍卖的时限较长，车辆的价格就可能越高。

（5）参照价格。参照价格是指在市场上出售相同或类似车辆的价格，一般市场参照物价格越高，车辆出售的价格就会越高；反之，则低。

（6）清理费用。在破产等评估车辆价格时应对清理负费及其他费用给予充分的考虑。

2. 清算价格法的评估方法

二手车清算价格评估的方法主要有现行市价折扣法、意向询价法和竞价法等3种。

1）现行市价折扣法

现行市价折扣法是指对清算汽车首先在旧机动车交易市场寻找一个相适应的参照物，然后根据快速变现的原则估定一个折扣率，并据此确定清算价格。

影响折扣系数的因素有：

（1）被评估车辆是通用车型还是专用车型，例如运钞车就比一般的小客车难以变现。

（2）综合考虑车辆的欠费情况，欠费较多的车辆只能变换用途拆零出售，价格相对较低。

（3）拍卖时限。变现时间的长短影响快速变现系数，变现时间越短，快速变现系数就越低。通常快速变现系数小于1，但对用重置成本法年限计算成新率的、报废年限只剩2~3年的通用型车辆（如桑塔纳、捷达），如车况较好，则变现系数可能略大于1。

例如，经调查，使用年限、行驶里程、新旧程度和其他技术状况大致相当的一辆捷达轿车在旧机动车市场上成交价为 5 万元，根据销售情况调查，折价 10% 可以当即出售，则该车辆清算价格为：

$$5 \times (1 - 10\%) = 4.5 （万元）$$

2）意向询价法

意向询价法是根据向被评估汽车的潜在购买者询价的办法取得市场信息，最后经评估人员分析确定其清算价格的一种方法。用这种方法确定的清算价格受供需关系影响很大，要充分考虑其影响的程度。适用于常见车型。

例如，一辆旧捷达普通型轿车，拟评估其清算价格，评估人员经过对 5 个有购买意向的经纪人询价，其价格分别为 4.6 万元、4.7 万元、4.8 万元、4.9 万元、4.7 万元，其价格差异不大，评估人员确定清算价格为 4.7 万元。

又如，有广州本田雅阁一辆，拟评估其清算价格，评估人员经过对 5 个意向客户征询，其估价分别为 8 万元、9 万元、10 万元、8.5 万元、9.5 万元，其价格差异较大，评估人员不能以此来确定清算价格。综合各种因素考虑，评估人员确定清算价格为 8.8 万元。

3）竞价法

竞价法通常由法院或其他执法机构，按照法定程序或由卖方根据评估结果提出一个拍卖的底价，在公开市场上由买方竞价，谁出的价格高就卖给谁。现在我国许多地方对国有资产中的汽车转让采取这种方法。

3. 评估实例

例：某法院欲在近期内将其扣押的一辆轻型载货汽车拍卖出售。至评估基准日止，该汽车已使用了 1 年 6 个月，车况与其新旧程度相符，试评估该车的清算价格。

分析：据了解，本次评估的目的属债务清偿，应采用的评估方法为清算价格法。根据被评估车辆的实际情况和所掌握的资料，决定首先利用重置成本法确定车辆在公平市场条件下的评估价格；然后，根据市场调查，按一定的折现率确定汽车的清算价格。

评估步骤如下：

（1）根据题目已知条件，采用重置成本法确定清算价格；

（2）求已使用年限和规定使用年限。该车已使用年限为 1 年 6 个月，折合为 18 个月；根据国家规定，被评估车辆的使用年限为 10 年，折合为 120 个月；

（3）确定车辆的成新率。被评估车辆的价值不高，且车辆的技术状况与其新旧程度相符，故决定采用使用年限法确定其成新率，故被评估车辆的成新率 C_Y 为：

$$C_Y = \left(1 - \frac{Y}{Y_g}\right) \times 100\% = \left(1 - \frac{18}{120}\right) \times 100\% = 85\%$$

（4）确定车辆的重置成本全价。据市场调查，全新的同型车目前的售价为 8 万元。根据相关规定，购置此车型时，要交纳 10% 的车辆购置税，3% 的货运附加费，故被评估车辆的重置成本全价 B 为：

$$B = 80\,000 \times (1 + 10\% + 3\%) = 90\,400 （元）$$

（5）确定被评估车辆在公平市场条件下的评估值。根据调查了解，被评估车辆的功能性损耗及经济性损耗均很小，可忽略不计，故在公平市场条件下，该车的评估值为：

$$P = B \times C_Y = 90\,400 \times 85\% = 76\,840 （元）$$

(6) 确定折扣率。根据市场调查，折扣率取75%时，可在清算日内出售车辆，故确定折扣率为75%。

(7) 确定被评估车辆的清算价格为：

$$车辆的清算价格 = 76\,840 \times 75\% = 57\,630（元）$$

3.3.5 旧机动车价格评估方法的比较和应用

1. 评估方法的区别与联系

1）重置成本法与收益现值法

重置成本法与收益现值法的区别在于：前者是历史过程，后者是预期过程。重置成本法比较侧重对车辆过去使用状况的分析。尽管重置成本法中的更新重置成本是现时价格，但重置成本法中的其他许多因素都是基于对历史的分析，以及对现时的比较后得出结论。如有形损耗就是基于被评估车辆的已使用年限和使用强度等来确定的。因此，如果没有对评估车辆的历史判断和记录，那么运用重置成本法评估车辆的价值是不可能的。

与重置成本法比较，收益现值法的评估要素完全基于对未来的分析。收益现值法不考虑被评估车辆过去的情况，即收益现值法从不把被评估车辆已使用年限和程度作为评估基础。收益现值法所考虑和侧重的是被评估对象未来能给投资者带来多少收益。预期收益的测定，是收益现值法的基础。一般而言，预期收益越大，车辆的价值越大。

2）重置成本法与现行市价法

重置成本法也是一种比较方法，它是将被评估车辆与全新车辆进行比较的过程。例如评估一辆汽车时，首先要考虑重新购置一台全新的车辆需花多少成本，同时还需要进一步考虑汽车的陈旧状况、功能和技术情况。只有当一系列因素充分考虑后，才可能给汽车定价。而上述过程都归于与全新车辆的比较，否则就无法确定汽车的价格。

与重置成本法比较，现行市价法的出发点更多地表现在价格上。由于现行市价法比较侧重价格分析，因此对现行市价法的运用便十分强调市场化程度。如果市场很活跃，参照车辆很容易取得，那么运用现行市价法所取得的结论就会更可靠。现行市价法的这种比较性对于重置成本法而言，其条件更为广泛。

运用重置成本法时，也许只需有一个或几个类似的参照车辆即可。但是运用现行市价法时，必须有更多的市场数据。如果只取某一数据作比较，那么现行市价法所作的结论将不准确。

3）收益现值法与现行市价法

如果收益现值法与现行市价法存在某种联系，那么这一联系就是现行市价法与收益现值法的结合。通过把现行市价法和收益现值法结合起来评估车辆的价值，在汽车市场发达的国家应用相当普遍。

从评估观点看，收益现值法中任何参数的确定，都具有人的主观性。因为预期收益和折现率等都是不可知的参数，但是这些参数在运用收益现值法评估车辆价值时必须明确，否则收益现值法就不能使用。然而，一旦从估计上来考虑收益现值法中的参数，那么这就涉及估计依据问题。对于这样的问题，在市场发达的地方，解决的方式便是采用参照车辆。通过选择参照车辆，进一步计量其收益折现率及预期年限，然后将这些参照根据比较有效地运用到被评估车辆上，以确定车辆的价值。

把收益现值法和现行市价法结合起来，其目的在于降低评估过程中的人为因素，更好地反映客观实际，从而使车辆的评估更能体现市场观点。

4）清算价格法与现行市价法

清算价格法与现行市价法，都是基于现行市场价格确定车辆价格法的方法。但是也有所不同：利用现行市价法确定的车辆价格，如果被出售者接受，而不被购买者接受，出售者有权拒绝交易。但利用清算价格法确定的清算价格，若不能被买方接受，清算价格就失去意义。这就使得利用清算价格进行的评估，完全是一种站在购买方立场上的评估，在某种程度上，可以认为是一种取悦于购买方的评估。

2. 评估方法的选用

1）重置成本法的适用范围

重置成本法是汽车鉴定评估中一种常用方法，它适用于继续使用前提下的汽车鉴定评估。对于在用车辆，可以直接运用重置成本法进行评估，无须作较大的调整。目前我国汽车交易市场尚需进一步规范和完善，运用现行市价法和收益现值法的客观条件受到一定的制约；而清算价格法仅在特定的条件下才能使用，因此，重置成本法在汽车鉴定评估中得到了广泛的应用。

2）现行市价法的选用

现行市价法的运用首先必须以市场为前提，它是借助于参照车辆的市场成交价变现价运作的（该参照车辆与被评估车辆相同或相似）。因此，一个发达活动的车辆交易市场是现行市价法运用的前提。

此外，现行市价法的运用还必须以可比性为前提。运用该方法评估车辆市场价值的合理性与公平性，在很大程度上取决于所选取的参照车辆的可比性。

可比性包括两方面内容：

（1）被评估车辆与参照车辆之间在规格、型号、用途、性能和新旧程度等方面具有可比性；

（2）参照车辆的交易情况（诸如交易目的、交易条件、交易数量、交易时间、交易结算方式等）与被评估车辆将要发生的情况具有可比性。

以上所述的市场前提和可比前提，既是运用现行市价法进行汽车鉴定评估的前提条件，同时也是对运用现行市价法进行汽车鉴定评估的范围界定。对于车辆的买卖，车辆作为投资参股、合作经营，均适用现行市价法。

3）收益现值法的选用

运用收益现值法的前提是被评估车辆具有独立的、能连续用货币计量的可预期收益。由于在车辆的交易中，购买的目的一般不在于车辆本身，而是车辆的获利能力。因此，该方法较适于从事营运的车辆。

4）清算价格法的选用

清算价格法适用于企业破产、抵押及停业清理时要售出的车辆。这类车辆必须同时满足以下3个条件，才可以利用清算价格法进行出售。

（1）有具有法律效力的破产处理文件、抵押合同及其他有效文件为依据；

(2) 车辆在市场上可以快速出售变现；
(3) 清算价格足以补偿因出售车辆所付出的附加支出总额。

3.4 二手车评估技巧

影响车辆价格的因素主要包括：新车价、车况、车辆配置情况、车辆畅销程度、附带价值（保险及装饰）以及车辆出售方式，还包括颜色、客观人为因素等，最后出售价格一般与出售时间有关。

技巧一：褒彼抑此策略

案例 张先生和李先生分别买了一辆 2005 年和 2004 年的别克赛欧车。张先生买的车新，里程数少，但是张先生买入的价格比李先生的便宜 800 元。张先生说自己当时发现所购车辆的车身外有几处划痕，以及车内沙发上有烟头烫烧点，于是与车商进行谈判，最终成功将该车低价购入。

分析 消费者如果看中某一款车型，可对比其他二手车卖场，适当突出此车缺点，放大别车优点，以便"合理"地把价格压低，但不要以同一市场不同车辆作对比。对比同一档次、同一年份但不同品牌车型，在配置相差不大，市场保有量没明显差异前提下，一般可实行褒彼抑此的做法，如车身外观、车身划痕、零部件老化、车内装饰污滞、破损等。

技巧二：细查保险记录

案例 刘先生买了一辆二手捷达，上保险时花费 1 000 多元，但是他的朋友买了一辆与之相似的二手车，车型相同，使用年份相同，车况也相差不大，但保费却比他少了 300 多元。保险公司人员解释，刘先生的车以前有过理赔记录，所以刘先生的保费会相对上浮。

分析 按保险公司规定，一辆有赔付记录的旧车，保费肯定高于无赔付记录的旧车。即使同一车型，使用年份相同，只要赔付历史记录不同，保费也可能相差很多。所以车主购买时，不要忘记向原车主索要原车保单，仔细对照赔付记录，从中找寻降价的理由。

技巧三：细查违章记录

案例 王先生花 4 000 元从朋友处买了一辆小货车，可买来不久就因多项交通违规被交警查获，除要求交清罚金外，还需缴纳罚款 3 000 多元。原本以为通过熟人买了辆有保证的便宜车，没想到最后还是被朋友设了套。

分析 现在在专业二手车市场交易时上述情况基本能避免，二手车商一般都会在交易前为消费者把一道关。如果私下交易，则需特别注意交通违章记录。交易时最好进行检查，除了要求原车主或二手车行在交易前缴清罚款外，还可以此为据进行压价。

技巧四：二手车车况

外观：首先仔细察看车漆是否有色差，有无刮痕；注意油漆面和翼子板、车门下边缘、轮罩等区域的锈蚀情况。

内室检查：座椅表面应清洁、完好，无破损、划伤；有必要除去座椅套看一下原始的椅垫；试试离合器踏板如何；油门踏板不应有犯卡、沉重、不回位的现象，腿、脚放在油门踏板上时，掀开地板垫，仔细检查车室内及行李箱内是否被淋湿；各密封件是否完好，并注意车灯内是否有水雾。

发动机：发动机罩与翼子板、挡风玻璃的密合度或发动机留有的缝隙是否一致，是否留有原车的胶漆；打开发动机罩看内侧是否有烤过漆的痕迹。

车辆底部检查：底盘稳定的车，行驶中不会有抖动、摆震；制动时不会跑偏；转向平顺无异响；悬挂系统无异响无渗漏；不会有机油、冷却液、变速器油、减振器油、水等的渗漏；排放系统应紧固，检查消声器和三元催化器的接缝处，这些地方有出现泄漏的可能；检查排气管吊架和支座是否有损坏；检查燃油系统和油路；看是否有漏油痕迹，但行车气流抽吸使泄漏不明显；检查冷却液是否泄漏，如果暖风器芯或软管泄漏，在车辆底部可以发现，应该可以在离合器壳及发动机舱周围找到冷却液污迹。

习　题

一、填空题

1. 汽车鉴定评估过程中所采用的理论和方法，都是建立在一定的_____的。如果其假设不同，所适用的_____也就不同，评估结果也会大相径庭。

2. 汽车鉴定评估的假设有_____、公开市场假设和_____3种。

3. 重置成本是购买一项全新的与被评估车辆相同的车辆所支付的_____金额。重置成本是评估基准时重新购置具有同等效用的新汽车的完全价值，它不会因为_____的而改变。

4. 按重新购置车辆所用的_____和_____的不同，可以把重置成本区分为更新重置成本（简称更新成本）和复原重置成本（简称复原成本）。

5. 重置成本的计算在资产评估学中有_____、物价指数法、_____和统计分析法等几种方法。

6. 功能性贬值包含_____和_____。

7. 修复费用法也叫功能补偿法。通过确定被评估汽车恢复原有的_____和_____所需要的费用补偿，来直接确定汽车的有形损耗。

8. 收益现值法主要是考虑车辆能为自己带来一定的收益，车辆的_____越大、获利能力越强，市场体现出来的价格也就_____。

9. 清算价格法只在少数_____、_____、急于变现等车辆评估上使用。

10. 若车辆与破产企业的其他资产_____，其拍卖值可能会_____包括车辆在内的各单项资产变现价值之和。

11. 二手车清算价格评估的方法主要有_____、模拟拍卖法和_____等3种。

12. 在计量折现率时必须考虑_____的影响，否则，就可能_____估计车辆的价值。

二、名词解释

1. 二手车鉴定评估
2. 公开市场假设
3. 清偿假设

4. 现行市价法
5. 重置成本法
6. 加合分析法
7. 物价指数法
8. 汽车的实体性贬值
9. 收益现值法
10. 现行市价折扣法

三、简答题

1. 在采用继续使用假设时，需考虑哪些条件？
2. 以拍卖方式出售车辆与公开市场下的交易的显著区别有哪些？
3. 车辆以现行市价价格进行价值评估时，需具备哪两个基本条件？
4. 清算价格与现行市价的根本区别是什么？
5. 重置成本法的基本原理是什么？
6. 现行市价法的基本原理是什么？
7. 现行市价法的应用前提是什么？
8. 收益现值法的基本原理是什么？
9. 收益现值法评估程序是什么？
10. 清算价格法的基本原理是什么？
11. 影响现行市价折扣法中折扣系数的因素是什么？

四、论述题

1. 详细分析资产评估价值类型的表述方式。
2. 影响汽车重置成本的配置与参数。
3. 车辆贬值的估算内容。
4. 现行市价法评估的步骤。
5. 决定清算价格的主要因素。
6. 各类评估方法的区别与联系。
7. 评估方法如何选用。

五、计算题

1. 某人欲出售一辆已使用 7 年 6 个月的飞度轿车。该车为家庭用车，常年工作在郊区或市区，工作条件好。维护、保养较好，车身依然光亮很新，没有明显的划痕；发动机动力性较好；新换的离合器和轮胎；制动时稍向右跑偏，其他情况均与车辆新旧程度基本相符。试用综合分析法估算该车的成新率。

2. 某公司有一辆进口沃尔沃轿车欲出售。根据调查，目前全新的此款车的售价为 60 万元。至评估基准日止，该车已使用了 5 年，累计行驶里程 200 000 km。经现场技术勘察，该车发动机提速不快，排气有冒蓝烟的现象，车身处有补漆痕迹，自动变速器不能升入超速挡，其他车况均与车辆的新旧程度相符。试利用重置成本法估算车辆的价格。

第4章 旧机动车技术状况鉴定

汽车在使用过程中，随着行驶里程的增加，有关零部件将分别产生松动、磨损、腐蚀、疲劳、变形、老化等不同程度的损伤和损坏，使其动力性下降，经济性变差，并且还会出现如车身不正、油漆剥落、锈蚀、漏水、漏油、漏气等外观症状，以及加速不良、油耗上升等动态症状。因此在二手车销售过程中，必须对车辆进行技术状况鉴定。

汽车技术状况的鉴定方法主要包括以下3个方面：

（1）静态检验。汽车在静止状态下，根据检查人员的技能和经验，辅以简单的量具，对汽车技术状况进行检查鉴定。

（2）动态检验。汽车在工作状态下（发动机运转、汽车运动或静止），根据检测人员的技能和经验，辅以简单的量器具，对汽车的技术状况进行检查鉴定。

（3）仪器检验。使用仪器设备对汽车的技术性能和故障进行检测和诊断。

在汽车评估中，第三项检查内容一般根据评估目的和实际情况而定。

4.1 旧机动车技术状况的静态检查

汽车技术状况的静态检查包括对汽车的识伪检查和外观检查。

1. 识伪检查

1）汽车合法性的鉴别

所谓汽车合法性的鉴别，是指鉴定交易汽车是否为"水货"汽车。"水货"汽车是指通过走私或非合法渠道进口的汽车。这些汽车有的是整车走私，有的是散件走私和境内组装，有的甚至是旧车拼装。

进口正品汽车是指通过正常的贸易渠道进口的汽车。此类车的前风窗玻璃上有黄色的商检标志，符合中国产品质量法。进口正品汽车都附有中文使用手册和维修手册，有的还有零部件目录；而"水货"汽车则没有。

对于"水货"汽车的判别可以从以下几个方面进行：

（1）查勘汽车型号。查勘汽车型号是否在我国进口汽车产品目录上。多年从事评估工作的业内人士，大多数汽车从外观就能看出是否是我国进口汽车产品目录上的车型。

（2）检查铭牌。将发动机机盖打开，检查被评估汽车的厂牌型号、底盘号及发动机号与行驶证是否一致。

（3）看外观。看外观是否有重新做过油漆的痕迹，尤其是顶部下风窗玻璃框处要特别注意，因为一种最常见的走私车就是所谓的"割顶"车。走私者在境外从车顶下风窗玻璃框处将汽车切成两部分，分别作为汽车配件走私或进口，然后在境内再将两部分焊接起来，通过这种方法达到走私整车的目的。注意曲线部分的线条是否流畅，大面是否平整。一般用肉眼仔细观察和手从车顶部向下触摸，能够发现痕迹。

（4）检查发动机室。打开发动机盖，观察发动机室内线路、管路布置是否有条理，是否有重新装配和改装的痕迹。

(5)检查自动变速器。我国现有"水货"车中日本车较多、右驾改左驾的车较多。为了适应我国的交通管理,走私者将右驾改为左驾;为了降低改装成本,走私者不可能更换变速器,自动变速器的车右驾改左驾通过变速杆就可以识别,自动变速器变速杆的保险按钮仍在右侧,通过这一点可识别部分"水货"车。

2)小客车车身防伪检查

现代小客车车身基本是承载式车身,车架号在车身上,车身是小客车最重要的基础件。

根据《中华人民共和国机动车登记规定》第9条规定,申请改变机动车车身颜色、更换车身或者车架的,应当填写《机动车变更登记申请表》,提交法定证明、凭证。属于更换车身或者车架的,还应当核对车辆识别代号(车架号码)的拓印膜、收存车身或者车架的来历凭证。更换发动机的,机动车所有人应当于变更后10日内向车辆管理所申填写《机动车变更登记申请表》,提交法定证明、凭证,车辆管理所应当自受理之日起1日内确认机动车,收回原行驶证,重新核发行驶证、收存发动机的来历凭证。

(1)国产车车身检查。由于许多汽车制造厂为了防止造假,对汽车车身实行专营,只对特约维修站供应,一般的汽车修理厂是购不到汽车车身的,并且正厂的汽车车身比仿制的汽车车身价格要贵。一些修理厂的"高手"采用将原车上车架号割下,再焊在假车身的方法,试图混过汽车检验关。汽车评估人员只要通过仔细的观察和触摸,就能识别假汽车车身。

(2)进口车车身检查。进口汽车的车身如果要进口,它的手续同进口一辆汽车的手续一样。对于老旧车型,一些进口汽配供应商时常采用将报废车的车身拆下后翻新,从中谋取暴利。

2. 发动机技术状况的静态检查

1)观察发动机的外部状况是否清洁

发动机外部有少量油迹和灰尘是正常的,如果油迹和灰尘过多,说明发动机漏油;如果一尘不染,说明发动机刚刚经过清洁处理。

2)观察机油质量和高度

拔出机油标尺,如果机油混浊,说明车主对汽车的保养不好;如果机油很稀薄,说明发动机有可能窜气;如果机油中有水泡,说明发动机内部漏水;如果机油平面过低,向车主询问上次更换机油的时间和间隔里程,如果时间和间隔里程正常,说明发动机烧机油;如果机油平面过高说明发动机严重窜气或漏水。

3)检查发动机冷却液

现代汽车发动机常年使用防冻液作为发动机冷却液。如果冷却液已变成水,首先要向车主了解其原因,并分析汽车可能有的故障,如发动机温度高、发动机漏水等;如果冷却液内有油污,一般是汽缸垫处漏气;如果冷却液混浊,要向车主询问原因,并特别注意发动机温度。

4)检查蓄电池

现代蓄电池一般均为免维护蓄电池,仍以铝酸蓄电池为主,其寿命一般为两年多一点,蓄电池两接线柱应没有大量白色粉末(硫酸盐)附贴在上面,蓄电池液面高度应一致并在规定的上下限之间。如果所有液面过低,一般为发动机充电电流过大。液面经常处于过低状态,将大大降低蓄电池的寿命;如果有个别格液面过低,一般为个别格漏液。从蓄电池托盘上能够观察到漏液的痕迹。

5）检查发动机主要附件是否完好

注意观察发电机、起动机、分电器、空调压缩机及转向助力泵等外观是否正常，是否有漏油、漏水、漏气及漏电现象，是否有松动现象等。

3. 汽车底盘技术状况的直观检查

汽车底盘由传动系、行驶系、转向系和制动系 4 部分组成。底盘检查工作主要就是对这 4 部分进行检查，通常在地沟或车辆举升器上进行。

1）传动系的检查

（1）检查离合器踏板的自由行程是否符合整车技术条件的要求、离合器的摩擦片磨损状况、铆钉是否松动；弹簧是否发生疲劳折断/开裂；分离拨叉的支点磨损是否严重；分离轴承的磨损情状；若是液压操纵控制的离合器，还要检查液压系统是否漏油等。

（2）检查变速箱壳体四周、加油口、放油口等处是否存在漏油或渗油现象；换挡控制机构是否顺畅、各连接处磨损是否严重等。

（3）检查传动轴、中间轴、万向节等处是否有裂痕或者松旷现象；传动轴是否发生弯曲；轴承是否因磨损而松动；连接螺栓是否松动或有裂痕等。

（4）检查桥壳是否有裂痕；检查桥壳各连接处是否有漏油或渗油迹象。

2）行驶系的检查

（1）检查车架是否有裂纹、锈蚀，是否有影响正常行驶的变形（弯曲、扭曲等）；检查螺栓和铆钉是否齐全并紧固，车架不得进行焊接。

（2）检查车辆的前后桥是否有裂痕和变形。

（3）检查车辆的悬架系统是否有损坏、螺栓是否松旷、减振器是否漏油；检查板簧有无裂痕、断片和缺片现象，中心螺栓和 U 型螺栓是否紧固等。

（4）检查车架与悬架之间的所有拉杆和导杆是否变形，各连接处是否松旷或移位。

（5）检查轮毂轴承是否磨损、松旷；轮胎螺母以及半轴螺母是否齐全并紧固；检查同一桥上左右轮胎的型号、花纹是否相同；轮胎磨损是否严重、是否翻新轮胎（转向车轮不得使用翻新轮胎）、轮胎的帘线是否外露；检查轮胎是否有异常磨损，若轮胎出现非正常磨损，则说明车轮定位参数不正确或者车辆长期超载运行。

3）转向系的检查

（1）检查转向盘与前桥的连接是否松旷。

（2）检查转向器的垂臂轴与垂臂连接是否松旷；检查拉杆球头连接是否松旷；检查拉杆与转向节的连接是否松旷；检查转向节与主销之间是否松旷等。

（3）检查转向节与主销之间配合是否满足要求；检查转向器的润滑是否适合等。

（4）检查转向轴是否弯曲。

（5）检查液压助力转向的转向泵驱动带松紧是否合适；油泵、油管是否有漏油现象，软管是否老化。

4）制动系的检查

（1）检查制动踏板的自由行程是否符合车辆技术条件的要求；检查液压制动系统的总泵、分泵、管路以及管路连接处是否有漏油现象。

（2）检查油管是否有损伤，特别是凹瘪现象；检查真空管是否有损伤。

(3) 对于气制动车辆应检查储气罐的压力能否达到规定气压，检查制动管路是否有损伤。

4. 车身及其电气系统的直观检查

1) *车身的外观检查*

通过对车身的检查，特别是轿车和客车的车身，检查是否有严重的碰撞痕迹，可以判断是否曾经发生过严重事故。由于轿车和客车的车身在整车价值中权重较大，维修费用也比较高，故车身检查是技术状况鉴定的重要环节。检查顺序一般从车的前部开始，可以按以下方法进行：

(1) 检查车身各处的缝隙。分别站在车的左前部和右前部，从车头往车尾观察车身各处接缝，如出现接缝不直、缝隙不一、线条弯曲、装饰条有脱落痕迹或新旧不一，说明该车的车身可能修理过。

(2) 站在车前观察车漆的颜色和车身平整度。后补的油漆色彩往往不同于原车漆色，如果汽车补过漆，通过观察整个车身各个部位漆的颜色，通过车身反射光的明暗对比可以判断是否做漆，一般做漆的地方反射光较暗，可以检查是否出过事故。至于车身平整度，特别是有较大面积撞伤的部位，工人在补腻子、打磨腻子时往往磨不平，导致车身漆面看上去有波浪感，漆面凹凸不平。也可以用一磁铁沿车身四周移动，如果移到某处，感觉磁力突然减小，说明该处打过腻子、补过漆，用手敲击此处，声音较别处发闷。

(3) 检查保险杠。在交通事故中，保险杠是最易、最先被撞坏的易损件，通过检查保险杠是否变形、损坏、重新补漆等痕迹，可以判断汽车是否发生过碰撞事故。

(4) 检查车门。站在车门前，观察 B 柱是否呈一直线以及接缝的平整度，若 B 柱不呈直线或者接缝不平整，说明车门经过整形工艺处理过；打开车门，观察门框是否呈一平面，若不平整，则说明进行过钣金处理；另外，可以观看车门附近是否有铆钉痕迹（原车结合时留下的），没有铆钉痕迹说明车子重新烤过漆。

(5) 观察车窗、车门的关闭。车窗、车门应关闭灵活，密封严实，锁止可靠，缝隙均匀，胶条无老化现象。检查前挡风玻璃是否有国家安全认证标志，没有则表明前挡风玻璃已经更换过。

(6) 检查后视镜、下视镜。汽车必须在左右各设一面后视镜，安装、调节及其视野范围要符合相关规定。车长大于 6 m 的平头客车、平头货车应在车前设置一面下视镜。

(7) 检查灯光。主要检查灯光是否齐全、有效、光色、光强、光照角度等是否符合国家标准的相关规定。

(8) 检查车身金属件的锈蚀情况。随着汽车使用年限的增加，以及各种事故的损害，车身金属零部件逐渐锈蚀，通过锈蚀的严重程度可以判断该车的使用年限。检查的零部件主要是车门、车窗、排水槽、底板及各接缝处等。

2) *检查车厢内部*

(1) 检查内饰的新旧程度，橡胶件和塑料件的老化程度。

(2) 检查车厢底板是否有严重的潮湿和锈蚀现象，如果有，说明密封有问题，存在漏水现象。

(3) 检查各电器设备是否完好，各开关、仪表工作是否正常。

(4) 检查各操纵控制机构是否完好、转向自由行程是否在正常的范围，离合器踏板、制动踏板的自由行程和工作行程是否正常,油门踏板是否灵活自如、行程是否合适,变速杆行程和自由度是否正常,驻车制动器的行程是否正常。

3) 检查行李箱

主要检查行李箱内的密封性。汽车尾部出过重大事故的汽车,经常存在行李箱漏水、严重漏灰现象。

4) 汽车电器及其附属装置的检查

检查雨刮器、收音机、仪表、反光镜、加热器、灯具、转向信号、喷水装置、空调设备等是否破损、残缺。检查汽车电路各线束的连接是否牢靠,有无损坏或烧焦痕迹。

4.2 旧机动车技术状况的动态检查

汽车的动态检查是指汽车在工作状态下的检查。通过汽车在各种工况,如发动机启动、急速、汽车起步、加速、匀速、制动、换挡,检查汽车的操纵性能、加速性能、滑行性能、噪声和排放情况,鉴定汽车的技术状况。

1. 无负荷时的工况检查

1) 检查启动性

检查发动机启动是否容易,起动机是否良好。

2) 无负荷时的工况检查

(1) 发动机启动后使其怠速运转。打开发动机盖,听发动机有无异响、噪声,观察发动机工作是否平稳。

(2) 检查急加速性。待发动机正常后,用手拨动节气门,从怠速急加速,观察发动机的急加速性能,然后迅速松开节气门,注意发动机怠速是否熄火或工作不稳。

(3) 检查发动机是否窜气。打开加机油口盖观察发动机窜气量,应无明显的油气。

(4) 检查排气颜色。正常的汽油发动机排出气体是无色的,在严寒的冬季可见白色的水汽;柴油发动机带负荷运转时,发动机排出气体一般是灰色的,负荷加重时,排气颜色会深一些。无论汽油发动机还是柴油发动机,如果排气颜色发蓝色,说明机油窜入燃烧室。若机油油面不高,一般为汽缸与活塞密封出现问题,即活塞、活塞环因磨损与汽缸的间隙过大。无论汽油发动机还是柴油发动机,如果排气管冒黑烟,说明混合气过浓、汽油发动机点火时刻过迟等。

2. 路试检查

在对静态的旧车进行初步观察后,需要进一步了解车辆的性能状况,在试开中加以体验,即路试检查。汽车路试是指车速一般在 20 km/h 左右,通过一定里程的路试检查汽车的工况。路试过程中应从点火、起步到加减挡、加速、转弯、脚制动和手制动及全车灯光使用情况等各方面进行操作,了解车辆运行是否顺畅、安静、舒适等。

(1) 检查汽车动力性。汽车动力性在道路试验中的检测项目一般有高挡加速时间、起步加速时间、最高车速、陡坡爬坡车速和长坡爬坡车速。

在旧机动车启动发动机,聆听转速情况,包括发动机运转是否轻快、连续、平稳,有无杂音、异响。回到车上,轻加油门,感受发动机加速响应是否连续,连续加速后怠速应仍然稳定。检查汽车在相应的坡道上,使用相应挡位时的动力性能,是否与经验值相近,感觉是否正常。

若发动机发出很大的霹雳声响，则表明未燃烧完的混合气进入了排气装置，可能是排气门密封不严或点火提前所致。若汽油机排气管大量冒蓝烟，则说明气门或活塞磨损严重，引起烧机油现象。若排气管冒黑烟，则说明燃烧不充分，其结果将导致油耗上升。

在一段坏路面行驶，检查汽车是否有异响或有硬物碰撞的声音。发动机在急速阶段不允许熄火。

（2）检查离合器。正常的离合器应该是接合平稳、分离彻底，工作时不得有异响、抖动和不正常打滑现象。缓加油门，轻抬离合，车辆起步应平稳。不应犯卡、挂不上或摘不下，或齿轮有响动。汽车行驶中换挡应轻便无噪声，否则说明离合器分离有问题。为了进一步检查离合器是否完好，可挂上二挡，拉上手刹，然后松开离合器，如果发动机不熄火，则表明离合器在打滑或磨损过甚。

（3）检查变速器。从起步挡加速到高速挡，再由高速挡减至低速挡，检查变速器换挡是否轻便灵活、互锁和自锁装置有效、是否有乱挡现象。同时，换挡时变速杆不得与其他部件干涉。自动变速器的汽车在平坦的路面起步一般不要踩加速踏板，如果需要踩加速踏板才能起步，说明自动变速器保养不好，或已到保修里程；检查自动变速器是否有换挡迟滞现象，自动变速器的汽车换挡时应该无明显的感觉，如果感觉汽车在加减速时有明显的发"冲"现象，说明自动变速器保养不好，或已到大修里程。如果离合器分离无问题，而在汽车行驶换挡时出现打齿的声音，说明同步器有问题。

（4）检查转向操纵性能。通过加、减挡位，轻打方向盘，感觉转向系统是否满意；正常行驶方向应不跑偏，能自动维持直线行驶，转弯后可以基本自行回正（90%）；车辆调头，左右转向打到极限时车轮应无异响。

（5）检查制动性能。按不同车速测试紧急刹车的感觉，如分别以 40 km/h、60 km/h 的车速急刹车，检查制动时方向的稳定性，松开转向盘制动，汽车应能保持原来的直行方向。装有 ABS 的汽车，当汽车以 30~40 km/h 的速度在各种路面上全力制动时，车轮不应抱死，直至汽车快要停住为止。

轻轻拉上驻车制动，汽车慢速行驶时应明显有被制动的感觉。当车轮轮圈损坏或车轮动平衡遭破坏时，在转向盘或车身上会明显感觉到振动。

（6）检查传动系统。将汽车加速至 40~60 km/h 时迅速抬起加速踏板，检查有无明显的金属撞击声，如果有说明传动间隙大。

汽车在任何车速下都不应抖动。如果汽车在某一车速范围内抖动，说明汽车的转动系统或行驶系统动平衡有问题，应检查轮胎、传动轴和悬架等。

还可试一下空挡滑行情况，例如，以 20 km/h 的车速行驶，平路可滑 50~80 米。如果一摘挡车子就停下来，就表明行驶运动部件安装调试与润滑不当，如轴承过紧、刹车刮蹭或润滑油凝固等。

3. 路试后的检查

1）检查各部件温度

检查冷却液、制动毂、轮毂等的温度是否正常。

2）检查"四漏"现象

（1）在发动机运转及停车时，散热器、水泵、缸体、缸盖、暖风装置及所有连接部位均不应有明显渗漏水现象。

（2）机动车连续行驶距离不小于 10 km，停车 5 min 后观察不得有明显渗漏油现象。

（3）检查汽车的气、电泄漏现象。

4.3 旧机动车状况的仪器检测

汽车技术状况的仪器检查主要用于对被评估汽车用动态检查不能掌握其性能，并且对评估准确性要求较高的高档车型或司法评估。

汽车技术状况的仪器检查种类繁多，一般是指汽车综合性能检测。汽车综合性能检测主要包括汽车的动力性、经济性、制动性、四轮定位、车轮侧滑、前照灯和排气污染物等的检测和评价。

1. 汽车动力性检测

汽车动力性检测主要用于对被评估汽车车型不熟悉，而动力性指标对评估值影响又较大，评估准确性要求较高的高档车型。

汽车检测站广泛采用汽车动力性台架试验方式，主要包括底盘测功机、发动机检测仪等。室内台架试验不受气候、驾驶技术等客观条件的影响，只受测试仪本身测试精度的影响，测试条件易于控制。

1）汽车底盘输出功率的检测方法

通过底盘测功机检测车辆的最大底盘驱动功率，用以评定车辆的技术状况等级。

（1）在动力性检测之前，必须按汽车底盘测功机说明书的规定进行试验前的准备。台架举升机应处于升状态，无举升器者滚筒必须锁定；车轮轮胎表面不得夹有小石子或坚硬物。

（2）汽车底盘测功机控制系统、道路模拟系统、引导系统和安全保障系统等必须工作正常。

（3）在动力性检测过程中，控制方式处于恒速控制，当车速达到设定车速（误差 ±2 km/h）并稳定 5 s 后，可读取车速与驱动力数值，并计算出底盘输出功率。

（4）输出检测结果。

2）发动机功率的检测方法

用发动机无外载检测仪检测发动机功率，使用方便、检测快捷，在规范操作的前提下，可对发动机动力性检测与管理提供有效依据。

（1）启动发动机并预热至正常状态，与此同时接通无外载测功仪电源，连接传感器。

（2）按仪器使用说明书进行操作。

（3）从测功机上读取（或计算）发动机的输出功率。

2. 汽车燃油经济性检测

汽车燃油经济性的评价，一般是通过燃油消耗量试验确定的。它是用以评价在用汽车技术状况与维修质量的综合性参数，也是诊断和分析汽车故障的重要参考。检测汽车燃油消耗量一般通过燃油消耗检测仪测定燃油消耗量的容积或质量表示。在汽车检测站通过汽车道路试验，更多的是在底盘测功试验台上模拟路试来检测其燃油消耗量。

汽车燃料消耗量与发动机类型、制造工艺状况、道路条件、气候情况、海拔高度、驾驶技术等多种因素有关。因此其主要试验方法必须有完整的规范。

汽车在路试条件下燃料消耗量的试验方法如下：

1）试验规范

汽车路试的基本规范可参照 GB/T 12534—90《汽车道路试验方法通则》。

2）试验车辆载荷

除有特殊规定外，轿车为规定载荷的 50%（取整数）；城市客车为总质量的 65%；其他车辆为满载，乘客质量及其装载要求按 GB/T 12534—90《汽车道路试验方法通则》规定。

3）试验仪器

试验仪器及精度要求如下：

（1）车速测定仪和汽车燃料消耗仪：精度 0.5%；

（2）计时器：最小读数 0.1 s。

4）试验一般规定

试验的一般规定如下：

（1）试验车辆必须清洁，关闭车窗和驾驶室通风口，只允许开动为驱动车辆必需的设备；

（2）由恒温器控制的空气必须处于正常调整状态。

5）试验项目

试验项目如下：

（1）直接挡全油门加速燃料消耗量试验；

（2）等速燃料消耗量试验；

（3）多工况燃料消耗量试验；

（4）限定条件下的平均使用燃料消耗量试验。

汽车在进行路试时，一般以等速行驶燃料消耗量试验来检测汽车燃料消耗量。汽车在常用挡位（直接挡），从车速 20 km/h（当最低稳定车速高于 20 km/h 时，从 30 km/h 开始）开始，以间隔 10 km/h 的整数倍的预选车速，通过 500 m 的测量路段，测定燃料消耗量 Δ（ml）和通过时间 t（s），每种车速试验往返各进行两次，直到该挡最高车速的 90% 以上（至少不少于 5 种预选车速）。两次试验时间间隔（包括达到预定车速所需要的助跑时间）应尽量缩短，以保持稳定的热状态。

各平均实测车速 V 及相应的等速油耗量的平均 Q 为：

$$Q = \frac{\Delta}{500} = 0.2\Delta(1/100) \text{（ml/m）}$$

$$V = 3.6 \times 500/t \text{（km/h）}$$

上式中 t、Δ 是预选车速下的平均值。算出的 Q 为标准状态下的 Q。标准状态指：大气温度 20 ℃；大气压力 100 kPa；汽油密度 0.742 g/ml；柴油密度 0.830 g/ml。修正公式为：

$$Q_C = \frac{Q_0}{C_1 \cdot C_2 \cdot C_3}$$

$$C_1 = 1 + 0.0025(20 - T)$$

$$C_2 = 1 + 0.0021(P - T)$$

$$C_3 = 1 + 0.8(0.742 - \rho) \text{（汽油机）}$$

$$C_3 = 1 + 0.8(0.830 - \rho) \quad (柴油机)$$

式中：Q_C——修正后的燃料消耗量，L/100 km；

　　　C_1——环境温度校正系数；

　　　C_2——大气压力校正系数；

　　　C_3——燃油密度校正系数；

　　　T——试验时的环境温度，℃；

　　　P——试验时的大气压力，kPa；

　　　ρ——试验时的燃料密度，g/ml。

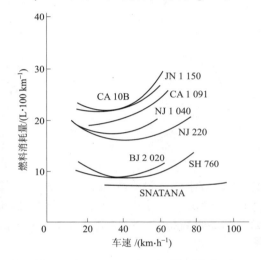

图 4-1　某车型的等速百公里油耗特性曲线

各种车速下油耗测试值对其平均值的相对误差不应超过 ±2.5%。

6) 绘制等速燃料消耗量特性曲线

以车速为横轴，燃料消耗量为纵轴，绘制等速燃料消耗散点图，根据散点图绘制等速燃料消耗量的特性图即 $Q_C - V$ 曲线，如图 4-1 所示为某车型 $Q_C - V$ 曲线。绘制时应使曲线与各散点的燃料消耗量差值的平均和为最小。

7) 汽车燃油经济性台架检测

采用路试方法受到很多条件限制，而汽车燃料消耗量在底盘测功机上进行台架试验暂无国家标准。因此为了方便、快速，参照 GB/T 12545—1990《汽车燃料消耗量试验方法》的要求评价汽车燃料经济性，可以通过台架试验方法模拟道路试验，即在底盘测功试验台上模拟道路等速行驶油耗测试方法。模拟的基本原理如下所述。

(1) 台架法中的常见的两种检测油耗方法。其一为质量法，即采用质量式油耗传感器在底盘测功试验台上进行油耗检测。另一种为容积法，即采用行星活塞油耗传感器在底盘测功试验台上进行油耗检测。当汽车驶上底盘测功试验台上时拆卸燃料管路，接上油耗传感器，排除油路中的空气泡，然后在底盘测功试验台上进行加载，使加载量符合该车在路试状态下的各种阻力，然后进行油耗检测。

(2) 台架试验中模拟加载量的确定。按照中华人民共和国交通部行业标准《汽车技术等级评定的检测方法》规定，应测量汽车"等速"百公里燃料消耗量。根据 GB/T 12545—1990《汽车燃料消耗量试验方法》、GB/T 12535—1990《汽车道路试验方法通则》规定，在限制条件下的平均使用燃料量试验的试验车速：建议轿车 60 ± 2 km/h，铰接客车为 35 ± 2 km/h，其他采用 50 ± 2 km/h，载荷按照不同车型加载至限定条件，测试距离应保证不少于 500 m。由于各个车型的实际情况不同（包括迎风面积、汽车总质量、汽车与地面的轮胎个数等），所以不同车型在底盘测功试验台上应有不同的加载量。模拟加载量的确定方法是：

① 汽车走合过的新车或接近新车的在用车在额定总质量状态下，以直接挡从 20 km/h 开始做燃料消耗量试验，往返采样各 3 次，得出 20 km/h 的该车平均等速油耗；

② 每间隔 10 km/h，直到该车最高车速的 90%，做与上述同样的试验。这样依次得出 20 km/h 到最高车速 90% 的等速平均百公里油耗；

③ 汽车在准备质量状态下，在底盘测功试验台上也从 20 km/h 开始对底盘测功试验机加载模拟该车满载时在 20 km/h 路试状态下所受的外界阻力，直至加上某一荷载后得出 20 km/h 等速百公里油耗值与车速为 20 km/h 路试所得的平均百公里油耗值相同，则上述对底盘测功机的加载量即为车速 20 km/h 时的模拟加载量；

④ 按照上述方法依次可得出各个车速下的加载量。

（3）油耗测量数据的采集。在油耗检测的台架方法中，其油耗数据的重复性按照下式计算：

$$\frac{Q_{1max} - Q_{1min}}{Q_{AV}} \leqslant 2\%$$

式中：Q_{1max}——台架方法中最大百公里油耗量；

Q_{1min}——台架方法中最小百公里油耗量；

Q_{AV}——平均油耗。

3. 汽车制动性检测

1）台试检验制动性能

（1）制动性能检测方法。

① 用反力式滚筒试验台检验。制动试验台滚筒表面应干燥，没有松散物质即油污。驾驶员将车辆驶上滚筒，位置摆正，变速器置于空挡，启动滚筒，使用制动，测取各轮制动力、每轴左右轮在制动力增长全过程中的制动力差、制动协调时间、车轮阻滞力和驻车制动力等参数值，并记录车轮是否抱死。

在测量制动时，为了获得足够的附着力以避免车轮抱死，允许在车辆上增加足够的附加质量和施加相当于附加质量的作用力（附加质量和作用力不计入轴荷）；也可采取防止车轮移动的措施（例如加三角垫块或采取牵引等方法）。

② 用平板制动试验台检验。制动试验台平板表面应干燥，没有松散物质或油污。驾驶员以 5~10 km/h 的速度将车辆对正平板台并驶上平板，置变速器于空挡，急踩制动，使车辆停住，测得的各轮制动力、每轴左右轮在制动力增长全过程的制动力差、制动协调时间、车轮阻滞力和驻车制动力等参数值。

（2）制动性能台试检验的技术要求。制动性能台试检验车轴制动力的要求如表 4-1 所示。

表 4-1 制动性能台试检验车轴制动力的要求

车辆类型	制动力总和占整车质量的百分比/%		前轴制动力于轴荷的百分比/%
	空 载	满 载	
汽车、汽车列车	≥60	≥50	≥60*

注：空、满载状况下测试应满足此要求。

2）路试制动性能检验方法

（1）检测方法。测试路面应平坦（坡度不超过 1%）、干燥和清洁的水泥或沥青路面。轮胎与路面之间的附着系数不小于 0.7，风速不大于 5 m/s。在试验路面上应画出标准中规定的制动稳定性要求相应宽度试车道的边线。被测车辆沿着试验车道的中线行驶至高于规定的初速度后,置变速器于空挡。当滑行到规定的初速度时急踩制动,使车辆停止。

用速度计、第五轮仪或用其他测试方法测量车辆制动距离。

用速度计、制动减速度仪或用其他测试方法测量车辆重复发出的平均减速度（MFDD）与制动协调时间。重复发出的平均减速度应在测得公式（MFDD）中相关参数后计算确定。

（2）技术要求。制动距离和制动稳定性要求如表4-2所示。

表4-2 制动距离和制动稳定性要求

车辆类型	制动初速度/（km·h^{-1}）	满载检验制动距离要求/m	空载检验制动距离要求/m	制动稳定性要求,车辆任何部位不得超出试车道宽度/m
座位数≤9的载客汽车	50	≤20	≤19	2.5
其他总质量≤4.5 t的汽车	50	≤22	≤21	2.5*
其他汽车、汽车列车及无轨电车	30	≤10	≤9	3.0

注：对质量>3.5 t并≤4.5 t的汽车,试车道宽度为3.0 m。

驻车制动性能检验时操纵力的要求如表4-3所示。

表4-3 驻车制动性能检验时操纵力的要求

车辆类型	手操纵时操纵力/N	脚操纵时操纵力/N
座位数≤9的载客汽车	≤400	≤500
其他车辆	≤600	≤700

4. 四轮定位检测

四轮定位仪可检测的项目包括：前轮前束值/角（前轮前束角/前张角）、前轮外倾角、主销后倾角、主销内倾角、后轮前束值/角（后轮前束角/前张角）、后轮外倾角、轮距、轴距、左右轴距差、转向20°时的前张角、推力角等。

由于汽车行驶速度越来越高,汽车的操纵稳定性对汽车安全越来越重要。汽车不仅具有前轮定位参数要求,有些高速客车和轿车还具有后轮外倾角和后轮前束等参数。这些定位参数的变化会使汽车操纵稳定性下降,同时增加轮胎的异常磨损和某些零部件过早的疲劳损伤。例如,主销后倾角过大时,转向沉重,驾驶员容易疲劳；主销后倾角过小时,汽车直线行驶时,容易产生前轮摆振,转向盘摇摆不定,转向自动回正能力下降；当左右车轮的主销后倾角不相等或前后桥不平行时,汽车会出现行驶跑偏现象,将大大降低汽车的操纵稳定性和增加驾驶员疲劳。

专业的汽车评估人员了解四轮定位检测不合格后,通常要会同被评估汽车的专业维修人员对不合格项目进行认真分析。拟定维修方案,确定被评估汽车恢复到四轮定位合格可能所需的费用范围。

5. 汽车车轮侧滑检测

当车轮前束值与车轮外倾角匹配不当时，车轮就在直线行驶时不作纯滚动，产生横向滑移现象。这种滑移现象过于严重时，将破坏车轮的附着条件，丧失定向行驶能力，大大降低汽车行驶的安全性，并导致轮胎的异常磨损。侧向滑移量的大小与方向可用汽车车轮侧滑检验台检测。

国家标准 GB 7258—2004《机动车运行安全技术条件》规定：前轴采用非独立悬架的机动车转向轮的横向滑移量，用侧滑仪（包括双板和单板侧滑仪）检测时侧滑量值应不大于 5 m/km。

横向侧滑量检验方法如下：

（1）将车辆对正侧滑试验台（对于单板式侧滑仪，将车辆的一侧车轮对正侧滑板），并使转向盘处于正中位置。

（2）使车辆沿台板上的指示线以 3～5 km/h 车速平稳前行，在行进过程中，不得转动转向盘。转向轮通过台板时，测取横向侧滑量。当检测结果不合格时，要分析不合格的原因。当偏差较小时，一般通过调整就可以排除这种现象；当偏差较大时，有时还是需更换部分零部件，甚至还需校正车身才能排除这种现象。分析明确不合格原因后，估算排除不合格现象需多少费用。

6. 汽车前照灯检测

汽车前照灯的强度和照射方向被列为汽车安全检测的必检项目。

1）前照灯光束位置要求

（1）在检验前照灯的近光光束照射位置时，前照灯在距离屏幕 10 m，光束明暗截止线转角或中点的高度应为 0.6～0.8H（H 为前照灯基准中心高度，下同），其水平方向位置向左向右偏均不得超过 100 mm。

（2）四灯制前照灯其远光单光束灯的调整，在屏幕上光束中心离地高度为 0.85～0.90H，水平位置左灯向左偏移不得大于 100 mm，向右偏移不得大于 170 mm；右灯向左或向右偏移均不得大于 170 mm。

（3）装用远光和近光双光束灯时以调整近光光束为主。对于只能调整远光单光束的灯，调整远光单光束。

2）前照灯发光强度要求

（1）每只前照灯的远光光束发光强度应达到表 4-4 的要求。测试时，其电源系统应处于充电状态。

表 4-4 前照灯的远光光束发光强度

cd

车辆类型	检查项目	新注册车		在用车	
		两灯制	四灯制	两灯制	四灯制
汽车、无轨电车		15 000	12 000	12 000	10 000

（2）采用四灯制的机动车，其中两只对称的灯达到两灯制的要求时视为合格。

3）前照灯光束照射位置的检验方法

（1）屏幕法：在屏幕上检查。检查用场地应平整，屏幕与场地应垂直。被检验的车辆应在空载、轮胎气压正常、乘坐 1 名驾驶员的条件下进行。将车辆停置于屏幕前,并与屏幕垂直,使前照灯基准中心距屏幕 10 m,在屏幕上确定与前照灯基准中心离地面距离 H 等高的水平基准线及以车辆纵向中心平面在屏幕上的投影线为基准确定的左右前照灯基准中心位置线。分别测量左右远近光束的水平和垂直照射方位的偏移值。

(2) 用前照灯校正仪检验。将被检验的车辆按规定距离与前照灯校正仪对置,从前照灯校正仪的屏幕上分别测量左右远近光束的水平和垂直照射方位的偏移值。

汽车评估人员了解前照灯检测不合格后,通常需要对不合格项目进行分析。前照灯通常的修理方法包括调整、更换前照灯底座、前照灯和校正前照灯框架。由于高档进口车前照灯底座、前照灯价格较高,应检验确认修理方法和相应的修理费用。

7. 汽车排气污染物检测

汽车排放污染物主要有 CO、HC、NO_x、PM(微粒)等,主要通过汽车排气管排放,另外大约 45% 的 HC 和极少量的其他污染物质则由曲轴箱和燃油系统排放。汽车排气污染物的限值和测量方法应按统一规定的标准执行。世界各国都制定了汽车和发动机的排放标准,对各种有害成分的限值进行了规定;受大气环境和技术水平的限制,确定了试验规范、取样方法和使用的检测仪器。

1)汽油机

(1) 汽车怠速试验规范。这种规范是为测量汽油车怠速时排气中 HC 和 CO 容积浓度而制定的。我国的相应是国标 GB/T 3845。规定在怠速工况下,水温和润滑油温达到规定的状态,确认排气系统无泄漏,使用不分光红外线分析仪按下面程序测量:

① 发动机由怠速加速到 0.7 倍额定转速,维持 60 s 后降至怠速状态;

② 将取样探头插入排气管中,深度等于 400 mm,并固定;

③ 发动机在怠速状态维持 15 s 后开始读数,读数取 30 s 内最高值和最低值,其平均值即为测量结果。

(2) 汽车行驶试验规范。这种规范是模拟汽车在典型道路上行驶情况而制定出来的试验程序。测定时,汽车在底盘测功机上按既定的程序运转,用规定的取样方法和仪器,测定发动机各有害成分的排放浓度或排放量。

(3) 排气污染物排放限值。汽油车(包括液化石油气和天然气)排气污染物排放限值如表 4-5 所示。

表 4-5 排气污染物排放限值

车辆登记日期	CO/%	HC/10^{-6}
2001 年 10 月 1 日前	4.0	1 200
2001 年 10 月 1 日后	2.0	600

2)柴油机

柴油机烟度测定工况分为稳态与非稳态两种。

(1) 稳态烟度测量。稳态烟度通常是在全负荷稳定转速时测量的,用以监测汽车柴油机碳烟排放。但稳态烟度测量适于在台架上进行,但较难在汽车、拖拉机上测定,对于高度强化和增压柴油机,由于在突然加速过程中排烟浓度很大,因此稳态测量不能全面反映柴油机的排烟性能。

(2) 非稳态烟度测量。柴油机在非稳态下的排气烟度受多种不稳定因素影响很大,因此非稳态烟度测量有严格控制的试验程序。非稳态烟度测量有自由加速法和控制加速法两类。

自由加速法是柴油机从低速怠速状态突然加速至高速空载过程中进行排烟测定的一种方法。首先使发动机在怠速下运行,然后将加速踏板急速踏到底,约 4 s 后松开,反复 3 次后开始测量。正式测量重复 4 次,每次历时 20 s,取后 3 次读数的算术平均值为所测烟度,采用不透光烟度计测定。

(3) 排气污染物排放限值。柴油车排气污染物排放限值如表 4-6 所示。

表 4-6 排气污染物排放限值

车辆登记日期	不透光烟度限值/%
2001 年 10 月 1 日前	30
2001 年 10 月 1 日后	25

4.4 旧机动车技术状况的评定与分级标准

1. 汽车技术等级评定标准

1) 适用范围

本标准规定了汽车技术等级的评定内容、评定规则、检测项目及技术要求。

本标准适用于公路及城市道路上行驶的总质量 26 t 以下(含 26 t)的汽车和总质量 45 t 以下(含 45 t)的汽车列车。

2) 引用标准

(1) GB 3798 汽车大修竣工出厂技术条件;

(2) GB 4599 汽车前照灯配光性能;

(3) GB 5624 汽车维修术语;

(4) GB 7258 机动车运行安全技术条件;

(5) GB 7454 机动车前照灯使用和光束调整技术规定;

(6) GB 12481 客车防雨密封性限值;

(7) GB 14661.5 汽油车怠速污染物排放标准;

(8) GB 14761.6 柴油车自由加速烟度排放标准术语。

3) 评定内容

(1) 主要评定汽车的动力性、燃料经济性、制动性、转向操纵性、前照灯及喇叭噪声、废气排放、汽车防雨密封性、整车与外观;

(2) 汽车使用年限,按新车投入运行之日起核定。

4) 评定规则

(1) 规定的内容是汽车技术等级评定的基本内容,其评定项目按重要程度分为"关键项"和"一般项";

(2) 汽车技术等级评定采用汽车使用年限、关键项和项次合格率来衡量,分为一级车、二级车、三级车 3 个等级；

一级车：使用年限在 7 年以内；关键项分级的项目达到一级，关键项不分级的项目为合格；项次合格率大于等于 90%；在运行中无任何保留条件；

二级车：使用年限超过 7 年；关键项分级的项目达到二级以上，关键项不分级的项目为合格；项次合格率大于等于 80%；在运行中无任何保留条件；

三级车：凡达不到二级车技术等级标准的汽车均为三级车。

项次合格率计算方法：

$$B = \frac{N}{M} \times 100\%$$

式中：B——项次合格率；

N——检测合格的项次数之和；

M——检测的项次数之和。

2. 汽车技术等级分级标准

汽车技术等级分级标准如表 4-7 所述。

表 4-7 检测项目及技术要求

序号	检测项目	检测手段	评定技术要求	备注
6.1	动力性			下列 3 项中可任选 1 项
*6.1.1	发动机功率	无外载测功仪	一级大于等于额定功率的 85%；二级大于等于额定功率的 75%，小于 85%	
*6.1.2	底盘输出功率	底盘测功机	折算为发动机功率，按 6.1.1 评定	
*6.1.3	汽车直接挡加速时间	底盘测功机（装有模拟质量）	折算为发动机功率，按 6.1.1 评定	无直接挡时使用最高挡
6.2	燃料经济性			
*6.2.1	等速百公里油耗	底盘测功机油耗计	一级不大于原厂规定值；二级不大于原厂规定值的 110%	
6.3	制动性			
*6.3.1	制动性	制动检验台轮重仪	制动力总和占试车质量的百分比：满载大于等于 50%；空载大于等于 60%；主要承载轴制动力总和占该轴轴质量的百分比：满载大于等于 50%；空载大于等于 60%	行车制动系最大制动效能应在踏板全行程的 4/5 以内达到。液压制动系踏板力不大于 700 N，气压制动系气压表指气压不大于 590 kPa

续表

序号	检测项目	检测手段	评定技术要求	备注
*6.3.2	制动力平衡	制动检验台轮重仪	前轴左右轮制动力差不大于该轴轴质量的5%；后轴左右轮制动力差不大于该轴轴质量的8%	
*6.3.3	车轮阻滞力	制动检验台	车轮阻滞力占该轮轮质量的百分比：空载不大于5%	
6.3.4	制动系系统协调时间	配有测量制动系统协调时间的制动检验台	总质量小于4.5 t，制动系统协调时间小于等于0.33 s；总质量大于等于4.5 t，小于等于12 t，制动系统协调时间小于等于0.45 s；总质量大于12 t，制动系统协调时间小于等于0.56 s	
*6.3.5	驻车制动力	制动检验台轮重仪	驻车制动力总和占该车整备质量的百分比不小于20%	
6.4	转向操纵性			
*6.4.1	侧滑量	侧滑检验台	双板式：不大于5 m/km；单板式：不大于7 m/km	
6.4.2	转向盘操纵力	转向力—角仪	不大于245 N	
6.4.3	转向盘自由转动量	转向力—角仪	从中间位置向左向右均不大于15°角	
6.5	废气排放			
*6.5.1	汽油车急速污染物排放	汽车排放气体测试仪	轻型车：CO 不大于4.5%；HC 不大于1 200 ppm（四冲程）；HC 不大于8 000 ppm（二冲程）。重型车：CO 不大于5.0%；HC 不大于2 000 ppm（四冲程）；HC 不大于9 000 ppm（二冲程）	适用于1995年7月平均日以前生产的在用汽车

续表

序号	检测项目	检测手段	评定技术要求	备注
			轻型车： CO 不大于 4.5%； 　HC 不大于 900 ppm（四冲程）； 　HC 不大于 7 500 ppm（二冲程）。 重型车： CO 不大于 4.5%； HC 不大于 1 200 ppm（四冲程）； HC 不大于 8 000 ppm（二冲程）	适用于 1995 年 7 月平均日以后生产的在用汽车
*6.5.2	柴油车自由加速度排放	烟度计	不大于烟度值 FSN5.0	适用于 1995 年 7 月平均日以后生产的在用汽车
			不大于烟度值 FSN4.5	适用于 1995 年 7 月平均日以后生产的在用汽车
6.6	前照灯及喇叭			
*6.6.1	前照灯发光强度	前照灯检测仪	两灯制的汽车，每只灯的发光强度应大于 15 000 cd； 四灯制的汽车，每只灯的发光强度应大于 12 000 cd	
*6.6.2	前照灯光束照射方位偏移量	前照灯检测仪	前照灯距屏幕 10 m 处，光束明暗截止线转角或中点的高度应为（0.75～0.8）H（H 为前照灯中心高度），其水平方向位置向左右均不得大于 100 mm； 四灯制前照灯，其远光单光束灯在屏幕上的调整，要求光束中心离地高度为（0.85～0.9）H。水平位置要求左灯向左偏不得大于 100 mm，向右偏不得大于 170 mm；右灯向左或向右偏均不得大于 170 mm	
6.6.3	喇叭噪声	声级计	在距汽车前 2 m，离地高 1.2 m 处，应为 90～105 dB（A）	
6.7	密封性			

续表

序号	检测项目	检测手段	评定技术要求	备注
*6.7.1	汽车防雨密封性	喷淋装置	按 GB 12481 的有关规定评定	
6.7.2	连接件密封性	检视	无渗油、无漏水、无漏气现象	
6.8	整车与外观			
6.8.1	整车与装备	检视	装备齐全完好有效，车体周正；左右对称部位高度差不大于 40 mm；左右轴距差不大于 5 mm；外部连接件紧固完好	
6.8.2	发动机启动性与异响	检视、异响诊断仪	发动机在热状态下 3 次启动不成功为不合格；发动机运转无异响	
6.8.3	传动系、悬挂与车架	检视、异响诊断仪	装备齐全、完好无损、无异响	
*6.8.4	转向与制动装置	检视	装备齐全、完好无损、无松旷	转向横直栏杆不得拼焊
6.8.5	车身与内饰	检视	车身无突出物、车身骨架完好、表面涂层完好	
6.8.6	内窗	检视	完好无损，开、关灵活有效	
6.8.7	仪表与信号装置	检视	仪表与信号装置齐全有效	
6.8.8	润滑	检视	各部润滑良好，发动机怠速机油压力不小于 0.1 MPa	
6.8.9	轮胎	检视	轮胎气压应符合规定；胎冠花纹深度轿车不小于 1.6 mm，其他不小于 3.2 mm；不得有长于 2.5 cm、深至帘布层的破裂与割伤	转向轮不得装用翻新轮胎

注：带 * 号的项目为关键项

习 题

一、填空题

1. 汽车技术状况的静态检查包括对汽车的_____和_____。
2. 进口正品汽车都附有中文使用手册和_____，有的还有_____。

3. 检查传动系统间隙：将汽车加速至_____，迅速抬起加速踏板，检查有无明显的金属撞击声，如果有说明传动间隙_____。

4. 无论汽油发动机还是柴油发动机，如果排气颜色发_____，说明机油窜入燃烧室。若机油油面不高，一般为汽缸与活塞密封出现问题，即活塞、活塞环因磨损与汽缸的间隙_____。无论汽油发动机还是柴油发动机，如果排气管冒_____，说明混合气过浓、汽油发动机点火时刻过迟等。

5. 汽车综合性能检测主要包括：汽车的_____、_____、制动性、安全性、可靠性和排气污染物等的检测和评价。

6. 汽车技术等级评定采用汽车_____、关键项和_____来衡量，分为一级车、二级车、三级车3个等级。

7. 一级车：使用年限在_____以内；关键项分级的项目达到一级，关键项不分级的项目为合格；项次合格率大于等于_____；在运行中无任何保留条件。

8. 装用远光和近光双光束灯时以调整_____光束为主。对于只能调整远光单光束的灯，调整_____单光束。

9. 汽车路试是指车速一般在_____左右，通过_____里程的路试检查汽车的工况。

10. 检查急加速性：待发动机正常后，用手拨动节气门，从_____急加速，观察发动机的急加速性能，然后迅速_____节气门，注意发动机怠速是否熄火或工作不稳。

二、简答题

1. 汽车技术状况鉴定包括哪些内容？
2. 对于"水货"汽车的判别有哪些方面？
3. 如何检查车身的技术状况？
4. 如何检查发动机的技术状况？
5. 如何检查轮胎的技术状况？
6. 如何检查汽车的制动性能？
7. 汽车底盘输出功率的检测方法有哪些？
8. 汽车技术等级评定的标准是什么？

三、论述题

1. 汽车技术状况静态检查包括的内容。
2. 路试检查的内容。
3. 如何检测汽车的动力性？
4. 如何检测汽车的经济性？
5. 如何检测汽车的制动性能？
6. 如何检测汽车的侧滑？
7. 如何检测汽车的前照灯？

第 5 章　旧汽车评估实务

旧汽车评估是指具有专业资质的鉴定评估人员，按照特定的目的、法定或公允的标准和程序，运用科学的方法，对旧汽车进行手续检查、技术鉴定和价格估算的过程。旧汽车作为一类资产，有别于其他类型的资产，有其自身的特点。这些汽车固有的特点决定了旧汽车评估的特点。旧汽车评估必须以单辆车技术鉴定为基础，评估对象必须以具有合法手续为前提。

5.1　旧汽车评估的前期准备工作

进行二手车鉴定评估前需要做鉴定评估的前期准备工作，主要包括业务洽谈、实地考察、签订二手车鉴定评估委托书、拟定鉴定评估作业方案等。

1. 业务洽谈

业务洽谈是承接评估业务的第一步。与客户洽谈的主要内容有车主基本情况、车辆情况、委托评估的意向和时间要求等。通过业务洽谈，初步了解下述情况：

1) 车主基本情况

车主是指车辆所有权的单位或个人。接受委托前，应了解委托者是否是车主，是否具有车辆的处置权；同时还应了解车主单位（或个人）名称、隶属关系和所在地等。

2) 车主要求评估的目的

评估目的是评估所服务的经济行为的具体类型，根据评估目的选择计价标准和评估方法。一般来说，委托二手车交易市场评估的大多数是属于交易类业务，车主要求评估价格的目的大都是作为买卖双方成交的参考底价。

3) 估价对象及其基本情况

(1) 二手车的名称、型号、生产厂家和出厂日期；
(2) 二手车的类别，是乘用车还是商用车等；
(3) 来历，是市场上购买，还是走私罚没处理，或是捐赠免税车；
(4) 二手车初次注册登记日期和行驶里程；
(5) 车籍，指车辆牌证发放地；
(6) 使用性质，是公务用车、商用车，还是专业运输车或是出租营运车；
(7) 手续是否齐全，是否年检。

对上述基本情况了解以后，就可以作出是否接受委托的决定。如果接受委托，就要签订二手车鉴定评估委托书。

2. 实地考察

对于评估数量较多的业务，在签订二手车鉴定评估委托书之前，应安排到实地考察评估对象的情况。实地考察的目的是了解鉴定估价的工作量、工作难易程度和车辆现时状态（在用已停放很久不用、在修或停驶待修）。

3. 签订二手车鉴定评估委托书

二手车鉴定评估委托书是受托方与委托方对各自权利责任和义务的协定，是一项经济合同性质的契约。二手车鉴定评估委托书应写明的内容和样式如表5-1所示。

表5-1 二手车鉴定评估委托书

二手车鉴定评估委托书

委托书编号：_____

_____二手车鉴定评估机构：

因□交易 □转籍 □拍卖 □置换 □抵押 □担保 □咨询 □司法裁决需要，特委托贵单位对车辆（号牌号码_____ 车辆类型_____ 发动机号_____ 车架号_____）进行技术状况鉴定和估价，并出具评估报告书。

附：委托评估车辆基本信息

车主		身份证号码/法人代表证书		联系电话	
住 址				邮政编码	
经办人		身份证号码		联系电话	
住 址				邮政编码	
车辆情况	厂牌型号			使用用途	
	载重量/座位/排量			燃料种类	
	初次登记日期	年 月 日		车身颜色	
	已使用年限	年 个月	累计行驶里程（万公里）		
	大修次数	发动机（次）		整车（次）	
	维修情况				
	事故情况				
价值反映	购置日期	年 月 日		原始价格（元）	
	车主报价（元）				
备注：					

填表说明：

1. 若被评估车辆使用用途曾为营运车辆，需在备注栏中予以说明。
2. 委托方必须对车辆信息的真实性负责，不得隐瞒任何情节，凡由此引起的法律责任及赔偿责任由委托方承担。
3. 本委托书一式两份，委托方、受托方各一份。

委托方：（签字、盖章）   经办方：（签字、盖章）
  年 月 日   年 月 日

二手车鉴定评估委托书必须符合国家法律、法规和资产评估业的管理规定。涉及国有资产占有单位要求申请立项的二手车鉴定评估业务，应由委托方提供国有资产管理部门关于评估立项申请的批复文件，经核实后，方能接受委托，签署委托书。

4. 拟定鉴定评估作业方案

鉴定评估方案的主要内容包括评估目的、评估范围、评估基准日、评估人员、现场工作计划、评估程序、评估时间安排、拟采用的评估方法及其具体步骤等。

确定鉴定评估方案后，即可下达二手车鉴定评估作业表进行鉴定评估工作。二手车鉴定评估作业表如表5-2。

表5-2 二手车鉴定评估作业表

二手车鉴定评估作业表

车主		所有权性质	□公 □私	联系电话	
住址				经办人	
原始情况	厂牌型号		号牌号码		车辆类型	
	车辆识别代号（VIN）				车身颜色	
	发动机号		车架号			
	载重量/座位/排量				燃料种类	
	初次登记日期	年 月 日	车辆出厂日期		年 月 日	
	已使用年限	年 月	累计行驶里程	万公里	使用用途	
检查核对交易证件	证件	□原始发票 □登记证书 □行驶证 □法人代表证或身份证 □其他				
	税费	□购置附加税 □养路费 □车船使用税 □其他				
结构特点						
现时技术状况						
价值反映	维护保养情况		现时状况			
	账面原值（元）		车主报价（元）			
	重置成本（元）		成新率%		评估价格（元）	

鉴定评估目的：

鉴定评估说明：

二手车鉴定估价师（签名）　　　　　　　　　　　复核人（签名）

　　　　年　月　日　　　　　　　　　　　　　　　　年　月　日

填表说明：

1. 现时技术状况：必须如实填写对车辆进行技术鉴定的结果，客观真实地反映出二手车主要部分（含车身、底盘、发动机、电气、内饰等）以及整车的现时技术状况。

2. 鉴定评估说明：应详细说明重置成本的计算方法、成新率的计算方法以及评估价格的计算方法。

5.2 现场鉴定

5.2.1 旧汽车评估的手续检查

旧汽车的手续是指汽车上路行驶，按照国家法规和地方法规应该办理的各项有效证件和应该交纳的各项税费凭证。旧汽车属于特殊商品，它的价值包括车辆实体本身的有形价值和各项手续构成的价值，只有证件齐全，才能办理正常的过户、转籍。没有合法手续的汽车不是旧汽车鉴定估价师的评估对象。

旧汽车的手续包括：

1）汽车来历凭证

（1）在国内购买的机动车。其来历凭证是全国统一的机动车销售发票或者二手车交易发票，如图5-1所示；在国外购买的机动车，其来历凭证是该车销售单位开具的销售发票及其翻译文本；

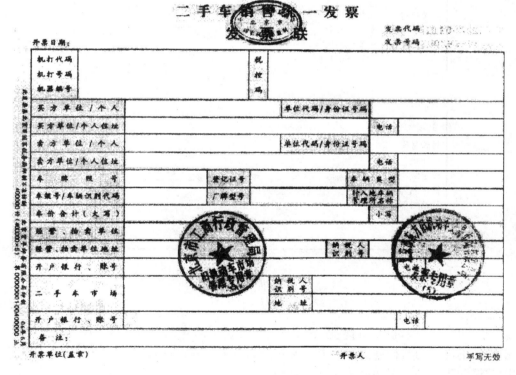

图5-1 二手车销售统一发票

（2）人民法院调解、裁定或者判决转移的机动车。其来历凭证是人民法院出具的已经生效的《调解书》《裁定书》或者《判决书》以及相应的《协助执行通知书》；

（3）仲裁机构仲裁裁决转移的机动车。其来历凭证是《仲裁裁决书》和人民法院出具的《协助执行通知书》；

（4）继承、赠与、中奖和协议抵偿债务的机动车。其来历凭证是继承、赠与、中奖和

协议抵偿债务的相关文书和公证机关出具的《公证书》;
（5）资产重组或者资产整体买卖中包含的机动车。其来历凭证是资产主管部门的批准文件；
（6）国家机关统一采购并调拨到下属单位未注册登记的机动车。其来历凭证是全国统一的机动车销售发票和该部门出具的调拨证明；
（7）国家机关已注册登记并调拨到下属单位的机动车。其来历凭证是该部门出具的调拨证明；
（8）经公安机关破案发还的被盗抢且已向原机动车所有人理赔完毕的机动车。其来历凭证是保险公司出具的《权益转让证明书》。

2）机动车行驶证

《中华人民共和国机动登记管理办法》规定机动车行驶证是旧汽车过户、转籍必不可少的证件。《机动车行驶证》样式如图 5-2 所示。

```
           中华人民共和国机动车行驶证
号牌号码_____      车辆类型_____
所有人_____
住  址_____
品牌型号_____      使用性质_____
              发动机号码_____
发证机关章    车辆识别代号_____
              注册登记日期_____    发证日期_____
```
（a）

```
        中华人民共和国机动车行驶证副页
                 档案编号
号牌号码_____        车辆类型_____
总质量_____          整备质量_____
核定载质量_____      准牵引总质量_____
核定载客_____        驾驶室共乘_____
货箱内部尺寸_____    后轴钢板弹射片数_____
外廓尺寸_____
检验记录_____
```
（b）

图 5-2 机动车行驶证
(a) 正页；(b) 副页

《中华人民共和国机动车行驶证证件》规定，为了防止伪造行驶证，塑封套上有用紫光灯可识别的不规则的与行驶证卡片上图形相同的暗记，并且行驶证上按要求粘贴车辆彩色照片，因此机动车行驶证识伪办法如下：

（1）查看识伪标记；
（2）查看汽车彩照与实物是否相符；
（3）查看行驶证的纸质、印刷质量、字体、字号，与车辆管理机关核发的行驶证进行比对，对有怀疑的行驶证可以去发证的公安车辆管理机关核实。

最常见的伪造是行驶证副页上的检验合格章。车辆没有按规定时间到车辆管理机关去办理检验手续，却私刻公章私自加盖检验合格章。现在许多地方采用电脑打印检验合格至××

年×月并加盖检验合格章的办法来增加防伪能力。车辆管理机关规定超过两年未检验的汽车按报废处理。汽车评估人员要对副页上的检验合格章，即行驶证的有效期特别重视。

3）机动车登记证书

《机动车登记证书》将所有机动车的详细信息及机动车所有人的资料都记载在上面，证书上所记载的原始信息发生变化时，机动车所有人应携证到车管所作变更登记。《机动车登记证书》的样式如图5-3所示。

机动车登记证书编号：×××××××××××

注册登记摘要信息栏

I	1. 机动车所有人/身份证明名称/号码				
	2. 登记机关		3. 登记日期	4. 机动车登记编号	

过户、转入登记摘要信息栏

II	机动车所有人/身份证明名称/号码				
	登记机关		登记日期	机动车登记编号	
III	机动车所有人/身份证明名称/号码				
	登记机关		登记日期	机动车登记编号	
IV	机动车所有人/身份证明名称/号码				
	登记机关		登记日期	机动车登记编号	
V	机动车所有人/身份证明名称/号码				
	登记机关		登记日期	机动车登记编号	
VI	机动车所有人/身份证明名称/号码				
	登记机关		登记日期	机动车登记编号	
VII	机动车所有人/身份证明名称/号码				
	登记机关		登记日期	机动车登记编号	

第1页

注册登记机动车信息栏

5. 车辆类型			6. 车辆品牌		
7. 车辆型号			8. 车身颜色		
9. 车辆识别代号/车架号			10. 国产/进口		
11. 发动机号			12. 发动机型号		
13. 燃料种类			14. 排量/功率	ml/	kW
15. 制造厂名称			16. 转向形式		
17. 轮距	前	后 mm	18. 轮胎数		
19. 轮胎规格			20. 钢板弹簧片数	后轴	片
21. 轴距		mm	22. 轴数		
23. 外廓尺寸	长	宽	高 mm	33. 发证机关	
24. 货厢内部尺寸	长	宽	高 mm	（章）	
25. 总质量	kg	26. 核定载质量		kg	
27. 核定载客	人	28. 准牵引总质量		kg	
29. 驾驶室载客	人	30. 使用性质		34. 发证日期	
31. 车辆获得方式		32. 车辆出厂日期			

第2页

图5-3 机动车登记证书

4）汽车号牌

汽车号牌是由公安车辆管理机关依法对汽车进行注册登记核发的号牌，它与机动车行驶证一同核发，其号码与行驶证一致。

现在使用的汽车号牌有3种，一种为"1992"式，是按中华人民共和国公共安全行业标准《中华人民共和国机动车号牌》GA36－1992标准制作的，自1992年7月1日实施；第二种为"2002"式，即所谓的个性化车牌；第三种为"2007"式，即按《中华人民共和国机动车号牌》GA36－2007标准制作，自2007年11月1日实施，基本与"1992"式相同，两者不同之处在于：

（1）调整了大型汽车号牌（黄牌）的使用范围。自2007年11月1日起，对中型载客汽车（车长小于6米，乘坐人数大于9人且小于20人。乘坐人数可变的，以上限确定。乘坐人数包括驾驶员）由原核发"小型汽车号牌"（蓝牌），调整为核发"大型汽车号牌"（黄牌）。

（2）取消了外籍车号牌（黑牌）种类。

（3）修改了机动车号牌号码的编码规则，允许字母在后五位编码中任意一位出现，但总数不能超过2个，增加了号牌容量。

（4）对临时号牌的式样进行了调整，由原来的一种式样调整为行政辖区内、跨行政辖区、试验车和特型机动车4种式样，并且将有效期的位置调整到号牌的正面。

汽车号牌的分类、规格、颜色及适用范围如表5-3所示。

表5-3 汽车号牌的分类、规格、颜色及适用范围

序号	分类	外廓尺寸/mm	颜色	每副数量	适用范围
1	大型汽车	前：440×140 后：440×220	黄底黑字黑框线	2	总质量4.5 t（含），乘坐人数20人（含）和车长6 m（含）以上的汽车，无轨电车及有轨电车
2	小型汽车	440×140	黄底白字白框线	2	除大型汽车以外的各型汽车
3	使、领馆汽车	440×140	黑底白字红"使""领"字白框线	2	驻华使、领馆的汽车
4	境外汽车	440×140	黑底白字白框线	2	入、出境的境外汽车
			黑底红字红框线	2	入、出境限制行驶区域的境外汽车
5	外籍汽车	440×140	黑底白字白框线	2	除使、领馆外，其他驻华机构、商社外资企业及外籍人员的汽车
6	挂车		同大型汽车号牌	1	全挂车和不与牵引车固定使用的半挂车

续表

序号	分类	外廓尺寸/mm	颜色	每副数量	适用范围
7	教练汽车	440×140	黄底黑字黑框线	2	教练用的汽车及其他机动车,不含摩托车和轻便摩托车
8	临时入境汽车	300×165	白底红字黑"临时入境"字红框线(字有金色廓线)	2	临时入境参加旅游、比赛等活动的汽车
9	临时行驶车	220×140	白底(有蓝色暗纹)黑字黑框线	1	无牌证需要临时行使的机动车

以上号牌,除临时行驶车的号牌为纸质,其余均为铝质反光。号牌上的字的尺寸大小也都有明确的规定。号牌在安装方面设有固封装置,并规定该装置将由发牌机关统一负责装、换,任何单位和个人都无权拆卸,并作为车辆检验的一项内容。

5)车辆购置税

车辆购置税是由车辆购置附加费演变而来的,由国家税务局征收。资金的使用由交通部门按照国家有关规定统一安排使用。车辆购置税的征收标准,按车辆计税价的10%计征。

按照国家规定车辆购置税的征收和免征范围如下:

(1)车辆购置税的征收范围。汽车、摩托车、电车、挂车、农用运输车。具体征收范围依照本条例所附《车辆购置税征收范围表》执行。

(2)车辆购置税的免税、减税。车辆购置税的免税、减税按下列规定执行:

① 外国驻华使馆、领事馆和国际组织驻华机构及其外交人员自用的车辆免税;

② 中国人民解放军和中国人民武装警察部队列入军队武器装备订货计划的车辆免税;

③ 设有固定装置的非运输车辆免税;

④ 有国务院规定予以免税或者减税的其他情形的,按照规定免税或者减税。

6)车船使用税

凡在我国境内拥有并使用车船的单位和个人,为车船使用税的纳税义务人(不包括外商投资企业、外国企业和外国人)。车船拥有人与使用人不一致时,仍由拥有人负责缴纳税款。

汽车车船使用税的征收由各地地方税务局征收,客车按座位数分类计征,货车按净吨位计征。车船使用税的税目税额表如表5-4所示。

各地的征收标准、滞纳金不尽相同,大约每年每辆车从数十元至数百元不等。

表 5-4　车船使用税的税目税额表

税　目	计税单位	每年税额/元	备　注
载客汽车	每辆	60~660	包括电车
载货汽车	按自重每吨	16~120	包括半挂牵引车、挂车
三轮汽车、低速货车	按自重每吨	24~120	
摩托车	每辆	36~180	

7) 公路养路费

公路养路费是交通管理部门规定车辆所有者在使用车辆所占道路应交纳的费用。拥有车辆的单位和个人，必须按照国家规定，向公路管理部门按时缴纳养路费，缴纳养路费的车辆发给养路费缴讫证。现在已经取消。

8) 汽车强制保险

我国从 2006 年 7 月 1 日起施行机动车交通事故责任强制保险（简称交强险）。根据《机动车交通事故责任强制保险条例》第 2 条的规定，在中华人民共和国境内道路上行驶的机动车的所有人或者管理人，应当依照《中华人民共和国道路交通安全法》的规定投保机动车交通事故责任强制保险。现行的机动车强制保险凭证如图 5-4 所示。

图 5-4　现行的机动车强制保险凭证

9) 道路运输证

道路运输证是县级以上人民政府交通主管部门设置的道路运输管理机构对从事旅客运输（包括城市出租客运）、货物运输的单位和个人核发的随车携带的证件，营运车辆转籍过户时，应到运管机构及相关部门办理营运过户有关手续。道路运输证的式样如图 5-5 所示。

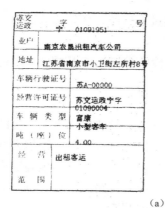 

图 5-5 道路运输证
(a) 正页；(b) 副页

10) 机动车安全技术检验合格标志

机动车必须进行安全技术检验，检验合格后，公安机关发放合格标志。根据《中华人民共和国道路交通安全法实施管理条例》的规定，机动车检验合格标志应贴在机动车前窗右上角，如图 5-6 所示。若无合格标志或标志无效，则不能交易。

机动车安全技术检验由机动车安全技术检验机构实施。机动车安全技术检验机构应当按照国家机动车安全技术检验标准对机动车进行检验，对检验结果承担法律责任。机动车应当从注册登记之日起，按照下列期限进行安全技术检验：

图 5-6 机动车检验合格标志

(1) 营运载客汽车 5 年以内每年检验 1 次；超过 5 年的，每 6 个月检验 1 次；

(2) 载货汽车和大型、中型非营运载客汽车 10 年以内每年检验 1 次；超过 10 年的，每 6 个月检验 1 次；

(3) 小型、微型非营运载客汽车 6 年以内每 2 年检验 1 次；超过 6 年的，每年检验 1 次；超过 15 年的，每 6 个月检验 1 次；

(4) 摩托车 4 年以内每 2 年检验 1 次；超过 4 年的，每年检验 1 次；

(5) 拖拉机和其他机动车每年检验 1 次。

营运机动车在规定检验期限内经安全技术检验合格的，不再重复进行安全技术检验。

5.2.2 鉴定旧汽车技术状况

旧机车鉴定评估人员通过现场查勘鉴定二手车现时技术状况，其目的是为了公正、科学地确定委托评估车辆的技术现状及价值。这项工作完成后，鉴定评估人员应客观地给出鉴定评估过程的描述和评估结论。现场查勘的目的是为了公正、科学地确定委托评估车辆的成新率。现场查勘主要进行静态检查，条件许可时，应进行路试检查，以全面了解被评估车辆的基本情况，并对被评估车辆的技术状况作出合理的判断。

1. 被评估车辆的基本情况

被评估车辆的基本情况主要包括车辆号牌号码、厂牌型号、车辆识别代号、车辆类型、发动机号、车架号、载重量/座位/排量、已使用年限、累计行驶里程、车辆出厂日期、初次登记日期以及车辆使用用途等。

2. 被评估车辆的技术状况

被评估车辆的技术状况主要有如下内容：

(1) 车身外观（颜色、光泽、有无褪色及锈蚀情况、有无被碰撞、车灯是否齐全、前后保险杠是否完整等）；

(2) 车内装饰（装饰程度、颜色、清洁程度、仪表及座位是否完整等）；

(3) 发动机工作状况（动力状况、有无更换部件、有无修复现象、有无替代部件、有无漏油现象等）；

(4) 底盘（是否变形、有无异响、变速箱状况是否正常、前后桥状况是否正常、传动系统工作状况是否正常、有无漏油现象、转向系统情况是否正常、制动系统工作状况是否正常等）；

(5) 电器系统（电源系统、发动机点火系统、空调系统、音响系统是否工作正常等）。

以上查勘情况，一般应由评估委托方或车辆所有单位技术人员签名，以确认查勘情况是客观的、真实的，不存在与实际车辆状况不相符合的情况。确定查勘情况后，评估人员必须对被评估车辆作出查勘鉴定结论。上述资料经过整理，就可以编制成《二手车鉴定评估作业表》。

5.2.3 车辆拍照

车辆拍照是评估人员对被评估车辆拍摄照片，并存入系统存档。

对旧车拍照一般要拍摄前面、侧面和后面 3 个方向的整体外形照；发动机舱、驾驶室、后备箱等局部位置的照片。

(1) 整体外形照。采用平拍，其中前面照（也称为标准照）是在与车左前侧呈 45°方向拍摄；侧面照是正侧面拍摄；后面照是在与车右后侧呈 45°方向拍摄；

(2) 局部位置照。采用俯拍。

5.3 评定估算工作

评定估算工作就是对被评估车辆所收集的数据资料、技术鉴定资料进行整理，根据评估目的选择适用的估价标准和评估方法，本着客观、公正的原则对车辆进行评定估算，确定评估结果。

1. 确定二手车的成新率

二手车成新率的确定可根据鉴定评估目的和评估对象的实际情况选择相应的方法计算。在这些计算成新率的方法中，由于综合分析法是以使用年限法为基础，以调整系数形式调整二手车成新率，调整系数综合考虑了二手车的实际技术状况、维护保养情况、原车制造质量、二手车用途及使用条件等多种因素对二手车价值的影响，评估值准确度较高，因此是目前二手车鉴定评估业务中最常用的方法之一。综合成新率法也是以技术状况现场查勘为基础，因此也是二手车鉴定评估业务中常用的方法。

2. 价格估算方法的选择

二手车价格估算的基本方法包括重置成本法、现行市价法、收益现值法、清算价格法等。估价方法的多样性为鉴定估价人员提供了选择评估的途径。在选择估价方法时，应考虑以下因素：

（1）必须严格与二手车评估的计价标准相适应；

（2）要受收集数据和信息资料的制约；

（3）要充分考虑二手车鉴定估价工作的效率，选择简单易行的方法。

鉴于上述因素的考虑，若采用现行市价法评估时，由于目前我国二手车交易市场发育不完全，很难寻找到与被评估车辆相同的车辆、相同的使用日期、使用强度、使用条件等；采用收益现值法时，由于投资者对预期收益额预测难度大，易受较强的主观判断和未来不可预见因素的影响；采用清算价格法评估车辆时，又受其适用条件的局限。故上述3种评估方法在二手车鉴定估价中很少采用。而重置成本法具有收集资料信息便捷，操作简单易行，评估理论强并结合对车辆的技术鉴定，评估结果有依有据、可信度高等优点而成为鉴定评估中应用最多的一种评估方法。

3. 市场询价

市场询价是指到当地新车市场调查与被评估二手车相同或近似车型在评估基准日的成交销售价格。市场询价的目的，是确定被评估二手车的现时市场价格，以作为评估时的重置成本。市场询价时要注意以下问题：

（1）市场上有同型号车辆出售的，查询其市场价格，并注意配置是否发生变化，有变化的应了解变化情况及价格差别；

（2）市场上没有同型号车辆出售的，查询其相似车型市场价格，并注意配置及功能差异，了解其价格差别；

（3）了解当地二手车市场行情，收集类似车辆变现能力资料；

（4）营运车辆收集车辆经营状况资料。

只有在询价的参照车辆情况与被评估车辆基本情况相一致的情况下，得到的市场价格才是可比的、可行的。

上述市场询价得到的价格只是同车型新车现行市价，还要加上车辆购置税和上牌费用，才是被评估车辆的重置成本全价，即：

$$重置成本全价 = 同车型新车辆现行市价 + 车辆购置税 + 上牌费用$$

式中，车辆购置税为同车型新车现行市价×10%；10%为车辆购置税率。

4. 计算评估值

确定委托评估车辆的成新率和重置成本全价后，就可以计算评估车辆的评估值：

$$评估值 = 重置成本全价 \times 成新率$$

5.4 撰写旧汽车评估报告

1. 二手车鉴定评估报告的概念与作用

1）鉴定评估报告书的概念

二手车鉴定评估报告是指二手车鉴定评估机构按照评估工作制度有关规定，在完成鉴定评估工作后向委托方和有关方面提交的说明二手车鉴定评估过程和结果的书面报告。

广义的鉴定评估报告还是一种工作制度。它规定评估机构在完成二手车鉴定评估工作之后必须按照一定的程序和要求，用书面形式向委托方报告鉴定评估过程和结果。狭义的鉴定评估报告即鉴定评估结果报告书，既是二手车鉴定评估机构完成对二手车作价意见，提交给委托方的公正性的报告，也是二手车鉴定评估机构履行评估合同情况的总结，还是二手车鉴定评估机构为其所完成的鉴定评估结论承担相应法律责任的证明文件。

2）二手车鉴定评估报告书的作用

二手车鉴定评估报告书对委托方来说，具有以下重要作用：

（1）作为产权交易变动的作价依据。二手车鉴定评估报告书是经具有机动车鉴定评估资格的机构根据被委托鉴定评估车辆的状况，由专业的二手车鉴定估价师，遵循评估的原则和标准，按照法定的程序，运用科学的方法对被委托评估的车辆价值进行评定和估算后，通过报告书的形式提出的作价意见，可以作为二手车买卖交易谈判底价的参考依据，或作为投资比例出资价格的证明材料。

（2）作为支付评估费用的依据。当委托方拿到评估资料及报告后没有提出异议，也就是说评估的资料及结果符合委托书的条款，委托方应以此为前提和依据向受托方（评估机构）付费。

（3）二手车鉴定评报告书是反映和体现评估工作情况，明确委托方、受托方及有关方面责任的根据。二手车鉴定评报告书采用文字的形式，对受托方进行二手车评估的目的、背景、产权、依据、程序、方法等过程和评定的结果进行说明和总结，体现了评估机构的工作成果。

（4）作为法庭辩论和裁决时确认财产价格的举证材料。二手车鉴定评估报告书对接受委托的鉴定评估机构来说，具有以下重要作用：

① 是评估机构评估成果的体现，是一种动态管理的信息资料，体现了评估机构的工作情况和工作质量；

② 二手车鉴定评估报告书是建立评估档案，归集评估档案资料的重要信息来源。

2. 撰写二手车鉴定估价报告的基本要求

二手车鉴定估价报告基本要求如下：

（1）鉴定估价报告必须依照客观、公正、实事求是的原则由二手车鉴定评估机构独立撰写，如实反映鉴定估价的工作情况；

（2）鉴定估价报告应有委托单位（或个人）的名称，二手车鉴定评估机构的名称和印章，二手车鉴定评估机构法人代表或其委托人和二手车鉴定估价师的签字，以及提供报告的日期；

（3）鉴定估价报告要写明评估基准日，并且不得随意更改。所有在估价中采用的税率、费率、利率和其他价格标准，均应采用基准日的标准；

（4）鉴定估价报告中应写明估价的目的、范围、二手车的状态和产权归属；

（5）鉴定估价报告应说明估价工作遵循的原则和依据的法律法规，简述鉴定估价过程，写明评估的方法；

（6）鉴定估价报告应有明确的鉴定估算价值的结果，鉴定结果应有二手车的成新率，应有二手车原值、重置价值、评估价值等；

（7）鉴定估价报告还应有齐全的附件。

3. 二手车鉴定评估报告书的基本内容

二手车鉴定评估报告书，主要包括以下内容：

1）封面

二手车鉴定评估报告书的封面须包含下列内容：二手车鉴定评估报告书名称、鉴定评估机构出具鉴定评估报告的编号、二手车鉴定评估机构全称和鉴定评估报告提交日期等。

2）首部

鉴定评估报告书正文的首部包括：

（1）标题。标题应简练清晰，含有"××××（评估项目名称）鉴定评估报告书"字样，位置居中偏上；

（2）报告书序号。报告书序号应符合公文的要求，包括评估机构特征字、公文种类特征字（例如：评报、评咨和评函，评估报告书正式报告应用"评报"，评估报告书预报告应用"评预报"）、年份、文件序号（例如：××评报字（2010）第10号）。

3）绪言

写明该评估报告委托方全称、受委托评估事项及评估工作整体情况，一般应采用包含下列内容的表达格式：

"××××（鉴定评估机构）接受××××的委托，根据国家有关资产评估的规定，本着客观、独立、公正、科学的原则，按照公认的资产评估方法，对××××（车辆）进行了鉴定评估。本机构鉴定评估人员按照必要的程序，对委托鉴定评估车辆进行了实地查勘与市场调查，对其在××××年××月××日所表现的市场价值作出了公允反映。现将车辆评估情况及鉴定评估结果报告如下："

4）委托方与车辆所有方简介

（1）应写明委托方、委托方联系人的名称、联系电话及住址。

（2）车主的名称。

5）鉴定评估目的

应写明本次鉴定评估是为了满足委托方的何种需要，及其所对应的经济行为类型。例如：根据委托方的要求，本项目评估目的：

□交易　☑转籍　□拍卖　□置换　□抵押　□担保　□咨询　□司法裁决

6）鉴定评估对象

简要写明评估车辆的厂牌型号、号牌号码、发动机号、车辆识别代号/车架号、注册登记日期、年审检验合格有效日期、车辆购置税证号码、车船使用税缴纳有效期。

7）鉴定评估基准日

写明车辆鉴定评估基准日的具体日期，式样为：鉴定评估基准日是××××年××月××日。

8）评估原则

严格遵循"客观性、独立性、公正性、科学性"原则。

9）评估依据

评估依据一般包括行为依据、法律法规依据、产权依据和评定及取价依据等。

（1）行为依据。行为依据主要是指二手车鉴定评估委托书、法院的委托书等经济行为文件，如"二手车鉴定评估委托书第10号"；

（2）法律法规依据。法律法规依据应包括车辆鉴定评估的有关条款、文件及涉及车辆评估的有关法律、法规等；

（3）产权依据。产权依据是指被评估车辆的机动车登记证书或其他能够证明车辆产权的文件等；

（4）评定及取价依据。评定及取价依据应为鉴定评估机构收集的国家有关部门发布的统计资料和技术标准资料，以及评估机构收集的有关询价资料和参数资料等，如：

① 技术标准资料：《最新资产评估常用数据与参数手册》；

② 技术参数资料：被评估二手车的技术参数表；

③ 技术鉴定资料：车辆检测报告单；

④ 其他资料：现场工作底稿、市场询价资料等。

10）评估方法及计算过程

简要说明评估人员在评估过程中所选择并使用的评估方法；简要说明选择评估方法的依据或原因；如评估时采用一种以上的评估方法，应适当说明原因并说明该资产评估价值确定方法；对于所选择的特殊评估方法，应适当介绍其原理与适用范围；简要介绍各种评估方法计算的主要步骤等。

11）评估过程

评估过程应反映二手车鉴定评估机构自接受评估委托起至提交评估报告的工作过程，包括接受委托、验证、现场查勘、市场调查与询证、评定估算和提交报告等过程。

12）评估结论

给出被评估车辆的评估价格、金额（小写、大写）。

13）特别事项说明

评估报告中陈述的特别事项是指在已确定评估结果的前提下，评估人员揭示在评估过程中已发现可能影响评估结论，但非评估人员执业水平和能力所能评定估算的有关事项；提示评估报告使用者应注意特别事项对评估结论的影响；揭示鉴定评估人员认为需要说明的其他问题。

14）评估报告法律效力

揭示评估报告的有效日期，特别提示评估基准日的期后事项对评估结论的影响以及评估报告的使用范围等。常见写法如下：

（1）本项评估结论有效期为 90 天，自评估基准日至×××年××月××日止。

（2）当评估目的在有效期内实现时，本评估结果可以作为作价参考依据；超过 90 天，需重新评估。另外在评估有效期内若被评估车辆的市场价格或因交通事故等原因导致车辆的价值发生变化，对车辆评估结果产生明显影响时，委托方也需重新委托评估机构重新评估。

（3）鉴定评估报告书的使用权归委托方所有，其评估结论仅供委托方为本项目评估目的使用和送交二手车鉴定评估主管机关审查使用，不适用于其他目的；因使用本报告书不当而产生的任何后果与签署本报告书的鉴定估价师无关；未经委托方许可，本鉴定评估机构承诺不将本报告书的内容向他人提供或公开。

15）鉴定评估报告提出日期

写明评估报告提交委托方的具体时间。评估报告原则上应在确定的评估基准日后 1 周内提出。

16）附件

附件应包括二手车鉴定评估委托书、二手车鉴定评估作业表、车辆行驶证、车辆购置税、车辆登记证书复印件、二手车鉴定评估师资格证书影印件、鉴定评估机构营业执照影印件、鉴定评估机构资质影印件和二手车照片等。

17）尾部

写明出具评估报告的评估机构名称，并盖章；写明评估机构法定代表人姓名并签名；注册旧机动车鉴定评估师盖章并签名；高级注册旧机动车鉴定评估师审核签章以及报告日期。

4. 编制二手车鉴定评估报告书的步骤及注意事项

1）编制二手车鉴定评估报告书的步骤

二手车鉴定评估报告是记述鉴定评估成果的文件，是鉴定评估机构向委托方和二手车鉴定评估管理部门提交的主要成果。因此要求评估人员编制的报告要思路清晰、文字简练准确、格式规范、有关的取证与调查材料和数据真实可靠。评估人员应按下列步骤进行评估报告的编制。

（1）评估资料的分类整理。被评估二手车的有关背景资料、技术鉴定情况资料及其他可供参考的数据记录等评估资料是编制二手车鉴定评估报告的基础。

（2）鉴定评估资料的分析讨论。在整理资料工作完成后，应召集参与评估工作过程的有关人员，对评估的情况和初步结论进行分析讨论。如果发现其中提法不妥、计算错误、作价不合理等方面的问题，要求进行必要的调整。若采用两种不同方法评估并得出两个不同结论的，需要在充分讨论的基础上得出一个正确的结论。

（3）鉴定评估报告书的撰写。评估报告的负责人应根据评估资料讨论后的修正意见，进行资料的汇总编排和评估报告书的撰写工作；然后将二手车鉴定评估的基本情况和评估报告书初稿得到的初步结论与委托方交换意见，听取委托方的反馈意见后，在坚持客观、公正、科学、可行的前提下，认真分析委托方提出的问题和意见，考虑是否应该修改评估报告书，对报告书中存在的疏忽、遗漏和错误之处进行修正，待修正完毕即可撰写出正式的二手车鉴定评估报告书。

（4）评估报告的审核。评估报告先由项目负责人审核，再报评估机构经理审核签发，同时要有二手车鉴定评估人员签字并加盖评估机构公章。送达客户签收，必须要求客户在收到评估书后，按送达回证上的要求认真填写并要求收件人签字确认。

2）编制二手车鉴定评估报告书时应注意的事项

编制二手车鉴定评估报告书时应注意以下事项：

（1）实事求是，切忌出具虚假报告。报告书必须建立在真实、客观的基础上，不能脱离实际情况，更不能无中生有。报告拟定人应是参与鉴定评估并全面了解被评估车辆的主要鉴定评估人员。

（2）坚持一致性做法，切忌出现表里不一。报告书文字、内容要前后一致，正文、评估说明、作业表、鉴定工作底稿、格式甚至数据要相互一致，不能出现相互矛盾的情况。

（3）提交报告书要及时、齐全和保密。在正式完成二手车鉴定评估报告工作后，应按业务约定书的约定时间及时将报告书送交委托方。送交报告书时，报告书及有关文件要送交齐全。

5. 二手车鉴定评估业务案例

评估案例：

致委托估价方函

×××：

受您委托，我公司对您的一辆德国奔驰 S500L 轿车，进行了客观、公正的评估。经估价人员认真、周密的测算，确定该车辆在 2010 年 4 月 23 日的汽车市场价格为：

品　牌	车牌号	登记日期	评估价格（元）
德国奔驰 S500L	辽×××	2003 年 03 月	450 000

评估过程、结果及有关说明详见《机动车估价报告书》。

沈阳×××机动车鉴定评估有限公司
2010 年 04 月 23 日

沈阳×××机动车鉴定评估有限公司
机动车估价报告书

沈×××评报字 ［2010］ 第 010 号

一、绪言

沈阳×××机动车鉴定评估有限公司接受×××的委托，根据国家有关资产评估的规定，本着客观、独立、公正、科学的原则，按照公认的资产评估方法，对您的一辆德国奔驰 S500L 轿车进行了鉴定评估。本机构鉴定评估人员按照必要的程序，对委托鉴定评估车辆进行了实地查勘与市场调查，并对其在 2010 年 04 月 23 日所表现的市场价值作出了公允反映。现将车辆评估情况及鉴定评估结果报告如下：

二、委托方与车辆所有方简介

1. 委托方：×××；联系人：×××；联系电话：(024) ×××
2. 根据《机动车证件》所示，委托车辆原车主：×××

三、评估目的

根据委托方的要求，本项目评估目的：

☑交易　□转籍　□拍卖　□置换　□抵押　□担保　□咨询　□司法裁决

四、评估对象

评估车辆的品牌型号（德国奔驰 S500L）；号牌号码（辽×××）；发动机号码（×××）；车辆识别代号/车架号（×××）；注册登记日期（2003 年 03 月）；车辆类型（轿车）；所有人（×××）；年审检验合格至 2010 年 09 月；车辆购置税完税证明（有）。

五、鉴定评估基准日

鉴定评估基准日：2010 年 04 月 23 日。

六、评估原则

严格遵循"客观性、独立性、公正性、科学性"原则。

七、评估依据

1. 行为依据

二手车评估委托书第 010 号。

2. 法律、法规依据

（1）《国有资产评估管理办法》（国务院令第 91 号）；
（2）《摩托车报废标准暂行规定》（国家经贸委等部门令第 33 号）；
（3）《国有资产评估管理办法施行细则》（国资办发［1992］36 号）；
（4）《关于转发〈资产评估操作规范意见（试行）〉的通知》（国资办发［1996］23 号）；
（5）《汽车报废标准》（国经贸经［1997］456 号）、《关于调整轻型载货汽车及其补充规定》（国经贸经［1998］407 号）、《关于调整汽车报废标准若干规定的通知》（国经贸资源［2000］1202 号）、《农用运输车报废标准》（国经贸资源［2001］234 号）等；
（6）其他相关的法律、法规等。

3. 产权依据

委托鉴定评估车辆的机动车登记证书编号：

品　牌	车　牌　号	登　记　编　号
德国奔驰 S500L	辽×××	×××

4. 评定及取价依据

（1）《资产评估常用数据与参数手册》；
（2）2010 年第 2 季度新车和二手车市场行情。

八、评估方法

☑重置成本法　□现行市价法　□收益现值法　□其他

计算过程：

采用重置成本法计算评估值，采用现行市价法确定重置成本，采用综合分析法确定成新率。重置成本确定为 45 万元。

评估值 = 1 873 300 × 32.4% × 74% = 449 142.408（元）（取整 450 000 元）

九、评估过程
按照接受委托、验证、现场查勘、评定估算和提交报告的程序进行。

十、评估结论
车辆评估价格：450 000 元，金额大写：肆拾伍万元整。

十一、特别事项说明
存估价基准日委托评估对象未设定抵押权、租赁权、担保权，无欠购置税、车船使用税情况，无交通违章、执法机关查封，车辆在检验有效期内检验合格。

本报告之估价结果不含可能发生的交易税费、手续费。

十二、评估报告法律效力
1. 本项评估结论有效期为 90 天，自评估基准日至 2010 年 7 月 23 日止。

2. 当评估目的在有效期内实现时，本评估结果可以作为作价参考依据；超过 90 天，需重新评估。另外在评估有效期内若被评估车辆的市场价格或因交通事故等原因导致车辆的价值发生变化，对车辆评估结果产生明显影响时，委托方也需重新委托评估机构重新评估。

3. 鉴定评估报告书的使用权归委托方所有，其评估结论仅供委托方为本项目评估目的使用和送交旧机动车鉴定评估主管机关审查使用，不适用于其他目的；因使用本报告书不当而产生的任何后果与签署本报告书的鉴定估价师无关；未经委托方许可，本鉴定评估机构承诺不将本报告书的内容向他人提供或公开。

附件：一、二手车鉴定评估作业表
　　　二、机动车辆保险权益转让书（略）
　　　三、二手车照片（要求外观清晰，车辆牌照能够辨认）
　　　四、机动车鉴定估价师执业证书复印件（略）
　　　五、鉴定评估机构营业执照复印件（略）

注册旧机动车鉴定估价师（签字、盖章）

×××：国家注册旧机动车鉴定估价师
×××：国家注册旧机动车鉴定估价师
复核人（签字、盖章）
×××：国家注册旧机动车高级鉴定估价师

沈阳×××机动车鉴定评估有限公司
2010 年 04 月 23 日

备注：本报告书和作业表一式四份，委托方两份，受托方两份。

附件一：二手车鉴定评估作业表

沈阳×××机动车鉴定评估有限公司
二手车鉴定评估作业表

评估基准日：2010 年 4 月 23 日

车主	×××		联系电话	×××××
住址	×××××××××			
鉴定评估目的： ☑交易 □转籍 □拍卖 □置换 □抵押 □担保 □咨询 □司法判决					

原始情况	品牌型号	德国奔驰 S500L		号牌号码	辽×××
	车辆识别代号/车架号		×××		
	发动机号	×××		车身颜色	黑
	总质量/核定载质量/准牵引总质量	2 199 kg		核定载客/排量功率/燃料种类	5人/××/汽油
	注册登记日期	2003 年 3 月	已使用年限	96 个月	规定使用年限	180 个月
	累计行驶里程	21 万 km	车辆类型	小型客车	现实状态	在用/闲置 个月

检查核对交易证件	证件	☑原始发票 ☑机动车登记证书 ☑机动车行驶证 ☑法人代表证或身份证 □其他
	税费	☑购置附加税 □养路费 ☑车船使用税 □其他

车况说明	启动发动机，感觉声音沉稳，没有杂音，悬挂正常，坐在车上整台车如同一座小山般，安全且平稳。刹车系统灵敏度较高，四个轮胎磨损程度显得一般。该车的车漆光亮如新，可以看出车主保养比较到位。进入车内观察内饰，座椅及方向盘都保养得较佳，天花板、地毯都维持着崭新感。门把手没有任何损坏的痕迹。由于原车底盘较高，观察后发现车况保持得很好，没有任何刮花的现象。

调整系数（取值）0.78	技术状况：☑好 0.8 □一般 0.7 □差 0.6	×权重 30%
	维修保养：□好 0.8 ☑一般 0.7 □差 0.6	×权重 25%
	制造质量：☑进口 0.8 □国产名牌 0.7 □国产非名牌 0.6	×权重 20%
	工作性质：☑私用 0.8 □公务用车 0.7 □营运 0.6 □盗抢 0.5	×权重 15%
	工作条件：☑好 0.8 □一般 0.7 □差 0.6	×权重 10%

价值反映	账面原值（元）		车主报价（元）		
	重置成本（元）	1 873 300	成新率	32.4%	评估价格（元） 450 000

鉴定评估说明：
　　采用重置成本法计算评估值，采用现行市价法确定重置成本，采用综合分析法确定成新率。重置成本确定为 45 万元。
　　　　　　评估值 = 1 873 300 × 32.4% × 74% = 449 142.408 元（取整 450 000 元）

注册机动车鉴定估价师（签单）　　　　　　　　　　　　　　　复核人（签单）
2010 年 04 月 23 日　　　　　　　　　　　　　　　　　　　　2010 年 04 月 23 日

附件三：二手车照片

习 题

一、填空题

1. 旧汽车属于特殊商品，它的价值包括车辆实体本身的_____和各项手续构成的价值，只有齐全，才能发挥汽车的实际效用，才能办理正常的_____、转籍。

2. 在国内购买的机动车，其来历凭证是全国统一的机动车_____或者旧机动车_____，在国外购买的机动车，其来历凭证是该车销售单位开具的销售发票及其翻译文本。

3. 《机动车行驶证》是由_____依法对汽车进行注册登记核发的证件，它是机动车取得合法行驶权的凭证。

4. 汽车号牌是由公安车辆管理机关依法对汽车进行注册登记核发的号牌，其号码与_____一致。号牌不得转借、_____、伪造。

5. 汽车车船使用税的征收由各地地方税务局征收，客车按_____分类计征，货车按_____计征。

6. 汽车号牌的识伪方法：一是看号牌的_____；二是看油漆是否含_____材料。

7. 旧汽车的手续是指汽车上路行驶，按照国家法规和地方法规应该办理的各项_____和应该交纳的各项_____凭证。

8. 现在使用的汽车号牌有3种：第一种为"_____"式；第二种为"2002"式，即所谓的个性化车牌；第三种为"_____"式。

9. 除临时行驶车的号牌为_____，其余均为_____反光。号牌上的字的尺寸大小也都有明确的规定。

10. 车辆购置税的征收标准，是按车辆计税价的_____计征。

11. 进行二手车鉴定评估前需要做鉴定评估的前期准备工作，主要包括_____、实地考察、签订二手车鉴定评估委托书、_____等。

12. 鉴定评估方案的主要内容包括_____、_____、评估人员、现场工作计划、评估程序、评估时间安排、拟采用的评估方法及其具体步骤等。

13. 对旧车拍照一般要拍摄_____、侧面和_____3 个方向的整体外形照；发动机舱、驾驶室、后备箱等局部位置的照片。

14. 整体外形照，采用_____，其中前面照（也称为标准照）是在与车_____呈 45°方向拍摄；侧面照是正侧面拍摄；后面照是在与车右后侧呈 45°方向拍摄。

二、简答题

1. 汽车来历凭证有哪些？
2. 机动车行驶证识伪办法有哪些？
3. 汽车号牌的分类。
4. 车辆购置税的征收和免征范围。
5. 旧汽车评估的前期准备工作有哪些？
6. 被评估车辆的技术状况主要检查内容是什么？
7. 二手车鉴定评估报告的概念与作用。
8. 车辆拍照内容与方法。

三、论述题

1. 旧汽车的手续包括内容。
2. 编制二手车鉴定评估报告书的步骤。
3. 二手车鉴定评估报告书的主要内容。

第 6 章　旧机动车交易市场和运作

6.1　我国的旧机动车交易市场

1. 旧机动车市场现状

一个行业的繁荣与否，主要看渠道。而在汽车行业，除了新车销售渠道这一个指标之外，旧机动车交易的数量更是这个行业潜在能量的集中体现。与新车销售的关注度和增长速度相比，旧机动车市场则显得黯然失色。2002 年以来，汽车特别是轿车市场呈现井喷现象，很多人的目光都聚焦在新车上。就我国目前的汽车市场总体状况而言，旧机动车交易还处在一个相当尴尬的境地：2002 年的行业统计数据表明，该年度全国旧机动车交易总量超过 100 万辆，交易金额约为 358 亿元，交易总量同比增长 32%，占当年新车销量的 30.7%；2003 年上半年全国新车销量同比增长 32.2%，其中轿车销量同比增长 100%，而旧机动车上半年交易量同比增长 10.6%，其中轿车交易量同比增长 26.12%。而依据国外汽车产业发展趋势，旧机动车的销量至少是新车的 2 倍，目前国内这一比例仅为 1/3。这一差距表明，我国旧机动车市场还存在巨大的潜力，潜力的背后则意味着巨大的商机。

在旧机动车交易领域，由于没有一个可值得借鉴和参照的模式，因此，旧机动车交易发展的时间虽短，但其存在的矛盾和问题却大量涌现。这些问题的大量出现，严重地制约了旧机动车交易的发展，并带来了大量的社会问题。

2. 旧机动车市场竞争格局的变化

2002 年底，通用汽车成为首家在中国开展旧机动车销售业务的外国汽车公司。通用汽车通过其国内特约经销商开展这项"诚新旧机动车"业务。具体流程是：旧机动车置换客户→进行 33 项车辆检测→填写车辆鉴定报告书→估价专家商谈价格→置换别克新车；别克品牌旧机动车－维修站检测（按 106 项标准）→按 SGM 标准修复→再次进行 106 项检测→经 SGM 认证→SCM 质保体系→诚新旧机动车。每一辆获得上海通用汽车质量认证的诚新旧机动车均享有 6 个月（或 1 万公里）的有限质量保证。诚新旧机动车车主享有与别克新车车主同样多方位的售后服务，包括：电话主动提醒/问候、一对一顾问、快速保养通道等一系列"别克关怀"标准化服务。

上海通用经销商基本通过在旧机动车交易市场设立经纪公司解决旧机动车经营权问题，目前网点已在上海、北京、广州、深圳等地进行业务试运行，2003 年已发展至 50 家左右。广州本田、一汽大众、上海大众、北京现代、长安铃木等企业也正在进行此项业务的筹备与拓展，另外从 2001 年 11 月开始，中汽南方系列公司（包括旗下的天汽南方、南方丰田）成为深圳旧机动车的急先锋，上海永达集团也于 2004 年成立了全资子公司上海永达风驰汽车有限公司，专门从事旧机动车的销售。国内汽车租赁业的旗舰——北京"今日新概念"也正式推出了今日新概念车辆置换服务。种种迹象表明，多元化经营主体的引入，将在一定程度上改变旧机动车交易市场长期垄断、竞争停滞的局面。

3. 前景分析

随着旧机动车市场竞争格局的变化和相关政策进一步放宽,旧机动车市场当中将出现为数不多的实力超群的经营者;经营方式也将呈现市场细分的局面,发展势头良好。

1) 政策扶持

2004年6月1日,国家发改委发布新《汽车产业发展政策》,其中明确规定"国家鼓励二手车流通,方便汽车经销企业进行二手车交易",各家新车的经销商将被允许经营二手车,这将对目前的二手车交易起到很好的促进作用。同时新政策要求:"所销售的车辆必须具有机动车等级证书和机动车行驶证,同时具备公交管理部门和环境保护管理部门的有效年检证明。购车者购买的二手车如不能办理机动车转出登记和转入登记时,销售商应无条件接受退车,并承担相应的责任。"这些措施都将大大降低购车者的风险。

《二手车流通管理办法》的出台,给二手车市场带来4点变化:一是个人允许直接进行二手车交易;二是要求二手车也有售后服务;三是汽车企业和外商被同意经营二手车;四是要求建立专门的二手车鉴定评估机构。这对长期低迷的二手车市场来说是极为有利的。经营主体的多元化和交易方式的多元化,将极大地刺激二手车市场。而二手车交易一旦活跃起来,不仅带动相关鉴定、评估行业的发展,更将刺激新车的销售,带动整个汽车产业的发展。

2005年8月发布的《汽车贸易政策》在汽车销售、二手车流通、汽车配件流通、汽车报废与回收以及汽车贸易等方面作了诸多规定。例如汽车供应商和经销商应当通过签订书面合同明确双方的权利和义务,还将实施汽车品牌销售和服务;鼓励二手车流通;汽车配件流通;全面放开等内容。作为我国加入WTO必备通行证,该政策的出台意味着我国汽车产业从配件、产销到旧车交易向外资全面开放而外商独资有望进入二手车市和汽配领域,在一定程度上会引起车市全方位的变化。

国家加大了对二手车市场发展的政策扶植力度,相继出台了《汽车产业发展政策》《机动车登记规定》《汽车贷款管理办法》,从政策上支持鼓励二手车流通,培育和发展二手车市场。这给处于成长期的二手车市场注入了兴奋剂。

2) 品牌亮点

从2004年下半年开始,二手车置换业务已逐渐形成规模,成为促进新车销量新的销售模式。据上海通用介绍,目前其部分经销商月置换量已达到其新车月销量的15%以上。

继上海通用和一汽大众开展二手车业务以来、广州本田和东风日产以旧换新的二手车置换业务也已经起步。在前不久完全按照奥迪全球统一二手车经营标准建造的国内首家"奥迪AAA二手车认证"展厅在广东顺德投入运营。显然,奥迪已成为第一个把其全球二手车业务标准引入中国的高档豪华轿车品牌。品牌二手车经营必将成为国内汽车拓展市场的一个重要领域。

3) 市场机遇

根据预测,若从2005年至2010年,中国的汽车需求按10%~15%增长,至2010年中国汽车需求总量将扩大到880万~1 200万辆,保有量扩大到5 000万~5 500万辆。按照通用二手车业务现在在一级城市置换的比例10%~15%、二级城市5%~10%计算,若2010年的置换比例在20%的话,也就意味着有150万~200万辆的市场需求。这种丰富的资源为二手车交易提供了广阔的增长空间。

据悉,德国和美国二手车年销量是其新车销量的2倍和2.5倍,英国则达到3.5倍。西方发达国家的汽车报废周期平均为8~12年,汽车更新周期平均不到4年。在美国,马路上跑的车，60%以上是二手车。美国人一生大约要换10辆车，平均拥有一辆车的时间不超过3年。显然，中国二手车市场大有可为；私家车目前还只是刚刚大规模地进入中国家庭，大多数车主还没有到换车的时候，一般而言，当新车使用5~6年后，车主才会考虑换车。据有关专家预测，2005年年底到2006年年初，我国会进入二手车市场的高速增长阶段。

从保有量来说，日本已经达到7 000万辆，二手车市场相当成熟，全中国汽车保有量虽然在2 400万辆左右，但二手车市场还刚刚起步，国内还只有整车交易，而国外已经推广到事故车、二手零部件的交易，看来二手车市场，无论从整车还是零部件，市场潜力都非常大。

6.2 旧机动车销售实务

6.2.1 二手车收购评估

二手车收购是对社会上二手车进行统一的收购，以免二手车的浪费。要开展二手车收购，首先就要建立起一个二手车的质量认证和价格评估体系。通过该体系对每一辆欲收购的二手车进行统一的质量认证和价格评估，从而以统一的价格标准收购符合质量要求的二手车。

1. 二手车收购评估思路

二手车收购评估有其特定的目的，其评估的方法是在二手车鉴定评估的基础上充分考虑市场的供求关系，对评估的价格作快速变现的特殊处理。

1）以重置成本、现行市价折扣的思想方法估算收购价格

这种方法是先以重置成本法、现行市价法对二手车进行鉴定估算出现时的客观价格，再根据快速变现原则，估定一个折扣率并以此估算收购价格。例如运用重置成本法估算某机动车辆价值为4万元；根据市场销售情况调查，估定折扣率为20%时可当即出售，则该车辆收购价格为3.2万元[4万元×（1-20%）]。

2）以快速折旧的思想方法估算收购价格

机动车辆的折旧是根据车辆的价值采用使用年限法计算折旧额，在所有折旧方法中，使用年限法是应用最广泛的方法。但是使用年限法不能反映当代科学技术进步的客观要求，不能准确反映机动车辆价值损耗的客观实际，因此，推荐引用快速折旧的思想方法来估算收购价格。

3）以清算价格的思想方法估算收购价格

清算价格的特点是企业（或个人）由于破产或其他原因（如急于转向投资、急还贷款等），要求在一定的期限内将车辆快速转卖变现或顾客要求快速转卖变现，因此其收购价格大大低于二手车市场成交的同类型车辆的公平市价，一般来说也低于车辆现实状态的价格。

2. 二手车收购评估与鉴定评估的区别

二手车收购是二手车交易市场的经营业务之一，二手车收购评估与二手车鉴定评估的实质都是对二手车作现时价格评估，但两者相比较有明显的区别：

1）评估的主体不同

二手车收购评估的主体是买卖当事人，它是以购买者的身份与卖方进行的价格估算与洽谈，根据供求价格规律可以讨价还价、自由定价；而二手车的鉴定评估是公正性、服务性的

买卖中间人,它是遵循独立的原则,通过对评估车辆的技术鉴定进行全面判断来反映其客观价格,不可以随意变动。

2) 评估的目的不同

二手车收购评估是购买者当事人估算车辆价格,以把握事实真相,心中有数地与卖主讨价还价,它是以经营为目的;二手车鉴定评估是受委托人委托,为被评估对象将要发生的经济行为提供价值依据,它是以服务为目的。

3) 评估的思想和方法不同

二手车鉴定评估,它要求严格遵守国家颁布的有关评估法规,按特定的目的选择与之相匹配的评估标准和方法,具有约束性;二手车收购评估接受国家有关评估法规的指导,根据评估目的,参照评估的标准和方法进行,具有灵活性。

4) 评估的价值概念不同

虽然鉴定评估与收购评估其价值概念都具有交易价值和市场价值,而收购价格受快速变现原则的影响,其价格低于"市场价格"。

6.2.2 二手车收购定价

1. 重置成本法确定收购价格

运用重置成本法确定二手车收购价格的基本思路是:首先对二手车进行鉴定评估,然后根据快速变现的原则,估定一个折扣率,将被收购车辆的估算价格乘以折扣率,即得二手车的收购价格。其工作流程如下:

1) 确定重置成本

重置成本是以被评估车辆在评估基准日时的全新车辆价格(包括上牌的各种税费),一般是通过市场寻价而取得;通过从新车生产厂家、经销商、各种媒体上取得,它是评估的第一步,价格资料、技术资料的准确与否直接关系到评估结论是否正确。

2) 确定成新率

一般采用等速折旧法估算二手车的成新率。

3) 确定综合调整系数

根据对二手车技术状况鉴定,确定其各个调整系数,再考虑其对应的权重,确定综合调整系数。

4) 确定评估价格

评估价格为重置成本、成新率和综合调整系数3项之积,即:

$$评估价格 = 重置成本 \times 成新率 \times 综合调整系数$$

5) 确定折扣率

根据快速变现的原则,估定二手车的折扣率。折扣率是指车辆能够当即出售的清算价格与现行市场价格之比值。它的确定是经营者对市场销售情况的充分调查和了解凭经验而估算的。

6) 确定收购价格

二手车收购价格的公式表示为:

$$收购价格 = 重置成本确定的评估价格 \times 折扣率$$

2. 现行市价法确定收购价格

若能找到与被收购二手车相同或类同的参照车辆，可采用现行市价法确定二手车的收购价格，其工作流程如下：

1）收集资料

收集评估对象的资料，包括车辆的类别名称、车辆型号和性能、生产厂家及出厂年月、车辆目前使用情况、实际技术状况以及尚可使用的年限等。

2）选定二手车交易市场上可进行类比的对象

所选定的类比车辆必须具有可比性，可比性因素包括：

（1）车辆型号；

（2）车辆制造厂家；

（3）车辆来源，是私用、公务、商务车辆，还是营运出租车辆；

（4）车辆使用年限，行驶里程数；

（5）车辆实际技术状况；

（6）市场状况；

（7）交易动机和目的；

（8）车辆所处地理位置；

（9）成交数量；

（10）成交时间。

按以上可比性因素选择参照对象，一般选择与被评估对象相同或相似的3个以上交易案例。某些情况找不到多台可类比的对象时，应按上述可比性因素，仔细分析选定的类比对象是否具有一定的代表性，其成交价是否合理。只有满足这些条件，才能作为参照物。

3）分析类比

综合上述可比性因素，对待评估的车辆与选定的参照车辆进行认真的分析类比。

4）计算评估价格

分析调整差异，做出结论。

5）确定折扣率

根据快速变现的原则，估计二手车的折扣率。

6）运用现行市价法，估算二手车收购价格

二手车收购价格的公式表示为：

$$收购价格 = 现行市价法确定的评估价格 \times 折扣率$$

3. 快速折旧法确定收购价格

运用快速折旧法确定二手车收购价格的基本思路是：首先计算出二手车已使用年数的累计折旧额，然后，将重置成本全价减去累计折旧额，再减去车辆需要维修换件的总费用，即得二手车收购价格。其工作流程如下：

1）确定重置成本全价

重置成本全价 = 采用国内现行市场价格作为被收购车辆的重置成本全价

2）确定累计折旧额

先采用年份数求和法，或双倍余额递减法计算二手车的年折旧额。

累计折旧额的计算方法是：计算出年折旧额后，将已使用年限内各年的折旧额汇总累加，即得累计折旧额。

3）确定维修费用

维修费用是指车辆现时状态下，某功能完全丧失，需要维修和换件的费用总支出。

4）确定收购价格

运用快速折旧法估算二手车收购价格的公式表示为：

$$收购价格 = 重置成本全价 - 累计折旧额 - 维修费用$$

4. 注意事项

在二手车的收购评估中，应注意如下几个问题：

（1）二手车收购要充分考虑车辆的完全价值，即车辆实体的产品价值和车辆牌证、税费等各项手续的价值。如果收购车辆的证件和税费凭证不全，不但会造成经济损失，而且可能造成转籍过户中意想不到的麻烦和带来许多难以解决的后续问题。

（2）二手车收购要密切注视市场的微观环境，也要关注宏观环境，即注意国家宏观政策、国家和地方法规的因素变化和影响导致的车辆经济性贬值。如某车辆燃油消耗量较高，在实行公路养路费的时期中收购车辆不会引起足够的注意。但刚刚收购后不久，国家实施以公路养路费改征燃油附加税，则这辆车因为油耗量高、附加费用高而难以销售出手，很明显，收购这辆车不能给公司带来经济效益。

（3）要考虑二手车收购后应支出的费用。二手车收购除了支付车辆产品的货币以外，从收购到售出时限内，还要支出的费用有：保险费、日常保养费、停车费、收购支出的货币利息和其他管理费等。

（4）二手车收购要防止收购偷盗车、伪劣拼装车，要预防收购那些伪造手续凭证和车辆档案的车辆。一旦有所失误，不仅给公司造成直接经济损失，更重要的是造成社会的不良影响从而损害公司的公众形象。

（5）二手车收购价格的确定是指被收购车辆手续齐全的前提下对车辆实体价格的确定。如果所缺失的手续能以货币支出补办，则收购价格应扣除补办手续的货币支出、时间和精力的成本支出。

5. 二手车收购评估事例分析

1）采用年份数求和法计算其累计折旧

例：陈先生欲转让一辆桑塔纳99新秀轿车，经与二手车交易中心洽谈，由交易中心收购该车辆。该车的初次登记日期为2001年6月，转让日期为2004年12月，已使用了3年6个月。该型号的现行市场购置价为7.5万元，规定使用年限为15年，残值忽略不计。试用快速折旧法计算收购价格。

根据年份数求和法计算公式，其计算结果如表6-1所示。

表6-1 用年份数求和法计算折旧

年 数	重置价格/元	递减系数	年折旧额/元	累计折旧额/元
2001.7—2002.1	80 000	15/120	10 000	10 000
2002.2—2003.1		14/120	9 333	19 333
2003.2—2004.1		13/120	8 667	28 000
2004.2—2005.1		12/120	8 000	36 000

由于车辆已使用3年6个月，则累计折旧额为：

$$\frac{28\,000 + 36\,000}{2} = 32\,000\,（元）$$

2）采用余额递减折旧法计算其累计折旧

根据余额递减折旧法计算公式，其计算结果如表6-2所示。这里，折旧率α按直线折旧率$\frac{1}{A}$的2倍取值，即有$\alpha \frac{2}{N} = \frac{2}{15} = 13.3\%$。

表6-2 用双倍余额递减折旧法计算累计折旧

年　　数	重置价格/元	折旧率/%	年折旧额/元	累计折旧额/元
2001.2—2002.1	80 000	13.3	10 640	10 640
2002.2—2003.1	69 360	13.3	7 998	18 638
2003.2—2004.1	61 362	13.3	6 135	24 773
2004.2—2005.1	55 227	13.3	4 787	29 560

由于车辆使用3年6个月，则累计折旧额为：

$$\frac{24\,773 + 29\,560}{2} = 27\,167\,（元）$$

3）其他费用

根据技术状况鉴定，左前轮行驶偏摆，右前轮的轴承失效换件，需维修费600元，变速器漏油失效换件，需维修费1 000元。

上述费用合计为：600 + 1 000 = 1 600（元）。

4）收购评估

用年份数求和法计算收购评估为75 000 - 32 000 - 1 600 = 41 400（元）。

用双倍余额递减计算收购评估为75 000 - 27 167 - 1 600 = 46 233（元）。

6.2.3 二手车销售定价

1. 二手车销售定价方法

定价方法是企业为实现其定价目的所采用的具体方法，根据企业的定价目标，价格的计算方法有成本导向定价、需求导向定价和竞争导向定价三大类，每一大类中又有许多种具体方法。

1）成本导向定价法

成本导向定价法是按照单位成本加上一定百分比的加成来制定产品的销售价格，其公式为：

二手车销售价格 = 单位完全成本 ×（1 + 成本加成率）

采用成本加成法的关键在于确定成本加成率，若二手车的需求弹性较大，应该把价格定得低一些，由此薄利多销。用进货成本来衡量，其加成率为：

$$加成率 = \frac{毛利（加成）}{进货成本}$$

单位完全成本是指一辆二手车的总成本费用，它包括这辆车应摊销的固定成本和变动成本之和。

2）需求导向定价法

需求导向定价法又称"顾客导向定价法""市场导向定价法"。它不是根据产品成本状况来定价，而是根据市场需求状况和消费者对产品的感觉差异来确定价格。其特点是产品的销售价格随需求的变动而变化。

3）竞争导向定价法

这种定价方法是企业根据自身的竞争力，参考成本和供求情况，将价格定得高于、等于或低于竞争者价格，以实现企业定价目标和总体经营战略目标，谋求企业的生存和发展的一种方法。

上述定价方法中，成本加成定价法使用较为广泛。

4）其他方法

除了上述3种基本销售定价方法之外，还有一些经验法来进行二手车销售定价，如百分比递减法、54321法、残值法等。

（1）百分比递减法。按照该车出厂的时间以年均10%的折旧率来计算。但如果新车使用不到一年就卖出，价格大概会损失20%，一年之后可以按照10%来折旧计算。例如一辆车出厂价格为15万元，正常使用5年后的价值是：$15 \times (90\%)^5 = 8.85$（万）。计算结果一般偏高。

（2）54321法。按照一辆车的有效寿命为30万千米估算，并将其分为5段，每段6万千米，每段价值依序为新车价的15分之5、4、3、2、1。假设新车价值为15万元，已行驶12万千米，那么该车的价值为：$15 \times (3+2+1)/15 = 6$（万元）。这种估价的方法也有它的缺点，如行驶千米数被改的车不能用这种方法估价。

（3）残值法。影响二手车残值有很多因素，一方面是二手车本身的贬值，另外是由于降价造成的价格下降。残值的比率一般为15%，在确定二手车的折旧价之前，先要用该车的原值减去残值部分，得到车辆的折旧总额。例如，小型车的使用年限为15年，那么折旧基数为$15+14+13+12+11+\cdots+1$，总值为120。再假设原价为15万元，那么折旧总额就等于

$$15 - 15 \times 15\% = 12.75（万元）$$

按使用3年计算，其折旧后的现值即为：

$$15 - 15 \times 15\% - 12.75 \times \frac{15}{120} - 12.75 \times \frac{14}{120} - 12.75 \times \frac{13}{120}$$
$$= 15 - 2.25 - 1.594 - 1.487 - 1.384$$
$$= 8.285（万元）$$

二手进口车的销售定价方法与国产车有所不同，要考虑到关税、消费税等方面。因此价格要比其他国产车的销售价格高一些。二手车的实际销售价格受很多方面影响，例如车型的新旧程度、保养状况、使用强度以及零配件的价格等。

2. 二手车销售定价的策略分析

在二手车的市场营销中，定价是否恰当，不仅直接关系到二手车的销量和企业的利润，而且还关系到企业其他营销策略的制定。营销中定价策略的意义在于有利于挖掘新的市场机会，实现企业的整体目标。

1) 阶段定价策略

阶段定价策略就是根据产品寿命周期各阶段不同的市场特征而采用不同的定价目标和对策。投入期以打开市场为主,成长期以获取目标利润为主,成熟期以保持市场份额、利润总量最大为主,衰退期以回笼资金为主。另外还要兼顾不同时期的市场行情,相应修改销售价格。

2) 折扣定价策略

二手车流通企业在市场营销活动中,一般按照确定的目录价格或标价出售商品。但为了促进销售,经常根据交易数量、付款方式等条件的不同,在价格上给销售者和顾客一定的减让,这种生产者给销售者或消费者的一定程度的价格减让就是折扣。灵活运用价格折扣策略,可以鼓励需求,刺激购买,有利于企业搞活经营,提高经济效益。

3) 心理定价策略

不同的消费者有不同的消费心理,有的注重经济实惠、物美价廉,有的注重名牌产品,有的注重产品的文化情感含量,有的追赶消费潮流。心理定价策略就是在补偿成本的基础上,按不同的需求心理确定价格水平和变价幅度。

3. 二手车销售最终价格的确定

二手车流通企业通过以上程序制定的价格只是基本价格,只确定了价格的范围和变化的途径。为了实现定价目标,二手车流通企业还需要经过分析、判断、比较、计算、调整,最终得到实际执行价格。

6.3 汽车置换

1. 汽车置换的目的

汽车置换是指过去只卖新车的品牌专卖店参与二手车的经营,取代存在争议的中介机构。品牌专卖店用"以旧换新"的方式促进新车的销售,这就是汽车置换。汽车置换在国外很普遍,经营模式已相当成熟。以美国为例,很多汽车品牌专卖店都有经营二手车的业务,例如通用汽车的销售网点就有 3 000 个,丰田有 1 000 多个,汽车置换交易十分活跃。

我国汽车置换业务产生的背景是从 1995 年开始,中国汽车市场基本完成了从卖方市场到买方市场的根本转变,出现汽车的生产能力大于销售能力,而销售能力又大于现实市场需求的情况。汽车生产厂家普遍认为,当前汽车进入家庭的关键问题是相对较高的新车价格与相对低下的消费能力之间的矛盾,于是汽车置换业务便应运而生了。1999 年下半年,国内第一家专业汽车置换公司在上海成立,标志着我国汽车置换业务正式开始了。

目前各大汽车品牌均开展了汽车置换业务,如上海通用"诚新二手车"、上海大众"特选二手车"、一汽大众"认证二手车"、奥迪"3A 二手车"、东风日产、广州本田等。

汽车置换的目的是:即通过"以旧换新"开展二手车贸易,简化更新程序,并使二手车市场和新车市场互相带动、共同发展。客户即可通过支付新旧车之间的差价来一次性完成车辆的更新,也可选择通过其原有二手车的再销售来抵扣购买新车的分期付款。

2. 汽车置换的方式

汽车置换主要有以下 3 种方式:

(1) 用品牌旧车置换同一品牌新车(即以旧换新)。如品牌为"一汽大众",车主可将旧捷达车折价卖给一汽大众的零售店，再买一辆新宝来。

（2）用本品牌旧车置换新车。如品牌为"大众"（大众在中国有两家合资生产厂，分别为一汽大众和上海大众），假设有一辆旧捷达的车主计划购买帕萨特，那么他可以在任何一家"大众"的零售店里换到帕萨特。

（3）只要购买本厂或本厂家的新车，置换的旧车不限品牌。据称国外基本上采用的就是这种二手车置换方式。例如，目前上海通用已开始这种汽车置换业务。自 2002 年 9 月 23 日起，在北京、上海、广州、深圳的 4 家专卖店，消费者可以用各种品牌的二手车置换别克品牌的新车，并且厂家还给自己经营的二手车赋予了一个品牌名称"别克诚新二手车"。

第（1）、（2）种置换方法的优点在于降低老客户换车的门槛，吸引老客户关注品牌新车型信息，容易培养客户的品牌忠诚度；然而适用范围有限，只限于同一品牌不同档次产品的更新换代，适合于产品线长、品种丰富的厂家。

如果考虑买车人的选择余地和便利程度，当然是第（3）种（不限旧车品牌）方式为最佳。不过，这种方式对厂商和经销商而言非常具有挑战性。这是因为，我国的车主一般不是自始至终指定维修点保养维修，也不保留车辆的维修档案，因此车况不透明；再者，不同品牌、不同型号的车在技术和零部件上不同；而且，对于个别已经停产车型更换零部件越来越麻烦，所以一个厂家要为所有品牌的二手车做评估和认证很难，做售后服务更难。

3. 汽车置换的流程

汽车置换流程如图 6-1 所示。

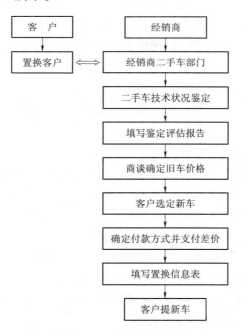

图 6-1　二手车置换流程

汽车置换应注意如下事项：

（1）所置换车辆的手续及相关文件必须齐全。外地转籍车辆，必须先咨询相关部门，得到同意后，方可收购置换；

（2）要对所置换的车辆进行仔细的技术状况鉴定，并进行路试，以确定车辆初步评估价格；

（3）对所置换的车辆应上网查询是否有交通违章记录和是否已处置完毕；

（4）认真填写置换信息表或置换合同（包括经办人签字及日期，违约金数额，车主联系电话及地址等）。

6.4 机动车质押典当

1. 机动车质押典当概述

机动车作为一种价值比较高的商品，因其具有方便、快捷的特性，迅速成为典当行的常规大额当品。

机动车质押是指质物为机动车的质押融资行为。典当行机动车质押业务是指按《典当管理办法》中规定的以机动车作为担保物的动产质押业务。

动产质押，是指债务人或者第三人将其动产移交债权人占有，将该动产作为债权的担保。债务人不履行债务时，债权人有权依据《中华人民共和国担保法》的规定，以该动产折价或者以拍卖、变卖该动产的价款优先受偿。在动产质押业务中，债务人或者第三人为出质人，债权人为质权人，移交的动产为质物。

质押和抵押的区别是：首先，抵押是指债务人或者第三人不转移财产的占有，将该财产作为债权担保。债务人不履行债务时，债权人有权依照《中华人民共和国担保法》的规定，以该财产折价或者以拍卖、变卖该财产的价套优先受偿。在抵押业务中，债务人或者第三人为抵押人，债权人为抵押权人，提供担保的财产为抵押物。由此可见，质押与抵押不同的地方主要是用做担保的财产在质押中需转移占有，而在抵押中不需转移占有。

其次，用做质押的财产范围是动产，而用做抵押的财产不仅是动产，还有不动产和其他财产。

目前，社会对机动车质押登记出现的认识误区是：

（1）由于以前典当行执行的是原国家经贸委的《典当行管理办法》，其中没有明确规定典当行机动车质押时要办理质押登记，而按《中华人民共和国担保法》有关质物由质权人占有时，质押合同就生效的规定，机动车质押合同不经登记也是生效的。

（2）自2005年4月1日商务部、公安部《典当管理办法》施行，由于其中明确规定："典当行经营机动车质押典当业务，应当到公安车辆管理部门办理质押登记手续。"作为专门管理典当行业国家相关部门颁布的部门规章，其中的有关规定，也就当然地成为了典当行机动车质押合同生效的要件之一，质押登记就成为必要的法律手续。

（3）若机动车管理部门确实不能办理质押登记，那么变通办理抵押登记也行。这种变通，虽然解决了登记问题。但《典当管理办法》中明确规定，典当行只能经营房地产抵押典当业务，而不能经营动产抵押典当业务，故机动车抵押典当对典当行来说是超范围经营的，不受相关法律法规的保护。

2. 机动车质押典当工作流程

机动车质押典当工作流程如下：

1）客户咨询

客户咨询时，业务人员要热情周到、耐心细致回答客户提问，从服务宗旨（救急解难）、典当特点（以车换钱）、期限灵活（按天计算）、方便快捷（随到随办）等几个方面做好机动车典当业务的宣传工作。

2）申请受理

如果客户提出用汽车质押贷款，请客户填写《典当申请审批书》，收到典当申请审批书后，业务人员要求机动车客户提供以下证件资料：

（1）个人。当户（车主）本人身份证复印件、购车原始发票、机动车行驶证、机动车登记证、车辆购置税完税证明、汽车保险单、养路费征收专用卡和最后一次养路费购买凭证，属于营运车辆的要出具营运证。

（2）单位。企业法人营业执照副本复印件、企业代码证复印件、国地税务登记证复印件、公司章程复印件、验资报告复印件、董事会（股东代表大会）决议、法人代表证明书、法人代表身份证复印件、授权委托书、代理人身份证复印件、购车原始发票、机动车行驶证、机动车登记证、车辆购置税完税证明、汽车保险单、养路费征收专用卡和最后一次养路费购买凭证，属于营运车辆的要出具营运证。

3）审核资料，确认权属

（1）审查身份证明：

① 个人。查验客户本人和身份证是否一致，身份证是否过期（特别提示：未满18周岁和超过60周岁的客户原则不做）；

② 单位。查验营业执照、企业代码证、税务登记证是否年审，记载是否一致。查验公司章程是否经工商管理部门备案，公司股东、法定代表人与章程记载是否一致。法定代表人、股东和代理人身份证是否真实有效。审核确认董事会（股东代表大会）决议、法人代表身份证明、法人代表授权委托书是否本人签字、按手印。

（2）审核确认当户提交的车辆手续（车辆行驶证、登记证、车辆购置税、车船使用税、保险单、养路费、营运证）是否齐全有效。（特别提示：车辆登记证、车辆行驶证、车辆购置税等手续缺一不能做）。

（3）查验车辆登记证、行驶证上所有人记载与当户提交身份证（营业执照）等资料是否一致。

（4）查验当户提交质押车辆的车辆型号、车辆类别、车辆品牌、发动机号、车架号、车辆颜色、生产厂家、使用性质等与车辆登记证、车辆行驶证（营运证）记载是否一致。

（5）到车辆管理部门核实车辆权属是否办理过抵押登记。到刑侦部门核实是否属于盗抢车辆。

（6）需要审核的其他内容。

4）鉴定评估

（1）业务人员（汽车鉴定评估人员）根据实际查验情况填写鉴定评估作业书；

（2）确定车辆重置价格。通过网上查询、车市调查确定车辆重置价格；

（3）根据车辆使用年限确定车辆的成新率。

（4）确定调整系数：

① 静态鉴定。查看车辆使用保养情况（查看车辆的发动机、变速箱、冷却系统、电气

系统、底盘部分、外观部分、内饰部分），确认车辆是否出过事故；

②动态鉴定。检验车辆实用性能（检验车辆的发动机、传动系统、转向系统、制动系统、电路系统及车辆其他配置）是否良好；

③根据静态鉴定、动态鉴定、汽车行驶里程、汽车使用性质、年审记录、交费情况（车船使用税、营运费、养路费等）等综合因素确定调整系数。

（5）根据车辆重置价格、成新率、调整系数确定评估价格。

5）协议当金

依据业务部门鉴定评估价格和折当率计算典当额度。一般折当率为50%~60%，最高不超过70%（特别提示：折当率超过70%将出现风险隐患）。

根据客户需求和车辆典当最高额度，双方协商典当贷款的金额。当金额度确定后视授权情况经有关领导审批后办理典当手续（特别提示：1万元以内由客户经理签字发放、超过1万元由典当行执行经理签字发放，超过5万元由集团执行总经理签字发放）。

6）签订合同

（1）当金确定后，由典当行与当户签订典当借款合同、质押合同，明确当金、当期、利率和综合费用。同时还要求当户填写车辆绝当处理委托书，委托拍卖合同，在车辆过户登记表上签字，车辆没有年检的还要在车辆年审表上签字（特别提示：所有文件签署一定要本人当面签字盖章）。

（2）按公安局的要求填写典当物品登记簿，当户和经办员在登记簿上签字。

7）交质押物品，办理车辆入库保管手续

填写质押物品保管登记表，登记表上要登记清楚行驶里程、车辆的外观情况、随车物品，如质押车辆外表有损伤须加拍损伤部位与车主的合影照片备查。注明客户要求（是否要求车辆定期原地发动、充电），经办员、保管员与当户一同核实质押车辆登记表所填内容，并在登记表上共同签字。

8）开当票、付当金

当票内容一定要填写齐全，且在备注栏内写明当物的瑕疵，经办员和当户本人（委托代理人）在当票上签字盖章。发当金，收综合费。

9）赎当

典当贷款到期后，当户需按时交纳赎金、利息办理赎当手续。办理赎当手续一定是当户本人或指定的委托代理人。

不能按时办理赎当手续，按照约定需交纳滞纳金。特殊情况免交滞纳金需经有关领导批准（特别提示：客户经理可以免2天，执行经理可以免5天，集团执行经理可以免10天）。

赎当手续办结后提车。提车时必须按照《质押物品保管登记表》登记内容与当户逐项核对。核对无误后签字提车。

10）续当

当户到期还款确实有困难，经申请批准后可以办理继当手续（特别提示：批准权限按贷款批准权限执行），原车当期超过1个月的，当户提请续当时需对车辆价值进行重新评估，评估价值折当金额大于实际当金时方可续当。否则需办理部分赎当后方可续当。办理续当时交上期利息，开续当票，交本期综合费。办理续当手续一定是当户本人或委托代理人签字办理。

11) 绝当

当期届满5日后,当户既不续当又不赎当,营业室主任应及时向执行总经理提交绝当处理意见书,经集团执行总经理批准后,做绝当处理(特殊情况经执行总经理批准后可适当延期)。绝当的机动车,经有法定评估资质的评估机构进行评估后,交拍卖行面向社会拍卖。拍卖所得超过当金和本息部分返还当户,不足部分向当户追偿。

6.5 旧机动车的投资

6.5.1 资金的时间价值

对于购买营运车辆而言,往往是一项较长时间的投资。而现在的购车投入资金和未来的若干年的赚得收益资金因为时间的不同没有可比性。也就是说在对一项长期投资计划进行效益评价时,把不同时期的现金收入和支出简单地相加来计算总收益和总成本,这是不符合实际情况的。由于资金具有时间价值,所以现在的一笔资金比未来的一笔等额资金更富有价值。为了使发生在不同时点的资金具有可比性,必须把不同的时间发生的现金流量换算成某一相同时刻发生的资金量,然后才可以进行加减运算。

1. 资金时间价值的计算公式

1) 现值与终值的计算公式

(1) 已知现值 P、折现率 i、时间 n,求终值 F,即有 n 期末的终值 F 与现值 P 的关系为:

$$F = P(1+i)^n$$

简记为

$$F = P(F/P, i, n)$$

式中,$(1+i)^n$ 称终值系数,记为 $(F/P, i, n)$,其值可查表求得。这种系数符号内,括号中斜线上的符号表示所求的未知数,斜线下的符号表示已知数。系数符号 $(F/P, i, n)$,表示已知 P, i, n,求 F。

(2) 已知终值 F、折现率 i、时间 n,求现值 P,即有现值 P 与 n 期末的终值 F 的关系为:

$$P = F \cdot \frac{1}{(1+i)^n}$$

简记为

$$P = F(P/F, i, n)$$

式中,$1/(1+i)^n$ 称为一次支付现值系数,简称贴现系数。系数符号 $(P/F, i, n)$,表示已知 F, i, n,求 P。

2) 年金与终值的变换公式

(1) 已知每年有一个现金流量 A(年金)、折现率为 i,求在 n 年内积累的资金总量 F。即年金 A 与终值 F 的关系为:

$$F = A \cdot [(1+i)^n - 1]/i$$

简记为

$$F = A \cdot (F/A, i, n)$$

式中,$[(1+i)^n - 1]/i$ 称为等额序列终值系数。系数符号 $(F/A, i, n)$,表示已知 A, i, n,求 F。

（2）为了在 n 年内累积资金 F，收益率为 i，求每年的积累资金 A。即已知终值 F、折现率 i、时间 n，求年金 A，则有：

$$A = F \cdot i/[(1+i)^n - 1]$$

简记为
$$A = F \cdot (A/F, i, n)$$

式中，$i/[(1+i)^n - 1]$ 称为等额序列偿债基金系数。系数符号 $(A/F, i, n)$ 表示已知 F，i，n，求 A。

3）年金与现值的变换公式

（1）现在投资金额为 P、收益率为 i，要求在 n 年内全部收回投资，求每年收回的资金 A。即已知现值 P、折现率 i、时间 n，求年金 A，则有：

$$A = P \cdot [i(1+i)^n]/[(1+i)^n - 1]$$

简记为
$$A = P \cdot (A/P, i, n)$$

式中，$[i(1+i)^n]/[(1+i)^n - 1]$ 称为资金回收系数。系数符号 $(A/P, i, n)$，表示已知 P、i、n，求 A。

（2）已知收益率为 i，为 n 年内每年回收 A 元，求现在的投资 P。即已知年金 A、折现率 i、时间 n，求现值 P，则有：

$$P = A \cdot [(1+i)^n - 1]/[i(1+i)^n]$$

简记为
$$P = A \cdot (P/A, i, n)$$

式中，$[(1+i)^n - 1]/[i(1+i)^n]$ 称为等额序列现值系数。系数符号 $(P/A, i, n)$，表示已知 A、i、n，求 P。

现将各公式及系数数列如表 6-3 所示。各系数值在具体计算时可通过查表 6-4 取得。

表 6-3 各公式及系数数列

系数名称	符号	用途	公式
终值系数	$(F/P, i, n) = (1+i)^n$	由现值求终值	$F = P(F/P, i, n)$
一次支付现值系数（贴现系数）	$(P/F, i, n) = 1/(1+i)^n$	由终值求现值	$P = F(P/F, i, n)$
等额序列现值系数	$(P/A, i, n) = [(1+i)^n - 1]/[i(1+i)^n]$	由年金求现值	$P = A(P/A, i, n)$
资金回收系数	$(A/P, i, n) = [i(1+i)^n]/[(1+i)^n - 1]$	由现值求年金	$A = P(A/P, i, n)$
等额序列终值系数	$(F/A, i, n) = [(1+i)^n - 1]/i$	由年金求终值	$F = A(F/A, i, n)$
等额序列偿债基金系数	$(A/F, i, n) = i/[(1+i)^n - 1]$	由终值求年金	$A = F(A/F, i, n)$

表 6-4（Ⅰ） 普通复利系数表（8%）

n	(F/P, i, n)	(P/F, i, n)	(F/A, i, n)	(A/F, i, n)	(A/P, i, n)	(P/A, i, n)
1	1.080 00	0.925 93	1.000 00	1.000 00	1.080 00	0.925 93
2	1.664 00	0.857 34	2.080 00	0.480 77	0.560 77	1.783 27
3	1.259 71	0.793 83	3.246 40	0.308 03	0.388 03	2.577 10
4	1.360 49	0.735 03	4.506 11	0.221 92	0.301 92	3.312 13
5	1.469 33	0.680 58	5.866 60	0.170 46	0.250 46	3.992 71
6	1.586 87	0.630 17	7.335 93	0.136 32	0.216 32	4.622 88
7	1.713 82	0.583 49	8.922 81	0.110 27	0.192 07	5.206 37
8	1.850 93	0.540 27	10.636 63	0.094 01	0.174 01	5.746 64
9	1.999 01	0.500 25	12.487 57	0.080 08	0.160 08	6.246 89
10	2.158 93	0.463 19	14.486 57	0.069 03	0.149 03	6.710 08

表 6-4（Ⅱ） 普通复利系数表（10%）

n	(F/P, i, n)	(P/F, i, n)	(F/A, i, n)	(A/F, i, n)	(A/P, i, n)	(P/A, i, n)
1	1.100 00	0.909 09	1.000 00	1.000 00	1.100 00	0.909 09
2	1.210 00	0.826 45	2.100 00	0.476 19	0.576 19	1.735 54
3	1.331 00	0.751 31	3.310 00	0.302 11	0.402 11	2.486 85
4	1.464 10	0.683 01	4.641 00	0.215 47	0.315 47	3.169 87
5	1.610 51	0.620 92	6.105 10	0.163 80	0.263 80	3.790 79
6	1.771 56	0.564 47	7.715 61	0.129 61	0.229 61	4.355 26
7	1.948 72	0.513 61	9.498 717	0.105 41	0.205 41	4.868 42
8	2.143 56	0.466 51	11.435 89	0.087 44	0.187 44	5.334 93
9	2.357 95	0.424 10	13.579 43	0.073 64	0.173 64	5.759 02
10	2.593 74	0.385 54	15.937 43	0.062 75	0.162 75	6.144 57

表 6-4（Ⅲ） 普通复利系数表（12%）

n	(F/P, i, n)	(P/F, i, n)	(F/A, i, n)	(A/F, i, n)	(A/P, i, n)	(P/A, i, n)
1	1.120 00	0.892 86	1.000 00	1.000 00	1.120 00	0.892 86
2	1.254 40	0.797 19	2.120 00	0.471 70	0.591 70	1.690 05
3	1.404 93	0.711 78	3.374 40	0.296 35	0.416 35	2.401 83
4	1.573 52	0.635 52	4.779 33	0.209 23	0.329 23	3.037 35
5	1.762 34	0.567 43	6.352 85	0.157 41	0.277 41	3.604 78
6	1.973 82	0.506 63	8.115 19	0.123 23	0.243 23	4.111 41
7	2.210 68	0.452 35	10.089 01	0.099 12	0.219 12	4.967 64
8	2.475 96	0.452 35	10.089 01	0.099 12	0.219 12	4.967 64
9	2.773 08	0.390 61	14.775 66	0.067 68	0.187 68	5.328 28
10	3.105 85	0.321 97	17.548 74	0.056 98	0.176 98	5.650 22

2. 应用实例

例1：某单位欲购置一辆汽车从事营运业务。该车辆的剩余使用年限为6年，购置全价为70 000元。预测：该车辆在使用过程中年耗油费用为10 000元左右、年维护费用为5 000元左右、其他管理费用为10 000元左右。假定折现率为10%，试估算该车辆的现值成本。

分析：这是一个已知年金，求现值的问题。

据已知条件可知：折现率 $i = 10\%$；时间 $n = 6$ 年。

车辆每年所需费用合计为：

$$10\ 000 + 5\ 000 + 10\ 000 = 25\ 000\ (元)$$

即年金 $A = 25\ 000$ 元。

由年金折算成现值为：

$$\begin{aligned} P &= 25\ 000 \times (P/A, 10\%, 6) \\ &= 25\ 000 \times 4.355\ 26 \\ &= 108\ 882\ (元) \end{aligned}$$

式中 $(P/A, 10\%, 6)$ 的值可通过查表6-4取得，为4.355 26。

由于购置车辆时，一次性投资的资金为70 000元，故车辆的现值成本为：

$$70\ 000 + 108\ 882 = 178\ 882\ (元)$$

例2 某单位欲购置一辆汽车从事营运业务。该车辆的剩余使用寿命为6年，购置全价为70 000元。预测：该车辆在使用过程中，每年的总费用支出为20 000元，每年总收入为60 000元。假定折现率10%，试在将车辆的购置全价折算为剩余使用期限内的年金的前提下，估算该车每年的净年金收入。

分析：这是一个已知现值，求年金的问题。

据已知条件可知：折现率 $i = 10\%$；时间 $n = 6$ 年；现值 $P = 70\ 000$ 元。

由现值折算成年金为：

$$\begin{aligned} A &= 70\ 000 \times (A/P, 10\%, 6) \\ &= 70\ 000 \times 0.229\ 61 \\ &\approx 16\ 073\ (元) \end{aligned}$$

式中 $(A/P, 10\%, 6)$ 的值可通过查表6-4取得，为0.229 61。

由于车辆的年收入为60 000元，年费用支出为20 000元，故该车的净年金收入为：

$$60\ 000 - 20\ 000 - 16\ 073 = 23\ 927\ (元)$$

6.5.2 投资方案的选择

旧机动车购买使用的方案一般有多个，如何通过数学分析的方法对用户选定的投资目标方案进行分析比较，以选择购买的最佳方案，这里介绍几种简单易行的分析方法。

1. 净现值比较法

净现值是指方案在寿命周期内收入现值总额与支出现值总额的差额。它表示方案的纯经济效益，其实质可视为净收益的现值总额，若收入现值总额与支出现值总额的差额≥0，则说明该方案能获得一定的投资收益，方案可行；若收入现值总额与支出现值总额的差额＜0，则表示达不到预期的目的，方案不可行。在多方案选优时，若各方案的寿命相同，且投资者所追求的目标是获得最大的纯经济效益,则净现值最大的方案为最优。

从净现值分析中,在寿命周期内有收入现值总额和支出现值总额两项。假设寿命周期内收入现值总额相同(或未知),这时,只要计算出支出现值总额,通过比较方案中支出现值总额的大小,即可决定方案取舍的方法称现值成本分析法。即:现值成本分析法是把方案在寿命周期内所耗成本(包括投资和使用成本)的一切耗费都换算为与其等值的现值成本,然后据以决定方案取舍的方法。

运用现值成本分析法的前提条件是假设各方案收益是基本相同(或未知而假设相同)。

例: 某人选购同档次不同牌号的车辆作出租营运用车,在市场上有3种不同的车辆可供选择,其投资和费用如表6-5。假定标准收益率 i 为10%,剩余使用年限 n 均为5年,试问应选购哪一种牌号的车辆比较经济合理?

表6-5 三种牌号的车辆有关资料

元

成本项目 \ 牌号	A	B	C
车辆投资	70 000	55 000	46 000
年耗油费用	10 000	18 000	20 000
年维护费	5 000	9 000	12 000
年管理等其他费用	8 000	12 000	14 000

分析: 同档次的3种牌号车辆,所得收入相同(或未知而假设相同)时,只计算各车辆的现值成本,即车辆的投资与费用现值。通过比较3种牌号车辆的现值成本,具有最低现值成本的方案为最优方案。

运用等额序列现值公式,3种牌号的车辆现值成本分别为:

先求 A 车的总现值成本:

A 车的每年总花费 = 10 000 + 5 000 + 8 000 = 23 000(元)

运用等额序列现值公式,将年总消费转化成现值成本:

23 000 × (P/A, 10%, 5) = 25 000 × 3.790 79 = 87 188(元)

则 A 车的总现值成本 = 70 000 + 87 188 = 157 188(元)

再求 B 车的总现值成本:

B 车的每年总花费 = 18 000 + 9 000 + 12 000 = 39 000(元)

运用等额序列现值公式,将年总消费转化成现值成本:

39 000 × (P/A, 10%, 5) = 39 000 × 3.790 79 = 147 840(元)

则 B 车的总现值成本 = 55 000 + 147 840 = 202 840(元)

最后求 C 车的总现值成本:

C 车的每年总花费 = 20 000 + 12 000 + 14 000 = 46 000(元)

运用等额序列现值公式,将年总消费转化成现值成本:

46 000 × (P/A, 10%, 5) = 46 000 × 3.790 79 = 174 376(元)

则 C 车的总现值成本 = 46 000 + 174 376 = 220 376(元)

通过计算比较，A 牌号车辆总现值最小，因此选购 A 牌号车辆。

从上例可以看出，买价低的车，不一定最省钱，只有通过收益和投入成本的全面认真的分析，才能作出正确的购买选择。

在使用该公式时，若方案中车辆剩余使用寿命不相等，则不满足时间的可比性。在这种情况下，一般不用净现值比较法，可用年金比较法。

2. 年金比较法

年金比较法就是把所有现金流量化为与其等值的年金或年成本（不考虑收入时），用以评价方案经济效益的技术经济分析方法。

在实际应用时，如果已知现金收入和支出，可用净年金法；如果只知道支出时，则可用年成本比较。因而年金法又分为净年金法和年成本法两种。

1）净年金法

当用净年金法进行方案比较时，若项目的收入和支出都知道，则把它们均换算为与其等值的年金并求和。若净年金大于零，则说明经济上可取，其中年金最大的方案是最好的方案。

例：有两种可供选择的汽车，其有关资料如表 6-6 所示：

表 6-6 汽车有关资料

元

方案	项目	投资	寿命/年	残值	年总收入	年总支出	收益率
汽车	A	50 000	5	0	55 000	30 000	10%
	B	60 000	7	2 000	75 000	40 000	10%

根据净年金的概念，有如下计算方法：

净年金 = 年总收入 − 年总支出 − 现值投资成本折算成年金 + 终值收益折算成年金

则对于 A 车净年金有：

$$A\text{ 车净年金} = 55\,000 - 30\,000 - 50\,000 \times (A/P, 10\%, 5)$$
$$= 25\,000 - 50\,000 \times 0.263\,80$$
$$= 11\,810\text{ 元}$$

则对于 B 车净年金有：

$$B\text{ 车净年金} = 75\,000 - 40\,000 - 60\,000 \times (A/P, 10\%, 7) + 2\,000 \times (A/F, 10\%, 7)$$
$$= 35\,000 - 60\,000 \times 0.205\,41 + 2\,000 \times 0.105\,41$$
$$= 22\,885\text{ 元}$$

计算表时：A、B 两方案均是可行方案，其中 B 方案更优。B 方案的净年金值为 22 885 元，表示除满足收益率 10% 外，每年还有 22 885 元的净收益。

2）年成本法

年成本法是用等值的平均年成本评价方案经济效益的技术经济分析方法。年成本最低的方案是经济上较优的方案。

例：可供选择的汽车方案 A 和 B，均能满足工作要求，其不同点如表 6-7 所示。假设收益率均为 10%。

表6-7 汽车方案A和B

项 目	汽 车	
	A	B
投资/元	50 000	60 000
剩余寿命/年	4	6
年维修费/元	5 000	6 000

$$A 车的年总成本 = 50\ 000 \times (A/P, 10\%, 4) + 5\ 000$$
$$= 50\ 000 \times 0.315\ 47 + 5\ 000$$
$$= 20\ 774\ (元)$$
$$B 车的年总成本 = 60\ 000 \times (A/P, 10\%, 6) + 6\ 000$$
$$= 60\ 000 \times 0.229\ 61 + 6\ 000$$
$$= 19\ 777\ (元)$$

通过计算比较，汽车B的年总成本更低，因而它是较好的方案。

6.6 旧机动车交易过户、转籍的办理程序

6.6.1 常见二手车交易类型

1. 二手车交易类型

二手车交易是一种产权交易，实现二手车所有权从卖方到买方的转移过程。二手车必须完成所有权转移登记（即过户）才算是合法、完整的交易。根据《二手车流通管理办法》的规定，二手车交易有以下几种类型：

1）直接交易

二手车直接交易是指二手车所有人不通过经销企业、拍卖企业和经纪机构将车辆直接出售给买方的交易行为。交易可以在二手车交易市场内进行，也可以在场外进行。

2）中介经营

中介经营是指二手车买卖双方通过中介方的帮助而实现交易，中介方收取约定佣金的一种交易行为。中介经营包括二手车经纪、二手车拍卖等。

（1）二手车经纪。二手车经纪是指二手车经纪机构以收取佣金为目的，为促成他人交易二手车而从事居间、行纪或者代理等经营活动。

（2）二手车拍卖。二手车拍卖是指二手车拍卖企业以公开竞价的形式将二手车转让给最高应价者的经营活动。

3）二手车销售

二手车销售是指二手车销售企业收购、销售二手车的经营活动。

二手车置换也是一种二手车经销行为。所谓二手车置换就是客户在汽车销售公司购买新车时，将目前在用的汽车经过该公司的检测估价后以一定的折价抵扣部分新车款的一种交易方式。

二手车典当不赎回情况也是一种二手车销售。二手车典当是指二手车所有人将其拥有的、具有合法手续的车辆质押给典当公司，如果到约定的赎回期限二手车所有人不赎回车辆，则典当行就可以依据协议自行处置该车，如出售。

2. 二手车交易的相关规定

1）二手车交易地点

二手车应在车辆注册登记所在地交易，也就是说，二手车不允许在异地交易。

2）二手车办理转移登记手续地点

二手车转移登记手续应按照公安部门有关规定在原车辆注册登记所在地公安机关交通管理部门办理。需要进行异地转移登记的，由车辆原属地公安机关交通管理部门办理车辆转出手续，在接收地公安机关交通管理部门办理车辆转入手续。

3）建立二手车交易档案

交易后，二手车交易市场经营者、经销企业、拍卖公司应建立交易档案，交易档案保留期限不少于3年。交易档案主要包括以下内容：

（1）法定证明、凭证复印件（主要包括车辆号牌、机动车登记证书、机动车行驶证和机动车安全技术检验合格标志）；

（2）购车原始发票或者最近一次交易发票复印件；

（3）买卖双方身份证明或者机构代码证书复印件；

（4）委托人及授权代理人身份证或者机构代码证书，以及授权委托书复印件；

（5）交易合同原件；

（6）二手车经销企业的《车辆信息表》。二手车拍卖公司的《拍卖车辆信息》和《二手车拍卖成交确认书》；

（7）其他需要存档的有关资料。

6.6.2 二手车交易程序

二手车交易不像一般商品交易那么简单，需要遵守相关的政策规定，按照一定的交易程序进行。不论是哪一种交易类型，都必须办理过户相关手续，实现车辆所有权变更。目前，我国没有统一的二手车交易程序标准，各地二手车交易市场在完成二手车交易过程中可能程序有差异，但主要程序是基本相同的。

1. 直接交易程序

二手车个人直接交易和通过二手车经纪机构进行的二手车交易，卖方不能直接给买方开具二手车销售统一发票。根据《二手车流通管理办法》的规定，买卖双方达成交易意向后应当到二手车交易市场办理过户业务，由二手车交易市场经营者按规定向买方开具税务机关监制的统一发票——二手车销售统一发票，以便办理车辆相关证件及手续的变更。这种交易流程如图6-2所示。

2. 二手车销售交易程序

由于二手车销售企业能够直接给购车者开具二手车销售统一发票，所以只要购车者和二手车销售企业达成交易意向，双方即可签订二手车交易合同。购车者付清车款后，企业按规定给购车者开具二手车销售统一发票。购车者可以携带发票和要求的证件去相关部门办理车辆相关证件及手续的变更。

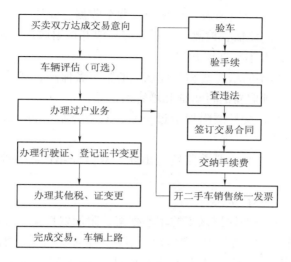

图 6-2 二手车交易流程

3. 旧机动车过户程序

关于旧机动车交易行为，《旧机动车交易管理办法》规定，旧机动车进行交易前，必须通过车辆管理部门安全排放检测，并须经旧机动车交易中心业务人员质量检测，作出检测记录，符合条件者，可准许交易。进行旧机动车交易，销车方须向旧机动车交易中心出具单位介绍信或证明信（属于个人卖车的须持居民身份证）、机动车行驶证、原始购车发票、成交发票、购置附加费凭证、车船使用税"税讫"标志、养路费交纳凭证等。购车方须出具单位介绍信或个人身份证。工商行政管理部门凭旧机动车交易中心或有旧机动车经营权企业的交易凭证予以验证，车管部门凭此办理转籍过户手续。其主要环节是：车辆查验、车辆评估、车辆交易、初审受理、材料传送、材料复核、制证发牌、材料回送、收费发还。

1）旧机动车交易及过户前准备工作

（1）首先核对行车证与该车车型、发动机号、车架号、号牌是否一致，行车证、附加费证、养路费证、增容费证等证件是否齐全有效。

（2）到交警支队车管所领取车辆过户转籍申请表，并加盖买卖双方公章（一定与行车证相符），私车买卖双方车主签字需亲自到场按手印。

（3）买卖双方各开 4 张"办理过户手续"的介绍信，私人车到所属区驾驶员协会办理。其中交通队的介绍信需到所在区区队交通监理处签字。

（4）如卖车方为单位，开卖车财务收据 1 张。

（5）买车方如是单位需本单位的企业法人代码证复印件 1 张，并加盖公章。

（6）私人买卖车需身份证复印件若干张。

2）过户程序

各地区车辆过户手续各有不同，以辽宁省为例进行说明。

（1）办理本地车程序及手续。

① 首先持准备好的各种证件及过户申请表、行车证和车辆带到交警支队车管所进行车辆登记（买卖双方如是私人需本人拿身份证到场按手印）。然后进行认定车辆、检测车辆，由车管所在过户申请表上签字盖章、核发"辽宁省旧机动车入场交易检验合格证明"。

② 持车管所盖好章的过户申请表、行车证、购车收据、介绍信、入场交易检验合格证、身份证办理工商验证、车辆评估、检测尾气后开交易票并按财政局规定办理增容减免手续和控办免征手续（货车和私人车不办控办）。

③ 到车管所交该车当年的增容费和办理该车的第三者保险，然后到过户窗口办理过户、换牌、安装牌照、打证。领取新的行车证和增容费证贴。

④ 持过户后的行车证、交易票附加费过户联，双方介绍信各一张到所属附加费征稽处办理附加费过户手续。

⑤ 持过户后的行车证、交易票养路费迁出联、双方介绍信各一张到所属养路费征稽处办理养路费过户手续。

（2）办理外籍车程序及手续。

① 外籍车落户本市需在外地把该车的车辆档案、附加费档案、养路费档案提到本市；

② 落籍本市需到车辆处交纳30%增容费，落籍外县需到外县交纳30%增容费；

③ 买方（公家）提供企业法人代码证书复印件（盖公章）；买方（私人）提供身份证、复印件；

④ 交纳第三者保险；

⑤ 买方（公家）提供单位介绍信3张（加盖公章、安全组印及所属区交通队监理签字）；买方（私人）个体安全组介绍信3张（所属区交通队监理签字）；

⑥ 买方（公家）如落籍车是（轿车、面包车）需到财政局办理控办手续；买方（私人）则不需办理控办手续。

（3）出租车过户手续及程序。

① 根据车管处要求，本市出租车（换型车）必须销往外县市；

② 办理交易手续时，需出示换型单或营运证复印件；

③ 其余手续及程序同其他车过户程序相同；

（4）不能过户的车辆。

以下情况车辆不准过户：

① 申请车主印章与原登记车主印章不相符的。

② 未经批准擅自改装、改型，变更载质量、乘员人数的。

③ 违章、肇事未处理结案的或公安机关对车辆有质疑的，或人民法院通知冻结或抵押期未满的。

④ 属被盗、被抢的车辆。

⑤ 未参加定期检验或检验不合格的。

⑥ 新车入户不足3个月的（进口汽车初次登记后不满2年的，但法院判决的除外）。

⑦ 达到报废年限的（对已达到报废使用年限，但车辆技术状况较好，使用性质为自用的汽车，经特殊检验合格后，在达到报废使用年限后两年内，准予申办过户登记，但不准转籍）。

⑧ 进口汽车属海关监管期内，未解除监管的。

⑨ 属控购车辆无《申报牌照证明章》的。

3）旧车交易过户各种费用

（1）按评估价交纳6%的交易费、0.5%的评估费。

(2) 交纳车辆当年增容费：轿车 900 元、面包车 600 元、大货 800 元、小货 600 元。
(3) 第三者保险费标准：
轿车：非营运 1 040 元，营运 1 560 元；
面包：非营运 1 170 元，营运 1 690 元；
大客：非营运 1 300 元，营运 1 820 元；
小货：非营运 820 元，营运 1 140 元；
大货：非营运 1 300 元，营运 1 890 元。
(4) 检车、牌证、照相、门字安装费用根据车型不同，费用也不同。
(5) 评估照相费 30 元/每台车。
(6) 尾气检测治理根据车况不同，费用不同。
(7) 外转出车辆不交增容费、牌证费、第三者保险，但需交临时牌保险费约 400 元左右。

4. 二手车的转籍

如果二手车交易后需转入外地使用，这就涉及将二手车从本省、市转出到其他省、市去使用。所以，就有二手车转出和转入的问题。

1) 车辆转出

车辆转出是指已在本省、市注册登记的车辆，因产权变动或其他原因需转往外地时，需办理车辆档案的转出。其过程如下：

(1) 持买、卖双方的有关证件和行驶证，在车辆管理所签发《机动车辆交易单》，到二手车交易市场取得二手车交易专用发票；
(2) 凭二手车交易专用发票，到原车主所在交通大队提取该车的《机动车登记表》等有关档案；
(3) 原车主应出具有加盖公章的机动车定期检验表（行驶证副员上的有效检验即可）和其他有关表格，如《机动车档案异动卡》；
(4) 持上述资料和机动车号牌到车管所办理转出手续后，领取临时号牌并交费盖章，领取密封好的车辆转出档案。

2) 车辆转入

车辆转入是指外地登记注册的车辆办了转出手续后，持外地车辆管理所封装的车辆档案，到新车主所在地区申领车辆的号牌和行驶证。其过程如下：
(1) 出具外地转出的机动车档案；
(2) 出具二手车交易专用发票及其他相关证件；
(3) 领填《机动车登记表》一式三份；
(4) 新车主持上述材料到所在车管所办理转入手续。经审核符合要求，并签注意见后，按新车注册登记程序办理相关手续。

5. 其他税、证的变更

二手车交易中，买方在变更车辆产权之后还需要进行车辆购置税、养路费、保险合同等文件的变更。各地在变更时对文件的要求有所差异。

1) 车辆购置税的变更

车辆购置税的征收部门是车辆登记注册地的主管税务机关，办理变更时，需填写《车辆变动情况登记表》，并携带以下资料办理：

（1）车辆购置税同城过户业务办理。

办理车辆购置税同城过户业务提供的资料：

① 新车主的身份证明；

② 二手车交易发票；

③《机动车行驶证》；

④ 车辆购置税完税证明（正本）。

上述资料均需提供原件及复印件。

办理车辆购置税同城过户业务流程：填写《车辆变动情况登记表》，报送资料，办理过户，换领车辆购置税完税证明。

（2）车辆购置税转籍（转出）业务办理。

办理转籍（转出）业务提供的资料：

① 车主身份证明；

② 车辆交易有效凭证原件（二手车交易发票）；

③ 车辆购置税完税证明（正本）；

④ 公安车管部门出具的车辆转出证明材料。

上述资料均需提供原件及复印件。

办理转籍（转出）业务流程：填写《车辆变动情况登记表》，报送资料，领取档案资料袋。

（3）车辆购置税转籍（转入）业务办理。

办理转籍（转入）业务提供的资料：

① 车主身份证明；

② 本地公安车管部门核发的机动车行驶证；

③ 车辆交易有效凭证原件（二手车交易发票）；

④ 车辆购置税完税证明；

⑤ 档案转移通知书；

⑥ 转出地车辆购置税办封签的档案袋。

办理转籍（转入）业务流程：填写《车辆变动情况登记表》，报送资料，换领车辆购置税完税证明（正本）。

2）车辆保险合同的变更

在二手车买卖的过程中，办理车辆保险过户是非常重要的一个环节，因为车辆所有权的转移并不意味着车辆保险合同也转移。一般情况下，保险利益随着保险标的所有权的转让而消失。只有经保险公司同意批改后，保险合同方才重新生效。所以，保险车辆依法过户转让后应到保险公司办理保险合同主体的变更手续，否则车辆受损时保险公司是有权拒赔的。我国《保险法》第 34 条规定："保险标的的转让应当通知保险人，经保险人同意继续承保后，依法变更合同。"保险公司和车主签订的保险合同一般也约定，在保险合同的有效期限内，保险车辆转卖、转让、赠送他人、变更用途或增加危险程度，被保险人应当事先书面通知保险人并申请办理批改，否则，保险人有权解除保险合同或者有权拒绝赔偿。

（1）办理车辆保险过户的方式。办理车辆保险过户有两种方式。

① 对保单要素进行更改，如更换被保险人与车主；

② 申请退保，即把原来那份车险退掉，终止以前的合同。这时保险公司将退还剩余的保费。之后，新车主就可以到任何一家保险公司去重新办理一份车险。

（2）车辆保险合同变更的程序。

① 填写一份汽车保险过户申请书，向原投保的保险公司申请办理批改被保险人称谓的手续。申请书上注明保险单号码、车牌号、新旧车主的姓名及过户原因，并签字或盖章，以便保险公司重新核保；

② 带保险单和已过户的机动车行驶证，找保险公司的业务部门办理。

一般情况下，保险公司都会受理并出具一张变更被保险人的批单，批单上面写明了被保险人的变化情况。

6. 二手车交易合同

二手车交易合同是指二手车经营公司、经纪公司与法人、其他组织和自然人相互之间为实现二手车交易的目的，明确相互权利义务关系，所订立的协议。

1）订立二手车交易合同的基本准则

订立交易合同时须遵守以下基本原则：

（1）合法原则。订立二手车交易合同，必须遵守法律和行政法规。法律法规集中体现了人民的利益和要求。合同的内容及订立合同的程序，形式只有与法律法规相符合，才会具有法律效力，当事人的合法权益才可得到保护。任何单位和个人都不得利用经济合同进行违法活动，扰乱市场秩序，损害国家和社会利益，牟取非法收入。

（2）平等互利、协商一致原则。订立合同的当事人法律地位一律平等，任何一方不得以大欺小、以强凌弱，把自己的意愿强加给对方，双方都必须在完全平等的地位上签订二手车交易合同。二手车交易合同应当在当事人之间充分协商、意思表示一致的基础上订立，采取胁迫、乘人之危、违背当事人真实意志而订立的合同都是无效的，也不允许任何单位和个人进行非法干预。

2）交易合同的主体

二手车交易合同的主体是指为了实现二手车交易目的，以自己名义签订交易合同，享有合同权利、承担合同义务的组织和个人。根据《中华人民共和国合同法》的规定，我国合同当事人从其法律地位来划分，可分为以下几种。

（1）法人。法人是指具有民事权利能力和民事行为能力，依法独立享有民事权利和承担民事义务的组织。法人必须具备以下条件：

① 依法成立；

② 有必要的财产或经费；

③ 有自己的名称、场所和组织机构；

④ 能够独立承担民事责任。

（2）其他组织。其他组织是指合法成立、有一定的组织机构和财产，但又不具备法人资格的组织，如私营独资企业、合伙组织和个体工商户。

（3）自然人。自然人是指具有完全民事行为能力，可以独立进行民事活动的人。

3）交易合同的内容

（1）主要条款。

① 标的。指合同当事人双方权利义务共同指向的对象，可以是物也可以是行为。二手车交易合同的标的是被交易的二手车。

② 数量。

③ 质量。是标的内在因素和外观形态优劣的标志，是标的满足人们一定需要的具体特征。

④ 履行期限、地点和方式。

⑤ 违约责任。

⑥ 根据法律规定的或按合同性质必须具备的条款及当事人一方要求必须规定的条款。

（2）其他条款。它包括合同的包装要求、某种特定的行业规则和当事人之间交易的惯有规则。

4）交易合同的变更和解除

（1）交易合同的变更。交易合同的变更，通常是指依法成立的交易合同尚未履行或未完全履行之前，当事人就其内容进行修改和补充而达成的协议。

交易合同的变更必须以有效成立的合同为对象，凡未成立或无效的合同，不存在变更问题。交易合同的变更是在原合同的基础上，达成一个或几个新的合同作为修正，以新协议代替原协议。所以，变更作为一种法律行为，使原合同的权利义务关系消灭，新权利义务关系产生。

（2）交易合同的解除。交易合同的解除，是指交易合同订立后，没有履行或没有完全履行以前，当事人依法提前终止合同。

（3）交易合同变更和解除的条件。合同法规定，凡发生下列情况之一，允许变更或解除合同。

① 当事人双方经协商同意，并且不因此损害国家利益和社会公共利益；

② 由于不可抗力致使合同的全部义务不能履行；

③ 由于另一方在合同约定的期限内没有履行合同。

5）违约责任

违约责任，是指交易合同一方或双方当事人由于自己的过错造成合同不能履行或不能完全履行，依照法律或合同约定必须承受的法律制裁。

（1）违约责任的性质。

① 等价补偿。凡是已给对方当事人造成财产损失的，就应当承担补偿责任；

② 违约惩罚。合同当事人违反合同的，无论这种违约是否已经给对方当事人造成财产损失，都要依照法律规定或合同约定，承担相应的违约责任。

（2）承担违约责任的条件。

① 要有违约行为。要追究违约责任，必须有合同当事人不履行或不完全履行的违约行为。它可分为作为违约和不作为违约。

② 行为人要有过错。过错是指当事人违约行为主观上出于故意或过失。故意，是指当事人应当预见自己的行为会产生一定的不良后果，但仍用积极的不作为或者消极的不作为希望或放任这种后果的发生；过失是指当事人对自己行为的不良后果应当预见或能够预见到，

而由于疏忽大意没有预见到或虽已预见到但轻信可以避免,以致产生不良后果。

(3) 承担违约责任的方式。

① 违约金。指合同当事人因过错不履行或不适当履行合同,依据法律规定或合同约定,支付给对方一定数额的货币;

根据《合同法》及有关条例或实施细则的规定,违约金分为法定违约金和约定违约金。

② 赔偿金。指合同当事人一方过错违约给另一方当事人造成损失超过违约金数额时,由违约方当事人支付给对方当事人的一定数额的补偿货币;

③ 继续履行。指合同违约方支付违约金、赔偿金后,应对方的要求,在对方指定或双方约定的期限内,继续完成没有履行的那部分合同义务。

违约方在支付了违约金、赔偿金后,合同关系尚未终止,违约方有义务继续按约履行,最终实现合同目的。

6) 合同纠纷处理方式

合同纠纷,指合同当事人之间因对合同的履行状况及不履行的后果所发生的争议。我国合同纠纷的解决方式一般有协商解决、调解解决、仲裁和诉讼 4 种方式。

① 协商解决。是指合同当事人之间直接磋商,自行解决彼此间发生的合同纠纷。这是合同当事人在自愿、互谅互让基础上,按照法律、法规的规定和合同的约定,解决合同纠纷的一种方式;

② 调解解决。是指由合同当事人以外的第三人(交易市场管理部门或二手车交易管理协会)出面调解,使争议双方在互谅互让基础上自愿达成解决纠纷的协议;

③ 仲裁。是指合同当事人将合同纠纷提交国家规定的仲裁机关,由仲裁机关对合同纠纷作出裁决的一种活动;

④ 诉讼。是指合同当事人之间发生争议而合同中未规定仲裁条款或发生争议后也未达成仲裁协议的情况下,由当事人一方将争议提交有管辖权的法院按诉讼程序审理作出判决的活动。

习 题

一、填空题

1. 在所有机动车辆折旧方法中,使用年限法是应用最广泛的方法。推荐引用_____的思想方法估算收购价格。

2. 虽然鉴定评估与收购评估其价值概念都具有_____和市场价值,而收购价格受快速变现原则的影响,其价格大大_____"市场价格"。

3. 重置成本是以被评估车辆在_____时的_____车辆价格(包括上牌的各种税费),一般是通过市场寻价而取得。

4. 重置成本法二手车收购价格公式为:_____。

5. 二手车收购价格的公式表示为:_____。

6. 二手车销售定价的计算方法有_____、需求导向定价和_____三大类。

7. 二手车交易必须提供机动车来历凭证、_____、_____、机动车号牌、道路运输证、机动车安全技术检验合格标志等法定证件。

8. 外转出车辆不交增容费、_____、_____，但需交临时牌保险费约 400 元左右。
9. 旧机动车交易的主要环节是：_____、车辆评估、_____、初审受理、材料传送、材料复核、_____、材料回送、收费发还。

二、简答题

1. 重置成本法确定二手车收购价格的基本思路。
2. 快速折旧法确定二手车收购价格的基本思路。
3. 二手车交易可进行类比的可比性因素有哪些？
4. 二手车置换主要方式。
5. 如何查验机动车登记证书？
6. 如何查验机动车行驶证？
7. 如何查验机动车号牌？
8. 旧机动车交易及过户前准备工作。
9. 不能过户车辆的类型。
10. 车辆转出程序。
11. 车辆转入程序。
12. 订立交易合同时须遵守以下基本原则。
13. 合同纠纷处理方式。

三、论述题

1. 目前旧机动车市场呈现以下几个特点。
2. 二手车收购评估思路。
3. 二手车收购评估与二手车鉴定评估的区别。
4. 重置成本法确定二手车收购价格的工作流程。
5. 现行市价法确定二手车的收购价格的工作流程。
6. 快速折旧法确定二手车收购价格的工作流程。
7. 二手车销售定价方法。
8. 旧机动车交易及过户程序。
9. 车辆保险合同的变更方法。

第 7 章　汽车碰撞损失评估

　　汽车因磨损、碰撞、火灾、自然灾害等原因常会造成零部件受损，在维修前通常都要对损失有一个较准确的估计，即汽车损失评估。汽车碰撞事故的原因是多方面而错综复杂的，碰撞的部位和力度的程度各不相同。不同的部位、不同的力度，损坏的程度是不同的，核算损失金额也是不同的，维修的方法和方案也不一样。这就要求评估人员要作出准确的诊断，准确地评估碰撞车辆损失。

　　碰撞车辆损失评估一般步骤如下：
（1）汽车型号的确定；
（2）碰撞损伤的检验；
（3）主要零部件损伤的评估；
（4）维修方案的确定；
（5）维修工时费的确定；
（6）汽车损失评估报告的撰写。

7.1　汽车型号的确定

　　汽车型号的确定一般是通过查勘汽车商标铭牌确定的，汽车商标铭牌因事故或其他原因损毁、遗失，可以通过车辆识别代号（VIN）、行驶证、车架号以及技术资料确定其汽车型号。

1. 国产汽车厂牌型号的确定

　　汽车标牌的主要形式如图 7-1、图 7-2、图 7-3 所示，分别列举了客车、乘用车和载货汽车的标牌样式。线上部为规定区，线下部为自由区。制造厂可采用自己选定的字体及颜色，背景与字体颜色应保证标牌内容清晰美观，易于辨认。

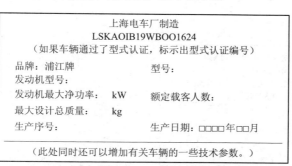

图 7-1　客车的标牌

　　对于汽车铭牌、车辆识别代号因事故或其他原因损毁、遗失的，可以通过车架号和汽车尾部的汽车特征参数、等级参数（一般限于乘用车）由厂商提供的技术资料或相关技术资料查得汽车型号和主要技术参数。

```
            上海大众汽车有限公司制造
               LSVBCGC26XC000001
      （如果车辆通过了型式认证，标示出型式认证编号）

   品牌：桑塔纳牌            型号：
   发动机型号：
   发动机最大净功率：   kW    座位数：
   最大设计总质量：    kg
   生产序号：               生产日期：□□□□年□□月

          （此处同时还可以增加有关车辆的一些技术参数。）
```

图 7-2　乘用车的标牌

```
            上海汇众汽车制造有限公司制造
               LSHA12A29XA000001
      （如果车辆通过了型式认证，标示出型式认证编号）

   品牌：大通牌             型号：
   发动机型号：              最大设计总质量：   kg
   发动机最大净功率：   kW
   最大设计装载质量：   kg   座位数：
   生产序号：               生产日期：□□□□年□□月

          （此处同时还可以增加有关车辆的一些技术参数。）
```

图 7-3　载货汽车的标牌

2. 进口汽车厂牌型号的确定

进口汽车大多数也有铭牌，铭牌上常有底盘型号、VIN 码、车架号（出厂序号）、发动机型号、发动机号码、变速器型号、车身颜色、内饰颜色、汽车重量、轮胎型号及轮胎气压等主要技术参数。汽车出口国正规出口的汽车，汽车上的铭牌大多用英文书写，下面列举几种常见的具有代表性的汽车英文铭牌以及中文含义。

丰田（TOYOTA）铭牌，如图 7-4 所示；奔驰（MERCEDES BENZ）铭牌，如图 7-5 所示。

```
TOYOTA MOTOR CORPRATION    JAPAN        丰田汽车公司                 日本
MODEL    MS122L—SEMGE                   型号    MS122L—SEMGE
ENGINE   5M              2797cc         发动机   5M            2797cc
FRANE NO.  MS133—038595                 车驾号码  MS133—038595
COLOR   TRIM           保安基准适合      颜色    饰条         保安基准适合
202     JW31                            202     JW31
TRANS/AXLE   W55    F312                变速器型号  W55    F312
PLANT/G.V.W   A21                       生产厂    A21
     トヨタ自動車株式会社                        丰田汽车公司
```

图 7-4　丰田（TOYOTA）铭牌

对于无铭牌的进口汽车可以利用 VIN 码，通过《世界汽车识别代号（VIN）技术规范手册》查得。

```
MFD BY MERCEDES BENZ AG STUITGART    07/94
GVWR  4 365  GAWR  FRONT/REAR  2 135/2 230 LBS
GVWR  1 980  GAWR  FRONT/REAR  970/1 010 KG
    THIS VEHICLL CONTORMS TO ALL APPLICABLE US.
    FEDERAL MOTOR VEHICLE SAFETY, BUMFFR, AND THEFT PRE-
VENTION STANDARDS IN EFFECT ON THE DATE OF MANUFACTURE
SHOWN ABOVE
WDBHA28EXSF013216          PASSENGER CAR
```

```
奔驰公司制造            出厂日期              07/94
车辆总重    4 365     前后轴重量度       2 135/2 230   LBS
车辆总重    1 980     前后轴重量度       970/1010      KG
该车出厂时，符合出厂日期前联邦政府所有的安全、防撞和防盗标准
车辆识别码：WDBHA28EXSF013216      轿车
```

图 7-5　奔驰（MERCEDES BENZ）铭牌

7.2　碰撞损伤的诊断

7.2.1　基本的汽车碰撞损伤鉴定步骤

要准确地评估一辆事故汽车，就要对其碰撞受损情况作出准确的诊断，要确切地评估出汽车受损的严重程度、范围及受损部件。确定之后，制定维修工艺，确定维修方案。一辆没有经过准确诊断的汽车会在修理过程中发现新的损伤情况，这样，必然会造成修理工艺及方案的改变，从而造成修理成本的改变。由于需要控制修理成本，经常会造成修理质量的不尽人意，甚至留下质量隐患。通常，一般的汽车评估人员对碰撞部位直接造成的零部件损伤都能做出诊断，但是这些损伤对于与其相关联零部件的影响以及发生在碰撞部位附近的损伤常常可能被疏忽。对于现代汽车，较大的碰撞损伤只用目测来鉴定损伤是不充分的，必须借助相应的工具及仪器设备鉴定汽车的损伤。

1. 查勘鉴定前注意事项

（1）如果有汽油泄漏的气味，切记不要使用明火和开关电器设备；若气味较大，为保证汽车的安全，可考虑切断蓄电池电源。

（2）在查勘碰撞受损的汽车之前，首先要查看汽车上是否有破碎玻璃棱边及是否有锋利的刀状和锯齿状金属边角。为安全起见，最好对危险的部位标示安全警示，或进行处理。

（3）如果有机油或齿轮油泄漏，当心滑倒。

（4）在检验电器设备状态时，注意不要造成新的设备和零部件损伤。如车窗玻璃升降器，在车门变形的情况下，检验电动车窗玻璃升降功能时，切忌盲目升降车窗玻璃。

（5）应在光线良好的场所进行碰撞诊断。如果损伤涉及底盘部件或需在车身下进行细致检查时，务必使用汽车升降机，以提高评估人员的安全性。

2. 事故车辆的定损原则

定损核价人员接到任务及有关资料后，利用必要的设备和技术手段做好事故车辆的查勘工作，对事故车辆及受损部位进行拍照。定损人员确定事故车辆的损伤部位，并确定受损总成及零部件的更换或修理。在此基础上，对零配件价格及修理工时费用作出正确的核定。定损核价应遵循以下原则：

1）严格执行理赔制度

保险公司的理赔工作应严格执行《机动车辆保险与理赔实务》的有关规定，工作人员在勘查、定损、估价过程中，要做到双人查勘、双人定损、交叉复核。对损失较大或疑难案件做到重复多次审核，专门会议分析研究，确保核定无误。对任何一个理赔案件都要做到严格细致、客观真实，不受人情的影响，做到既不损害保险人利益，又要保证被保险人的权益不受侵害。

2）准确进行定损核价

定损核价人员在事故车辆的定损、估价过程中，在保证被保险人的权益不受侵害、不影响车辆性能的前提下，应遵循"公平公正""能修不换"的保险补偿原则，参照当地交通运输管理部门规定的修理工时及单价和零配件价格对事故车辆的损伤部位逐项进行审定，做到合理准确地定损核价。

定损核价是一项政策性、技术性十分强的工作，要求定损核价人员能准确认定车辆、总成和零部件的损伤程度，准确实施"能修不换"的原则。定损人员应根据事故车辆的损伤情况，准确认定保险赔付范围及赔付方式，即是修还是换。对于车辆的外覆盖件来说，应以损伤程度和损伤面积为依据，确定修复方法。对于功能来说，判断零件的更换或修理存在一定的难度，要做到准确判定事故原因及损伤形成的因果关系，这要求定损人员必须掌握足够的汽车结构和性能方面的专业知识。汽车零部件功能的下降和受损，有两方面原因：一是随车辆行驶里程数的增加，各零部件、总成的功能都会有不同程度的下降；二是在道路交通事故中，由于碰撞产生的撞击力使部分零部件或总成丧失部分或全部功能。

3）正确划分赔付范围

定损人员应正确区分：哪些是车辆本身故障所造成的损失；哪些是车辆正常使用过程中零件自然磨损、老化造成的损失；哪些是使用、维护不当造成的损失；哪些是损伤产生后没有及时进行维护修理致使损伤扩大造成的损失；哪些是撞击直接造成的损失。依照机动车辆保险条款所列明的责任范围，明确事故车辆损伤部位和赔付范围。

3. 事故车辆的定损方法

在实际运作过程当中，经常存在着这样的问题，被保险人与保险人在定损范围与价格上存在严重分歧，被保险人总希望能得到高的赔付价格，而保险人则正好相反。因此，为避免上述情况发生，定损人员应掌握正确的定损方法。

1）确定出险车辆的性质，确认是否属于保险赔付范围

根据有关机动车辆保险条款的解释及事故现场的情况，验明出险车辆号牌、发动机号、车架号是否与车辆行驶证及有关文件一致，验明驾驶员身份，驾驶证准驾车型是否与所驾车形相符，如驾驶出租车是否有行业主管部门核发的出租车准驾证，确认是否属保险赔付范围及是否属骗保行为。

2) 对现场及损伤部位照相

按事故查勘照相的要求，对现场及车辆损伤部位拍照，必须清晰、客观、真实地表现出事故的结果和车辆的损伤部位。

3) 对事故车辆损伤部位进行查勘，确定损伤程度

在对外部损伤部位照相的基础上，对车辆损伤部位进行细致查勘，对损伤零件逐个进行检查，即使很小的零件也不要漏掉，以确定损伤情况。如对车身及覆盖件查验时，应注意测量、检查损伤面积、塑性变形量、凹陷深度、撕裂伤痕的大小，必要时应测量、检查车身及车架的变形，以此确定零件是否更换或进行修理所需工时费用。对于功能件应检验其功能损失情况，确定其是否更换或修理方法及费用。

4) 对不能直接检查到的内部损伤，应进行拆检

如车辆发生强度较大的正面碰撞时，在撞击力的作用下，除车身及外覆盖件被撞损坏以外，同时会造成一些内部被包围件的损坏。如转向机构、暖风及空气调节装置等的损伤情况，就需要解体检查。所以发生碰撞事故后，应根据实际情况确定是否需要解体检查，以确认被包围件的损伤情况。

5) 确定损伤形成的原因

零部件及总成损伤形成的原因，可以由事故引起，也可能是其他的原因，不能一概而论。因此，在定损过程中，尤其是对功能件的定损中，一定要根据其损伤的特征，正确区分造成损伤的原因，准确认定赔付范围。

7.2.2 碰撞对不同车身结构的影响

现代汽车车身既要经受行驶中的振动，还要在碰撞时能给乘员提供安全。现代汽车车身设计成在碰撞时能够最大限度地吸收碰撞时的能量，使得对乘员的影响减少。因此，现代乘用车在碰撞时，前部和后部车身形成一个吸引能量的结构，在某种程度上碰撞容易损坏，使得车身中部形成一个相对安全区，当汽车以 48 km/h 的速度碰撞坚固障碍物时，发动机室的长度会被压缩 30%～40%，但乘员室的长度仅被压缩 1%～2%。要做好车身的定损和维修费用的评估工作，需要具有一定的车身维修经验，要求定损人员对车辆的构造，尤其是车身的结构和碰撞对车身的影响要有充分的认识，并且了解和熟悉车身修理的具体操作。

1. 车身基本结构

1) 车身结构

汽车车身结构从形式上说，主要分为非承载式和承载式两种。

(1) 非承载式车身。非承载式车身的汽车有刚性车架，又称底盘大梁架。车身本体悬置于车架上，用弹元件连接。车架的振动通过弹性元件传到车身上，大部分振动被减弱或消除，发生碰撞时车架能吸收大部分冲击力，在坏路行驶时对车身起到保护作用，因此车厢变形小，平稳性和安全性好，而且厢内噪音低。但这种非承载式车身比较笨重，质量大，汽车质心高，高速行驶稳定性较差。

(2) 承载式车身。承载式车身的汽车没有刚性车架，只是加强了车头、侧围、车尾、底板等部位，车身和底架共同组成了车身本体的刚性空间结构。这种承载式车身除了其固有的乘载功能外，还要直接承受各种负荷。这种形式的车身具有较大的抗弯曲和抗扭转的刚度，质量小，高度低，汽车质心低，装配简单，高速行驶稳定性较好。但由于道路负载会通

过悬架装置直接传给车身本体，因此噪音和振动较大。

2）车身构成

轿车普遍采用承载式车身结构，其车身主要由车身前部、车身底部、中间车身、车身侧部、车身后部及其他相关附件组成，车身构成如图7-6所示。

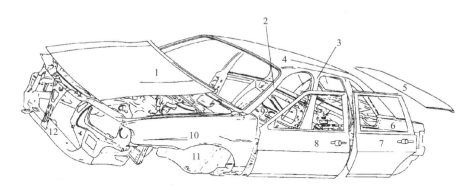

图7-6 车身构成图

1—发动机罩；2—前柱"A柱"；3—中柱"B柱"；4—顶盖；5—行李箱盖；6—后翼子板；
7—后车门；8—前车门；9—地板；10—前翼子板；11—挡泥板；12—前围

（1）车身前部。车身前部主要由翼子板、前段纵梁、前围板及发动机罩等构件组成。大多数轿车的前部装有前悬架及转向装置和发动机总成，当汽车受到正向冲击时，依靠前车身来有效地吸收冲击能量。为此，前车身在构造上确保足够的强度、刚度。所以，一般将前悬架支承座的断面制成箱形封闭式结构。

（2）车身底部。车身底部是将车身前部后侧、客箱和行李箱底板连接在一起的构件。车身底部是中间车身的基础，而且汽车行驶中加给车身的载荷都是通过底板传递并加以扩散的。除选用高强度钢板冲压外，车身底板上还配置了抗载能力强的车身纵梁和横梁。车身测量与维修用的基准孔也反映在车身的横、纵梁上。

车身底部要求具有较高的刚性，用以支撑乘员和货物并连接后悬架和后轴，车身底部由数条横梁及两侧的纵梁构成刚性较高的承载浅盘形地板。为了适当吸收车辆碰撞时的部分冲击能量，防止发动机侵入驾驶舱，前纵梁和后纵梁都设计成向上弯曲的挠曲状。

（3）车身侧部。车身侧部用以连接车身的底部、前部、后部和顶盖，并构成客箱的侧面。用前、中、后3根立柱和上下纵梁构成车门框，用以安装车门。由于车门面积的要求，车身侧面的刚性较弱。

（4）车身后部。轿车后车身是用于放置物品的部分，可以说是中间车身侧体的延长部分。车身后部主要由后侧板、后挡泥板、衬板、行李舱盖或背门形成行李舱。与车身前部相比，车身后部只有面板，而没有骨架部分，所以其刚性比车身前部低得多。

后车身的主要载荷来自于汽车后悬架，尤其是对于后轮驱动的车辆，驱动力通过车桥、悬架直接作用于后车身上。为确保后车身的强度，车身重量由中间车身径自向后延伸，到相当于后桥部位再形成拱形弯曲。这样既保证了后本身的刚度，又不至于使后桥与车身发生干涉。而且，当车身后部受到追尾碰撞时，还能瞬时吸收部分冲击能量，以其变形来实现对乘客室的有效保护。

上述四大件焊接在一起构成了车身壳体，车身壳体内部一般都设置隔音隔热和防振材料或涂层。车身除了这四大构件以外，还包括有：

① 车身外部装饰件。主要有：装饰条、车轮装饰罩、标志等，散热器面罩、保险杠等也具有明显的装饰作用。

② 车身内部装饰件。包括仪表板、顶棚、侧壁内衬、车门内衬等。

③ 车身附件。车身附件包括：车门锁、门铰链、玻璃升降器、各种密封件、扶手及辅助车身电器元件。为增加行车安全性，现代汽车上还配备有安全带、安全气囊及座椅头枕等。

2. 车身修复作业的主要内容

碰撞事故造成车身损坏的特点主要是骨架扭曲变形、断裂和板面的刮裂、凹陷、皱褶等。在事故车辆修复作业中，修理人员除了应熟练掌握矫正、热收缩、焊接修补等一般操作技能外，还应灵活运用撑拉、垫撬、解体、开褶等工艺的操作技巧，并学会分析事故损坏部位的受力情况以及所涉及的影响范围。事故车辆的钣金修复是一项综合性的、难度较大的修理作业。

事故车修复，首先应对事故车辆状况做仔细的、全面的观察，判断出汽车受碰撞瞬间外力作用位置、大小及方向，并对车身进行几何尺寸的检测和分析，分清主要受力变形位置，被牵动的次要变形位置及其变形程度，制定出修理方案。根据检测结果，从骨架的初步矫正入手，有针对性地采取撑拉、垫撬、解体、开褶、整平、焊修、挖补等工艺，视情节分别或交错地进行。事故车修复后，车身各钣金件外形尺寸和工作性能应基本达到原厂设计要求，若质量未达到要求或使其他零部件装配困难时应返工。

车身修复作业的主要内容有两大项：钣金修复和喷涂修复。

1）钣金修复的主要内容

车身钣金修复作业的主要内容包括：鉴定、拆卸、修正与装配等。

（1）鉴定。鉴定就是用尺子、样板或模具等对车身损伤部位进行检查，以确定损伤的性质和具体的修复方法。这项工作往往要与拆卸结合起来进行，否则无法准确鉴定完整的损伤情况。

（2）拆卸。为便于车身的维修操作和彻底的检验损伤，同时避免维修操作时对被拆卸件造成不必要的损伤，要对有关件进行拆卸。拆卸的原则是尽量避免零件的损伤和毁坏，连接件的拆卸方法除用扳手外，还可以根据实际情况采取钻孔、锯、錾、气割等。

（3）修整。车身变形的修整作业内容和方法很多，根据不同形式的损伤采取不同的方法，具体有：锤敲、撑拉、挖补、氧—乙炔焊、气体保护焊、手工电弧焊、电阻点焊、铝合金钎焊、等离子弧切割等。

（4）装配。将经过修正的车身和局部附件、需要更换的部件和拆卸件，按原车的要求进行总装。

2）车身喷涂修复作业的主要内容

车身进行钣金整形后的工序就是喷涂工序。工艺过程包括：脱漆、表面预处理、涂料选择和调色、实施喷涂工艺。

（1）脱漆。根据车身维修和车身旧漆的情况，需要部分或全部地除去车身上的旧漆，以保证涂装工艺的质量要求。常用的方法有：火焰法、手工或机械法、化学脱漆剂等。

（2）表面预处理。预处理的工序是：去锈斑、除污垢，进行氧化处理、磷化处理、钝化处理等。去锈除污的目的是增加涂层和腻子与基体金属的附着力；氧化处理、磷化处理、钝化处理的目的是防锈，延长车身的使用寿命。

（3）涂料选择和调色。根据原车面漆的质地与色号，选择涂料和调色。车身涂料除面漆外，还需要各种附料，如底漆、腻子、稀释剂、清漆、固化剂、防潮剂、红灰、胶纸等。

（4）涂装工序。涂装主要工序包括：头道底漆的喷涂，刮涂腻子，喷涂二道底漆，用红灰填补沙眼、气孔，喷涂末道底漆，面漆喷涂，罩清漆，喷涂后处理。

头道底漆为防锈底漆，目的是防锈和增加腻子与基体金属的附着力。腻子至少要刮涂二、三遍，并进行打磨，刮涂腻子的目的是将修整时留下的不平整平。整形效果越好，腻子的使用量越小。

3. 车身定损分析

以轿车为例进行分析：

1）保险杠定损分析

如图7-7所示，当汽车发生正面碰撞（含追尾）时保险杠支架、骨架可能发生变形，保险杠面罩（大多为塑料件）可能发生擦伤、撕裂、断裂、凹裂等损坏。保险杠支架、骨架，一般变形（含中度变形的）可采取修复校正方法处理。但对于极个别变形很严重的，因涉及安装尺寸要考虑更换。保险杠面罩：对于轻微擦伤、撕裂、凹陷变形的可采取塑焊方法进行处理，并保证外观不能有明显痕迹。特别是高档小轿车，一般情况下不得更换。对于撕裂、断裂较严重或有掉块的，修复后达不到车容要求的可予以更换。个别高档小轿车，保险杠由几部分组合而成（如导流板），原则上损坏哪一部分则更换哪一部分，不必更换总成。还有些越野吉普车，保险杠为金属电镀件，对于此类保险杠变形稍严重的一般很难采用修复方法处理。因为修复后很难保证保险杠表面光洁度，影响美观；对于轻微变形，亦可采取修复，但修复整形后须经表面电镀处理。

2）发动机罩定损分析

如图7-8所示，一般机动车辆的正面碰撞以及前侧斜交碰撞都会程度不同的引起发动机罩变形，尤其是正面碰撞导致发动机罩变形（翘曲）的程度将会更大。一般小轿车发动机罩由蒙皮和内加强筋两部分组成。轻微碰撞，因变形部位不受内加强筋限制，钣金容易操作的，可不必将蒙皮与内加强筋剥离。对于碰撞较严重且整形操作受影响的，则必须将蒙皮与内加强筋剥离后进行整形修复，相对来讲作业难度及工作量要大，在定损时应考虑工时费用的区别。

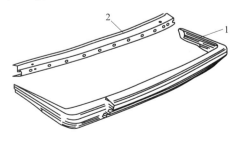

图7-7 保险杠
1—保险杠面罩；2—保险杠支架

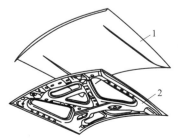

图7-8 发动机罩
1—蒙皮；2—内加强筋

一般情况下，大多数正面（侧前斜交）碰撞，发动机罩都可进行修复处理，除非特别严重的正面碰撞，否则不能轻易更换。

3）前翼子板定损分析

如图7-9所示，前翼子板结构相对发动机盖要简单一点，一般正面碰撞及斜交碰撞对翼子板的损坏程度都不是十分严重，基本上都可采取修复方法进行处理，但对严重的斜交碰撞则可能造成翼子板面板报废，同时也将殃及到前轮罩（此部分定损分析在前纵梁和挡泥板部分叙述）。对于严重正面碰撞，翼子板前部损伤将十分严重，一般小轿车此部分几何形状较为复杂（弧度、弯度）且牵涉到与前大灯以及前面罩（亦称前中网）的安装、配合，遇有严重死褶或撕裂破碎的，难以恢复原来几何形状的可考虑更换。

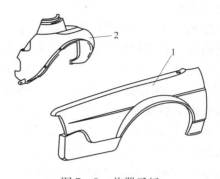

图7-9　前翼子板
1—翼子板面板；2—前轮罩

4）前围定损分析

小轿车前围部分的结构、形状都比较复杂，它是由以下几个构件组成：前风窗与机盖过渡板、雨水收集盒、散热器框架焊接件总成、电瓶框架、机舱隔板等。前围在车身结构中，位置处在前部，当汽车发生正面、侧面碰撞时，都会造成前围不同部位的变形。变形程度取决于撞击力的大小。当汽车发生正面碰撞时（含追尾），首先发生变形的就是散热器框架。对于轻微的碰撞或者局部的碰撞，一般都可采取整形恢复的办法处理，但对追尾碰撞，造成该部位破损、变形严重，因其几何形状复杂，可采取更换的办法进行处理，以保证恢复其他变形件有一个标准的尺寸（亦称基准）。造成前风窗与机盖过渡板、雨水收集盒、电瓶底座、机舱隔板变形者，一般都是特大碰撞造成的。前纵梁弯折，发动机后移，都能触及到这些部位，机舱隔板变形程度与前纵梁弯折、发动机后移程度有关。对于这些部位的定损一般都采用修复的方法来解决。因为这些部位的变形，都是碰撞后间接的受损，变形程度一般都是不太严重。在整形修复散热器框架时，应由机修工、电工配合拆装水箱、冷凝器、大灯等。当机舱隔板需整形修复时，大多需要将发动机总成抬下。发生隔板变形时，发动机多数含程度不同的损伤也需抬下发动机进行检查，且校正前梁也必须将发动机抬下。

5）前纵梁和挡泥板定损分析

前纵梁和挡泥板如图7-10所示。

（1）前纵梁定损分析。当汽车发生正面碰撞、侧面斜交碰撞时，往往会造成双边纵梁或单边纵梁弯曲变形，较大的碰撞还可能造成弯折或破损。前纵梁在车体的结构中，起着相当重要的作用，它与汽车的乘载、转向、传动、行驶等息息相关。前纵梁的变形会造成车体的扭变，轻度变形会影响汽车的行驶。前纵梁的变形，一般用眼观就可以断定。

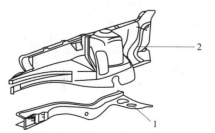

图7-10　前纵梁和挡泥板
1—前纵梁；2—挡泥板

鉴定方法：若前纵梁弯曲变形，则前纵梁上的漆皮将会脱落，铁皮起皱，左右前翼子板的缝隙大小不一，发动机盖向两边偏移等。

定损处理：在一般情况下，大多采取校正处理。若前纵梁变形弯折严重，如强行按校正处理，则很难达到原来的几何形状尺寸，有些附件以及发动机总成将会装不到原来位置，而更为严重的是：汽车的前轮定位等技术参数将会得不到保障，影响事故车辆修复后的行驶技术性能。对于纵梁变形程度较大的，一般情况下可采取更换处理。目前，大多数轿车有前纵梁构件（很多情况下前纵梁是与挡泥板连为一体的），如桑塔纳、夏利等。更换时一般采取与机舱隔板焊接处理，在焊接时应拆除仪表台以及机舱隔板上的其他附件。

（2）挡泥板定损分析。挡泥板在轿车前部左右两侧，它是由前轮旋及平行包组合而成，与前纵梁焊接成为一个整体，也可以说是轿车前部的一个骨架组合件。它与前纵梁配合，是一个多功能的部件。它的主要组件平行包，担负着悬挂的定位与安装。当汽车发生正面碰撞或侧面碰撞，都能触及到挡泥板不同程度的变形。正面碰撞，一般会造成前纵梁支撑及挡泥板前部变形，如果从侧面碰撞或者严重正面碰撞则可能造成平行包变形。

当汽车发生正面碰撞，挡泥板前部变形，一般都采取整形修复处理。若碰撞严重，造成前纵梁弯折，挡泥板破损，在决定更换前纵梁的同时，连挡泥板一同更换。若从侧面碰撞，使平行包变形严重或破损，可更换挡泥板。

6）车身支撑件定损分析

车身支撑件包括左右侧前立柱，左右侧中柱，左右侧后翼子板三角窗框架等部位。这些支撑件的构造是由内、外板组合而成的一个单元体。它的作用是连接其他部件组成一个适合的空间，以满足汽车内部的各种装饰，它是轿车中部的骨架。当汽车发生正面碰撞，一般来说对此部位的变形影响不大，如碰撞严重也只能造成立柱的变形。但对于汽车的侧面碰撞或覆倾则会造成前柱、中柱、后翼子板三角窗框架受损变形。其受损程度，与碰撞力的大小相关。

由于这些部位都是些组合件，且焊接比较牢固，所用的材质比其他构件厚、刚度较大。因此在变形、受损后，要进行修复难度较大。轻微凹陷变形，可用顶拉的方法即可恢复，如果变形严重，就要解体分开修整，最后组合。如该部件弯折或破损严重，经过鉴定后确实无法恢复原来尺寸，可考虑更换此件。因此，在修复定损时一般工时费用较高。有时，为考虑到本身车壳体的整形基准，在有此部构件的情况下，亦可采取更换方法处理。

7）车门定损分析

车门总成在轿壳结构中是关键的部件之一。车门的结构是由窗框、门皮、外加强板、加强板、车门内板及其他附件组合而成，如图7-11所示。在汽车碰撞事故中，造成车门变形、破损的主要原因是该车被侧面碰撞或覆倾。一般情况下，碰撞比较容易造成车门的中下部变形破损，而覆倾则容易造成车门的中、上部变形破损。一般轻度的擦碰，只能伤及车门的门皮（如凹陷、局部破裂），如碰撞严重，不但会造成门皮的凹变、破裂，而且会触及到车门骨架及其组合附件的变形、损坏（如玻璃升降器、升降器电机、导槽、玻璃、门顶等），因此碰撞变形严重的车门在定损时，应细心检查车门所有附件的完好程度，并由此确定修复或更换。

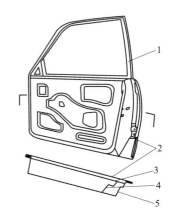

图7-11　车门本体

1—窗框；2—门皮；3—外加强板；
4—加强板；5—车门内板

车门是由许多相关的附件组成，当汽车发生碰撞、覆倾造成车门的变形或破损时，首先应断定哪个部位变形破损，再根据变形破损的程度，决定该部位是修复还是更换。由于车门是多体件组成，在定损时可采取哪个附件变形破裂，就修复或更换哪个附件。如：该车门门皮破裂严重，就采用更换门皮的方法处理，有些车型门皮有专卖的成品，而有些车型的门皮在社会上无销售，可采取修复挖补的方法解决。若车门骨架、门皮同时变形破裂严重，就采用更换门皮的方法处理，有些车型门皮有专卖的成品，而有些车型的门皮在社会上无销售，可采取修复挖补的方法解决。若车门骨架、门皮同时变形破损，修复后很难达到原来的几何形状及尺寸，可考虑更换新件，但车门的其他附件如完好无损，可继续安装使用。所以说，在更换车门时，特别是更换车门总成（含所有的附件）时更应该注意。不要放弃未变形旧件的再利用，防止定损范围扩大而造成不必要的赔付。

8) 后翼子板定损分析

轿车的后翼子板形体构造较为复杂，它与轿壳后部焊接成为一体，前上部为后侧窗框架，中上部为后窗玻璃框架，前部为后门锁框架，内侧前部与后轮旋焊接。后翼子板的碰撞一般来自开车人在倒车时，麻痹大意撞上其他物体，这种碰撞一般变形不大，只是后翼子板侧角造成凹陷变形；再一个就是其他车（第三者）的追尾碰撞，这种碰撞所造成的变形、破裂比较严重；还有一个就是其他车辆从侧面碰撞，这种碰撞一般使后翼子板变形严重，涉及后翼子板侧窗框架、后窗玻璃框架及门锁框架；还有一种是会车、超车的擦碰，这种变形程度不会太大，只是在表面上擦伤；其次，车辆倾覆也将会造成后翼子板损坏变形。后翼子板受严重碰撞之后，由于检查的部位较多，因此要求估价员工作必须细心。因本次事故碰撞所涉及的相关部位，都应仔细观察，做到不漏项目，以保证修复后的车辆能够正常行驶。

一般来说，轻微的擦撞，只是对翼子板面板造成损伤，修复整形后能够达到表面光滑、弧度均匀，恢复到原来的几何形状。对于翼子板尾部的凹变一般经过修复后都能达到原来的尺寸，操作工艺简单。对于侧面碰撞，较为严重者一般需解体整形，操作工艺复杂，工时费用相应要高。在定损时，要根据变形程度及变形部位的修复难度确定工时费用。对于碰撞后，变形、破损严重的，为保证车体后部的标准尺寸和车的外型几何形状要求，可采取更换此件的方法解决。

9) 后围定损分析

如图 7-12 所示，后围与左、右后翼子板尾部焊接，下部与行李箱底板焊接。后围的结

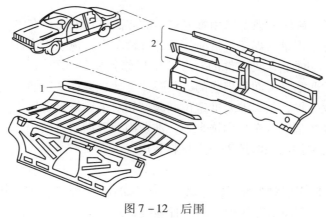

图 7-12 后围
1—封闭板；2—后围板总成

构比较简单，碰撞变形后的恢复较容易。后围的碰撞由以下原因造成：

（1）开车人在倒车时未发现后面的障碍，盲目倒车，致使后围遭受碰撞造成损坏变形；

（2）其他车辆的追尾碰撞造成后围的凹变。后围的变形，如碰撞严重，一般用眼即可看到变形程度；若轻微碰撞，则变形程度较轻，可用行李箱盖的锁机进行试验，一般后围稍有轻度变形，行李箱盖锁与后围锁架就连接不上，或连接困难。

后围的变形破损，在定损过程中都是以修复为主（无单体件可供更换），由于它的结构简单，恢复后基本上无后遗故障，因此在定损方面，比较容易掌握，而且定损工时也不会太高。

10）车顶定损分析

车顶由车顶蒙皮与骨架所组成，从形状上观看它是一个曲线完美的抛物线体，它在轿车附件中是一个较大的整体冲压件。从形状上看，车顶本身结构并不复杂，但在车身中却起着许多关键性的作用。它的前部与前立柱（亦称风挡立柱）焊接，侧部与中立柱焊接，后部与后翼子板上部焊接，是轿车主要附件的连接中心，车顶本身结构比较薄弱，轿壳内上部有一加强筋给于支撑，所以说轻微的直接碰撞都会造成车顶的凹变。

车顶的凹陷变形基本上来自下面几个原因：

（1）汽车发生正面碰撞，其碰撞力通过前纵梁、前立柱促使车顶前部、侧中部轻度弯折凹陷变形；

（2）汽车发生后部碰撞，碰撞力通过后翼子板促使车顶后部或侧中部轻度弯折凹陷变形；

（3）汽车发生中部碰撞，碰撞力通过前柱、中柱、后翼子板促使车顶中部弯折凹陷变形；

（4）车顶与物体发生直接碰撞，容易使车顶发生严重变形或破裂；

（5）汽车发生倾覆，会使车顶发生严重的凹陷变形，甚至破裂。

车顶经碰撞、倾覆发生变形破裂，一般比较明显，在定损过程中难度不大，容易发现。

车顶的轻度变形或局部凹陷，通过简单的整形就能恢复到原来的形状，不会影响相关的附件，工时费用较低，如变形面积大，局部破裂，遇到这种情况，整修工艺就比较复杂。因为，车顶是一个较大的曲线体，连接的部位较多，弧度不对，其他附件达不到原来的位置，又影响相邻附件的安装和使用尺寸，况且车顶又是汽车的一个较大的外观件，修复的质量直接影响整车的外观。

车顶的重度变形、破裂一般都采用修复整形的方法进行处理。在整形修复时，多采取将轿顶蒙皮剥离，修复后再重新焊接。目前，大部分轿车无轿顶蒙皮构件，但有些轿车有此构件（如夏利小轿车），对于有此构件的，考虑整形修复质量亦可视情况予以更换。一般来讲，凡轿顶蒙皮严重凹陷且大面积损伤的，其轿顶骨架也会程度不同的变形损伤，对于骨架的校正相对难度较大一点，它牵涉基准定位问题，相对来讲修复费用也要较高一点。凡轿顶凹陷变形时，整形修复都需将车顶内饰拿下，涉及内顶装潢工时费用；有的轿顶内饰属一次性，在考虑装潢工时费用的同时还需考虑材料费用。

11）车身底板

汽车发生碰撞、倾覆，对车身底板来说，一般不会出现较大的变形。因为，车身底板的位置在汽车的底部，前边有前围的保护，侧面有车门、立柱及底板边梁的保护，后面有后箱底板保护，车身底板处于中央位置，且车身底板的结构也比较特殊。车身底板的周边是框架结构,它的平面冲压加强筋密布,表面又增加了十字形骨架。所以说车身底板的变形,除非严重碰撞,否则一般不会造成变形,若造成车身底板变形,其原因大致有以下几点:

(1) 汽车发生正面碰撞,碰撞力通过前纵梁的根部传递给车身底板,使车身底板前部变形;

(2) 汽车发生正面碰撞,使发动机变速器严重后移,造成车身底板前部变形;

(3) 汽车侧面受外来力的巨大冲击,造成底板边梁及车身底板的侧面变形;

(4) 前、后被其他汽车碰撞的夹击力,促使车身底板的拱变;

(5) 车身底部碰撞异物,造成车身底板的局部变形、破裂;

(6) 汽车的严重倾覆造成车身底板的变形。

当汽车发生碰撞、倾覆后,车身底板的变形一般都不十分明显,尤其是轻度变形。原因是每辆汽车,在车内都铺有地板,遮盖着底板的金属件,为了鉴定的准确性,可将汽车举升查看,以便准确鉴定。

车身底板的变形,一般都采用修整的办法来恢复原来的几何形状及尺寸,破裂的进行焊补。如车身底板锈蚀,可用挖补的办法来进行恢复,修复好的车身底板必须牢固,以保证行车安全。因为车身底板在汽车构件中,是一个承载件,它关系着驾驶员及乘车人的生命安全,尤其是在定损老旧车及锈蚀严重的汽车。在定损时,应给的辅助材料一定要给,而且还要充足(如挖补用的铁皮),防止修理厂该补的地方不补,凑合焊接,这种做法后果甚为严重。当车身底板定为修复时,应注意这一点,切勿粗心大意。

12) 行李箱盖定损分析

如图7-13所示,行李箱盖的变形、破损,一般来自两个方面的碰撞,一个是从后侧部的碰撞,一个是从尾部的正面碰撞。侧部碰撞行李箱盖一般只是轻度变形,或者移位;正面碰撞,行李箱盖变形、拱曲、破损比较严重。

行李箱盖由蒙皮和骨架两部分组成,是个单纯构件,它的构造也十分简单。当行李箱盖碰撞变形后,通过整形修复基本

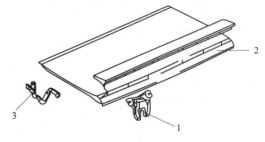

图7-13 行李箱盖
1—行李箱锁;2—行李箱总成;
3—行李箱盖铰链总成

上都能恢复原来的形状,修复后的行李箱盖在使用上不会出现影响其他附件的性能,所以行李箱盖的变形,一般都采取修复的方法处理。但对严重折变、破损的行李箱盖,在无法修复的前提下,也可采取更换的办法处理。

碰撞倾覆事故带有很大的随意性,碰撞、倾覆所造成的损坏及车身壳体的变形部位、变形面积、变形程度千差万别,但其变形损坏都比较直观,在定损过程中所需掌握的是根据变形面积、程度以及整形工艺难易程度准确核定工时费用。对于局部损坏,可按上述方法分部位进行确定。但对于严重碰撞、倾覆事故造成车身壳体大范围严重变形损坏的,在定损处理过程中既要考虑车身壳体整体维修方案,更重要的还要考虑各部位相互关联关系,从技术上(车身壳体整形维修的基准)保证车身壳体整形修复后的几何形状及尺寸。

在定损处理上不能千篇一律,要灵活运用,从维修方案上提供足够的整形修复质量的技术保障。车身壳体总成一般价值都较昂贵,在有技术保障的前提下,不得轻易采取更换。对

于一些车身壳体损坏很严重的,从技术上无法恢复车身壳体外部形状的可考虑采取更换车身壳体总成方法处理。

13) 塑料件修理与更换

随着汽车工业的发展,汽车车身各种零部件越来越多地使用各种塑料制成,特别是车身前端,包括保险杠、格栅、挡泥板、防碎石板及仪表板等。图7-14所示为现代汽车的外部常用塑料件部位图,图7-15所示为现代汽车的内部常用塑料件部位图。

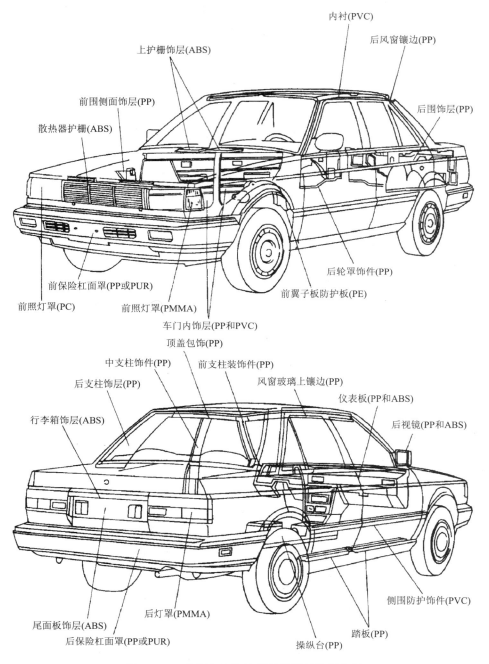

图7-14 现代汽车的外部常用塑料件部位图

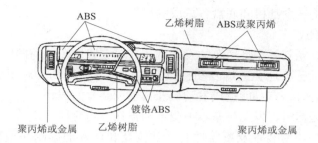

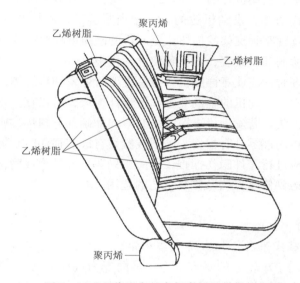

图 7-15 现代汽车的内部常用塑料件部位图

塑料在汽车上的推广和运用，就产生了修理碰伤的新方案。许多损坏的汽车可以经济地修理而不用更换，特别是不必从车上拆下零件，划痕、擦伤、撕裂和刺穿都可修理。

塑料件修与换的掌握应从以下几个方面来考虑：

（1）对于燃油箱及要求严格的安全结构件，必须考虑更换；

（2）整体破碎应考虑更换为主；

（3）价值较低、更换方便的零件应考虑更换为主；

（4）应力集中部位，如富康车尾门铰链、撑杆锁机处，应考虑更换为主；

（5）基础零件，并且尺寸较大，受损为划痕、撕裂、擦伤或穿孔，这些零件拆装麻烦、更换成本高或无现货供应，应考虑以修理为主；

（6）表面无漆面的、不能使用氰基丙烯酸酯黏结法修理的且表面美光要求较高的塑料零件。一般来说，由于修理处会留下明显的痕迹，应考虑更换。

7.2.3 发动机、底盘的定损

车辆发生碰撞、倾翻等交通事故，车身因直接承受撞击力而造成不同程度的损伤，同时由于波及、诱发和惯性的作用，发动机和底盘各总成也存在着受损伤的可能。但由于结构的原因，发动机和底盘各总成的损伤往往不直观，因此，在车辆定损查勘过程中，应根据撞击

1. 发动机损伤的鉴定

汽车的发动机，尤其是小型轿车的发动机，一般布置于车辆前部发动机舱。车辆发生迎面正碰撞事故，不可避免地会造成发动机及其辅助装置的损伤。对于后置发动机的大型客车，当发生追尾事故时，有可能造成发动机及其辅助装置的损伤。

一般发生轻度碰撞时，发动机基本上受不到损伤。当碰撞强度较大，车身前部变形较严重时，发动机的一些辅助装置及覆盖件会受到波及和诱发的影响而损伤，如空气滤清器总成、蓄电池、进排气歧管、发动机外围各种管路、发动机支撑座及胶垫、冷却风扇、发动机正时罩等，尤其对于现代轿车，发动机舱的布置相当紧凑，还可能造成发电机、空调压缩机、转向助力泵等总成及管路和支架的损坏。更严重的碰撞事故会波及发动机内部的轴类零件，致使发动机缸体的薄弱部位破裂，甚至致使发动机报废。

在对发动机损伤检查时，应注意详细检查有关支架所处发动机缸体部位有无损伤，因为这些部位的损伤不易发现。发动机的辅助装置和覆盖件损坏，可以直接观察到，可以采用就车拆卸、更换或修复的方法。若发动机支撑、正时罩和基础部分损坏，则需要将发动机拆下进行维修。当怀疑发动机内部零件有损伤、破裂或缸体有破裂损伤时，需要对发动机进行解体检验和维修。必要时应进行零件隐伤探查，但应正确区分零件形成隐伤的原因。因此，在对发动机定损时，应考虑到修复方法及修复工艺的选用。

2. 汽车底盘的定损

1）悬架系统的定损

悬架是车架（或承载式车身）与车桥（或车轮）之间的一切传力装置的总称。悬架系统的作用是：把路面作用于车轮上的垂直反力、纵向反力（牵引力和制动力）和侧向反力以及这些反力所形成的力矩，传递到车架（或承载式车身）上；悬架系统还承受车身载荷；悬架系统的传力机构维持车轮按一定轨迹相对于车架或车身跳动；对于独立悬架还直接决定了车轮的定位参数。

由于悬架直接连接着车架（或承载式车身）与车桥（或车轮），其受力情况十分复杂，在碰撞事故中，悬架系统（尤其是独立悬架系统）经常受到严重的损伤，致使前轮定位失准，影响车辆正常行驶。

车辆遭受碰撞事故时，悬架系统由于受到车身或车架传导的撞击力，悬架弹簧、减振器、悬架上支臂、悬架下支臂、横向稳定器和纵向稳定杆等元件会受到不同程度的变形和损伤。悬架系统元件的变形和损伤往往不易直接观察到，在对其进行损伤鉴定时，应借助检测设备和仪器进行必要的测量及检验。这些元器件的损伤一般不宜采用修复方法修理，应换新件，在车辆定损时应引起注意。

2）转向系统的定损

转向系统的技术状况直接影响着行车安全，而且由于转向系统的部件都布置在车身前部，通过转向传动机构将转向机与前桥连接在一起。当发生一般的碰撞事故时，撞击力不会波及转向系统元件。但当发生较严重的碰撞事故时，由于波及和传导作用，会造成转向传动机构和转向机的损伤。

转向系统易受损伤的部件有：转向横拉杆、转向机、转向节等；更严重的碰撞事故，会造成驾驶室内转向杆调整机构的损伤。

转向系统部件的损伤不易直接观察，在车辆定损鉴定时，应配合拆检进行，必要时做探伤检验。

3）制动系统的定损

车辆制动性能下降会导致交通事故，造成车辆损失。车辆发生碰撞事故时，同样会造成制动系统部件的损坏。

对于普通制动系统，在碰撞事故中，由于撞击力的波及和诱发作用，往往会造成车轮制动器的元器件及制动管路损坏。这些元器件的损伤程度需要进一步的拆解检验。

对于装用 ABS 系统的制动系统，在进行车辆损失鉴定时，应对有些元件进行性能检验，如 ABS 轮速传感器、ABS 制动压力调节器。管路及连接部分的损伤可以直观检查。

4）变速器及离合器的定损

变速器及离合器总成与发动机组装为一体，并作为发动机的一个支撑点固定于车架（或承载式车身）上，变速器及离合器的操纵机构又都布置在车身底板上。因此，当车辆发生严重碰撞事故时，由于波及和诱发等原因，会造成变速器及离合器的操纵机构受损，变速器支撑部位壳体损坏，飞轮壳断裂损坏。这些损伤程度的鉴定，需要将发动机拆下进行检查鉴定。

7.2.4 电器设备与空调系统的定损

1. 电器设备的定损

汽车电器设备包括电源部分和用电部分。电源部分有蓄电池、发电机和调节器；用电部分有起动机、点火系、照明装置和辅助设备等。

车辆碰撞直接撞击电器设备零件，造成电器零件壳体变形、断裂等直接损坏。正确判定电器部件的事故损坏范围，并确定可修复和报废的界限是理赔定损的关键。

1）蓄电池

汽车蓄电池一般安装在发动机盖里、驾驶员座位下或车架纵梁外侧。当蓄电池直接受撞击时有可能造成如下损坏：

（1）蓄电池外壳产生裂纹或破裂，致使电解液溢出。定损时，根据裂缝的部位和程度，确定对壳体进行修补或单独更换外壳；

（2）连接板断裂，可进行焊接；

（3）极柱折断，可将折断处清洁干净，重新焊修；

（4）极板组因碰撞而变形，活性物质脱落，可更换单格极板组。蓄电池所损坏的各部件均可单独更换零件予以修复处理，在定损中轻易不得更换总成。只有当外壳破碎，极板组栅架弯曲、变形，活性物质脱落无法修复时方可更换总成。

2）发电机

发电机一般安装在发动机机体前部的侧面，当车辆发生碰撞时容易造成发电机以下损坏：

（1）发电机皮带盘破裂或变形。皮带盘破裂，一般应予更换；

（2）发电机外壳破裂。凡发生壳体破裂的一般应予更换；

（3）电枢轴因碰撞弯曲。对电枢轴弯曲的可进行校正处理；

（4）前、后端盖支臂螺孔处断裂。发生断裂的可进行修焊处理。

3）起动机

起动机安装在发动机后侧飞轮壳上，一般事故不会使其受损，只有当车辆严重碰撞造成飞轮壳受损或起动机本身遭直接撞击时，才可能使起动机部分零件造成以下损坏：

（1）驱动机构的驱动齿轮变形、牙齿断裂，更换驱动齿轮；

（2）后端盖因碰撞断裂，应更换；

（3）电枢轴弯曲，可进行校正处理；

（4）启动开关变形损坏。可根据损坏程度确定是否需要更换总成，电磁式起动机开关若碰撞凹陷，可导致内部线圈短路，一般应更换开关总成；

（5）推动离合机构的传动叉因碰撞变形，可拆下校正，但校正后应摆动灵活，工作可靠。

4）照明装置

照明装置（灯具）在碰撞中首当其冲极易损坏。对灯罩破裂的，如有灯罩配件可更换灯罩，无灯罩但有半总成的可更换半总成。对于灯具底座（或称后壳）破裂的可采取塑焊修补方法处理。

5）仪表板（亦称仪表台）

仪表板由仪表台面、仪表及各类开关所组成。仪表台面大多数为塑料件，其表面处理造型，都对汽车驾驶室内起一个装饰作用，尤其是轿车类。有些汽车，其仪表台面为一整体，而有些汽车，其仪表台面由几部分组合而成。

在碰撞事故中极易造成仪表台面挤压弯折及破裂。对于台面轻微弯折或破裂的可采取塑工处理；台面内支架破裂的可进行塑焊处理；对于有组合部件的可更换部分组件，对于仪表损坏的可单独更换仪表；对于仪表未损坏，而仪表台面严重损坏的可单独更换仪表台面。仪表台总成一般价值都较高（尤其是高档轿车类），轻易不得更换仪表台总成。

2. 空调系统的定损

汽车空调系统包括：制冷压缩机、冷凝器、蒸发箱、储液罐（俗称干燥瓶）、暖气水箱、鼓风机等。

1）冷凝器

冷凝器与水箱一起被安装在水箱框架上。一般的正面碰撞极易造成冷凝器损坏。对于冷凝器轻度弯扭变形的，可采取校正方法处理；严重变形或破漏的一般应予更换。对冷凝器外部连接的空调管道直接撞击弯折、破裂的一般都应更换。

2）制冷压缩机

制冷压缩机的损坏一般表现为：皮带盘变形、压缩机轴弯曲变形、压缩机壳体破裂、压缩机空压管接头损坏等。皮带盘的轻微变形可采取校正方法处理，严重变形的可更换皮带盘；压缩机轴弯曲变形可校正处理；壳体破裂的一般应予更换；空压管接头损坏的可设法更换接头。制冷空压机技术要求高、价格昂贵，一般不得轻易更换，但维修技术确实无法达到技术要求，或配件市场无配件可供更换时，也可采取更换总成处理，但所更换的空压机旧总成件必须收回，以便以后定损时充分利用可用零件。

3）干燥瓶

干燥瓶遭受碰撞损坏时一般采取更换办法处理。但干燥瓶连接管道损坏时，只需更换连接管，不必更换干燥瓶总成。

4) 蒸发箱与鼓风机

蒸发箱及鼓风机在碰撞过程中极易遭受挤压壳体破碎。一般壳体局部破碎都可采取塑焊方法处理，但对于壳体大面积破碎的，亦可采取更换壳体处理（有壳体配件的），一般不得轻易更换总成件。

7.2.5 车辆其他保险事故的定损

车辆的事故赔偿除了道路交通事故以外，还包括火灾、盗抢及其他灾害等。

1. 火灾损失的鉴定

根据《机动车辆损失保险条款》保险责任部分的规定，车辆发生火灾、爆炸事故属于保险赔偿范围。这里的火灾指的是由车辆本身以外的火源以及保险事故造成的燃烧导致保险车辆的损失，不包括违反车辆安全操作规程造成的和因车辆本身漏油、漏电或载运货物本身原因引起的火灾损失（即车辆自燃）。

因此，在对火灾事故车辆进行损失鉴定时，应依据公安消防部门出具的火灾原因证明，确认火灾原因及是否应付保险赔偿责任。车辆可以投保附加险，车辆投保自燃损失险后发生自燃火灾，保险公司应根据保险合同条款的有关规定进行赔偿。

车辆发生火灾时，由于车身面漆、车身附件和汽车内衬都属于易燃品且有毒，发动机附件及车辆上的油品也会加剧燃烧，促使火灾损失加重。火灾过后，这些附件的品种和数量都不复存在，如确定车辆有修复价值，定损时应借助其他型号的车辆进行。

车辆的车身（尤其是承载式车身）是由薄壁板材制造的，发生严重的火灾后，金属车身会降低其强度和刚度，致使车身塌陷，车辆丧失修复价值。

2. 车辆盗抢损失鉴定

全车盗抢险属于机动车辆保险附加险的一种。保险车辆在停放中被他人偷走，或保险车辆在停放和行驶中被劫走、被抢走，下落不明，经县级以上公安机关刑侦部门立案证实，满60天未查明下落的赔偿案件成立。赔偿范围包括：被盗抢车辆的实际价值，被盗抢后受到的损坏或车上零部件、附属设备丢失需要修复的合理费用。

3. 其他灾害造成事故损失鉴定

造成车辆损失的意外原因有：外界物体坠落、倒塌。造成车辆损失的自然原因有：雷击、暴雨、龙卷风、洪水、海啸、地陷、冰陷、崖崩、雪崩、雹灾、泥石流、滑坡。

（1）外界物体（指地上或地下建筑物、树木）倒塌、空中运行物体（陨石、飞行器等）坠落，致使保险车辆受损。在对此类车险事故验损时，应根据坠落物体的外形结构，车辆被砸部位，结合碰撞事故车身的定损程序，采取不同的鉴定方法。

（2）遇有暴风雨、洪水、海啸等自然灾害，车辆有可能部分或全部被淹，如不及时处理，会造成车辆损坏。对于该类出险事故车辆进行损失鉴定时，应考虑对整车或部分总成进行清洗处理，如发动机、驾驶室、变速器、驱动桥、空调及通风装置等。这项工作需要对总成或整车解体完成，需要消耗一部分辅助材料，如发动机进行解体清洗检查，需要的辅助材料有：润滑油、全车衬垫、机油滤清器、密封胶、清洗剂等。

对于现代新型汽车，普遍采用各种电子控制装置，这些电子控制装置浸水或被水淹，尤其是在运行中，则极有可能被损坏。对电子控制装置的定损，应格外慎重，因为此类装置的价格一般都很高，所以定损时应采用检测仪器进行性能检测以确定是否损坏。

（3）其他自然原因造成的事故往往会致使车身发生变形。对于这类事故造成的车身变形，应根据与车辆接触客体的外形结构，参照碰撞事故车身受力情况分析及变形趋势分析，进行车辆损失鉴定。

7.3　损失项目的确定

1. 损失项目确定的过程和次序

以桑塔纳普通型轿车的碰撞损失为例，说明损失项目确定的过程和次序。桑塔纳普通型轿车的损失项目分为下列各项：

1）前保险杠及附件

前保险杠及附件由前保险杠、前保险杠饰条、前保险杠内衬、前保险杠骨架、前保险杠支架及前保险杠灯等组成。

现代轿车的保险杠绝大多数用塑料制成，对于用热塑性塑料制成的，价格又非常昂贵的保险杠，并且为表面做漆的，若破损处不多，可用塑料焊机焊接。

保险杠饰条破损后基本以换为主。

现代轿车的保险杠骨架多数用金属制成，使用较多的是用冷轧板冲压成形，少数高档轿车采用铝合金制成。对于铁质保险杠骨架，轻度碰撞常采用钣金修理的方法修复，价值较低的中度以上的碰撞常采用更换的方法修复。铝合金的保险杠骨架修复难度较大，中度以上的碰撞多以更换修复为主。

保险杠支架多为铁质，一般价格较低，轻度碰撞常采用钣金修复，中度以上的碰撞多为更换修复。

保险杠灯多为转向信号灯和雾灯，表面破损后多采用更换修复。对于价格较高的雾灯，且损坏为少数支撑部位的，常用焊接和黏结修理的方法修复。

2）前护栅及附件

前护栅及附件由前护栅饰条和前护栅铭牌等组成。前护栅及附件的破损多数以更换修复为主。

3）前照灯及角灯

现代汽车灯具最常见的损坏为调节螺钉损坏，只需更换调节螺钉，重新校光即可。ABS塑料属热塑性塑料，可用塑料焊焊接。表面用玻璃制成的，如果破损且有玻璃灯片供应可考虑更换玻璃灯片，对于价格较昂贵的前照灯，并且只是支撑部位局部破损可采取塑料焊焊接的方法修复。

4）散热器框架

现代轿车的散热器框架在承载式车身中属于结构件，多为高强度钢板。如何鉴定结构件的整形与更换，可按照"弯曲变形就整修，折曲变形就换"的判断原则进行处理。

由于散热器框架结构形状复杂，轻度的变形通常可以钣金修复，而中度以上的变形往往不易钣金修复，高强度低合金钢更是不宜钣金修复。

5）冷凝器及制冷系统

空调系统由压缩机、冷凝器、干燥瓶、膨胀阀、蒸发箱、管道及电控元件等组成。

现代汽车空调冷凝器均采用铝合金制成，对于中低档车中度以上的损伤一般采用更换的方法处理，对于高档轿车中度以下的损伤采用亚弧焊进行修复。

储液干燥器因碰撞变形一般以更换为主。

压缩机因碰撞常见的损伤有壳体破裂，传动带轮、离合器变形等，壳体破裂一般采用更换的方法修复，传动带轮变形、离合器变形一般采用更换传动带轮离合器的方法修复。

汽车空调管有铝管和胶管两种，铝管因碰撞常见的损伤有变形、折弯和断裂等，变形一般采取校正的方法修复，价格较低的空调管折弯、断裂一般采用更换的方法修复，价格较高的空调管折弯、断裂一般采取截去折弯、断裂处，再接一节，用亚弧焊接的方法修复。胶管的破损一般采用更换的方法修复。

汽车空调蒸发箱最常见的损伤为蒸发箱壳体的破损，局部的破损可用塑料焊焊接修复，严重的破损一般需更换。

6) 散热器及附件

散热器及附件包括散热器、进水管、出水管及副散热器等。

现代汽车散热器基本上是铝合金的，判断散热器的修与换基本与冷凝器相似。

水管的破损一般以更换方式修复。

水泵传动带轮是水泵中最易损坏的零件，通常变形后以更换为主。轻度风扇护罩变形一般以整形校正为主，严重的变形常常采取更换的方法修复。

主动风扇与从动风扇常为风扇叶破碎，更换总成。

风扇传动带在碰撞后一般不会损坏，由于其正常使用的磨损也会造成损坏，拆下后如果需更换应确定是否是碰撞原因。

7) 发动机盖及附件

轿车发动机盖常采用钣金修理法修复。

发动机盖锁遭受碰撞变形、破损多以更换为主。

发动机盖铰链遭受碰撞后多以变形为主，由于铰链的刚度要求较高，变形后多以更换为主。

发动机盖撑杆常有铁质撑杆和液压撑杆两种，铁质撑杆基本上都可以通过校正修复，液压撑杆撞击变形后多以更换修复为主。

发动机盖拉线在轻度碰撞后一般不会损坏，碰撞严重会造成折断，折断后应以更换。

8) 前翼子板及附件

前翼子板遭受撞击后其修理与发动机基本相同。

前翼子板的附件常有饰条、砾石板等，饰条损伤后多以更换为主。

9) 前纵梁及悬架座

前纵梁及悬架座按结构件方法处理。

10) 车轮

车轮由轮辋、轮胎和轮罩等组成。轮辋遭撞击后以变形损伤为主，多以更换的方式修复；轮胎遭撞击后会出现爆胎现象，以更换方式修复；轮罩遭撞击后常会产生破损现象，以更换方式修复。

11) 前悬架系统及相关部件

前悬架系统及相关部件主要包括悬架臂、转向节、减振器、稳定杆、发动机托架及制动盘等。

前悬架系统及相关部件中制动盘、悬架臂、转向节、稳定杆及发动机托架均为安全部件，发现有撞出变形均应更换。

减振器主要鉴定是否在碰撞前已损坏。减振器是易损件，正常使用到一定程度后会漏油，如果减振器外表已有油泥，说明在碰撞前已损坏。如果外表无油迹，碰撞造成弯曲变形，应更换。

12）传动轴及附件

中低档轿车多为前轮驱动，碰撞常会造成外侧等角速万向节（俗称外球笼）破损，常以更换方式修复，有时还会造成半轴弯曲变形，也以更换方式修复为主。

13）转向操纵系统（转向盘、转向传动杆、转向机、横拉杆及转向助力泵等）

操纵系统中转向操纵系统与制动系统遭撞击损伤后，从安全的角度出发多以更换修复。

安装有安全气囊系统的汽车，驾驶员气囊都安装在转向盘上，当气囊因碰撞引爆后，不仅要更换气囊，通常还要更换气囊传感器与控制模块等。

变速操纵系统遭撞击变形后，轻度的常以整修修复为主，中度以上的以更换修复为主。

14）发动机附件（正时及附件、油底壳及垫、发动机支架及胶垫、进气系统、排气系统等）

发动机附件中正时及附件因撞击破损和变形以更换修复为主。

油底壳轻度的变形一般无需修理，放油螺塞处碰伤及中度以上的变形以更换为主。

发动机支架及胶垫因撞击变形、破损以更换修复为主。

进气系统因撞击破损和变形以更换修复为主。

排气系统中最常见的撞击损伤为发动机移位造成的排气管变形，由于排气管长期在高温下工作，氧化现象较严重，通常无法整修。消声器吊耳因变形超过弹性极限破损，也是常见的损坏现象，所以应更换修复。

15）发电机及蓄电池

发电机最常见的撞击损伤为传动带轮、散热叶轮变形，壳体破损，转子轴弯曲变形等。传动带轮变形以更换方法修复。散热叶轮变形以校正修复为主。壳体破损、转子轴弯曲变形以更换发电机总成为主。

汽车用蓄电池的损坏多以壳体4个侧面破裂为主。汽车蓄电池多为铅酸蓄电池，由6格（汽油车）或12格（柴油车）组成。

碰撞会造成1格或多格破裂，电液外流。一时查看不到破裂处，可通过打开加液盖观察电液量来判断。如果只是1格或几格严重缺液多为蓄电池破裂，如果每格都缺液多为充电电流过大所致，而不是破裂。

16）前风窗玻璃及附件（前风窗玻璃、前风窗玻璃密封条及饰条、内视镜等）

前风窗玻璃及附件因撞击损坏基本上以更换修复为主，前风窗玻璃胶条分为密封式和粘贴式，桑塔纳普通型的胶条为密封式，更换风窗玻璃不用更换密封胶条。对于粘贴式的风窗玻璃，更换风窗玻璃时可能还要更换风窗玻璃胶条。内视镜多为二次碰撞致损，破损后一般以更换为主。

17）刮水器系统（刮水器片、刮水器臂、喷水壶、刮水器联动杆、刮水器电动机、喷水管等）

刮水器系统中刮水器片、刮水器臂、刮水器电动机，因撞击损坏主要以更换修复为主。

刮水器固定支架、联动杆中度以下的变形损伤以整修修复为主，严重变形一般需更换。

刮水器喷水系统，一般刮水器喷水壶只在较严重的碰撞中才会损坏，损坏后以更换为主。刮水器喷水电动机、喷水管和喷水嘴因撞坏的情况较少出现，若撞坏以更换为主。

18）A柱及饰件、前围、暖风系统、集雨栅等

承载式车身的汽车A柱因碰撞产生的损伤多以整形修复为主，由于A柱为结构钢，当产生折弯变形以更换外片为主要修复方式。

前围多为结构件，整修与更换按结构件的整修与更换原则执行，A柱内饰板因撞击破损以更换修复为主。

前围上板上安装有暖风系统，严重的碰撞常会造成暖风机壳体、进气罩的破碎，以更换为主，暖风散热器、鼓风机一般在碰撞中不会损坏。集雨栅为塑料件，通常价格较低，因撞击常造成破损，以更换修复为主。

19）仪表板及中央操纵饰件

仪表板因正面的严重撞击，或侧面撞击常造成整体变形、皱折和固定爪破损。整体变形在弹性限度内，待骨架校正好后重新装回即可。皱折影响美观，对美观要求较高的新车或高档车主张更换，因仪表板价格一般较贵，旧车更换意义不大。少数固定爪破损常以焊修修复为主，多数固定爪破损以更换修复为主。

左右出风口常在侧面撞击时破碎，右出风口也常因二次碰撞被乘员右手支承时压坏。左右饰框常在侧面碰撞时破损，严重的正面碰撞也会造成支爪断裂，均以更换为主。

杂物箱常因二次碰撞被乘员膝盖碰撞破裂，所以一般以更换为主。

20）车门及饰件[前门（后视镜）、后门及饰件等]

门防擦饰条碰撞变形应更换，由于门变形需将门防擦饰条拆下整形，多数防擦饰条为自干胶式，拆下后重新粘贴上不牢固，用其他胶粘贴影响美观，应考虑更换。

门框产生塑性变形后，一般不好整修，应考虑更换。门下部的修理同发动机盖门锁及锁芯在严重撞击后会产生损坏，一般以更换为主。后视镜镜体破损以更换为主，对于镜片破损，有些高档车的镜片可单独供应，可以通过更换镜片修复。

玻璃升降机是碰撞经常损坏的部件，玻璃导轨、玻璃托架也是经常损坏的部件，碰撞变形后一般都要更换，但玻璃导轨、玻璃托架常在评估中遗漏。

车门内饰修理同A柱内饰。

后门与前门结构与修理方法基本相同。

21）前座椅及附件、安全带

座椅及附件因撞击造成的损伤常为骨架、导轨变形和棘轮、齿轮根切现象，骨架、导轨变形常可以校正，棘轮、齿轮根切通常必须更换棘轮、齿轮机构，许多车型因购买不到棘轮、齿轮机构常会更换座椅总成。

现今我国没有强制使用被动安全带，绝大多数中低档车为主动安全带，大多数安全带在中度以下碰撞后还能使用，但必须严格检验，前部严重碰撞的安全带，收紧器处会变形，从安全角度考虑，作者建议更换。中高档轿车上安装有安全带自动收紧装置，收紧器上拉力传感器感应到严重的正面撞击后，电控自动收紧装置会点火，引爆收紧装置，从而达到快速收紧安全带的作用。但安全带自动收紧装置工作后必须更换。

22）侧车身、B柱及饰件、门槛及饰件等

有的汽车车身侧面设计成一个整块，如富康车。B柱的整修与更换同A柱。

车身侧面内饰的破损以更换为主。

一般的碰撞，边梁的变形以整形修复为主。边梁保护膜是评估中经常遗漏的项目，只要边梁需要整形，边梁保护膜就要更换。门槛饰条破损后一般以更换为主。

23）车身底板

车身底板因撞击常造成变形，常以整修方式修复，对于整修无法修复的车身底板，更换车身总成。

24）车顶及内外饰件［落水槽及饰条、车顶（指外金属件）、顶棚（指内饰）、天窗等］

严重的碰撞和倾覆会造成车顶损伤。车顶的修复同发动机盖，只要能修复，原则上不予更换。内饰同车内饰。落水槽饰条为铝合金外表做漆，损伤后一般应予更换。

25）后风窗玻璃及附件（后风窗玻璃、后风窗玻璃饰条等）

后风窗玻璃及附件的结构同前风窗玻璃。区别在于，前风窗玻璃为夹胶玻璃，后风窗玻璃为带加热除霜的钢化玻璃。修理方法同前风窗玻璃。

26）后翼子板及饰件（后三角窗、后悬架座等）

后翼子板与前翼子板不同，后翼子板为结构件，按结构件方法处理。行李箱落水槽板、三角窗内板、挡泥板外板及挡泥板内板一般不予更换。后三角窗按风窗玻璃方法处理。后悬架座按结构件方法处理。

27）后搁板及饰件（后搁板及饰件、高位制动灯等）

后搁板因碰撞基本上都能整形修复，此处如果达到不能整形修复的情况，一般车身达到更换的程度。

后搁板面板用毛毡制成，一般不用更换。后墙盖板也很少破损，如果损坏则以更换为主。现代汽车都安装高位制动灯，高位制动灯按前照灯方法处理。

28）后桥及后悬架

后悬架按前悬架方法处理。后桥按副梁方法处理。

29）后部底板、后纵梁及附件

后纵梁按前纵梁方法处理，其他同车身底板处理方法相似。备胎盖在严重的追尾碰撞中会破损，以更换为主。

30）行李箱盖及附件

行李箱工具盒在碰撞中时常破损，评估时注意不要遗漏。后轮罩内饰、左侧内饰板、右侧内饰板碰撞，一般不会损坏。

31）后围及铭牌

后围按发动机室盖方法处理。

铭牌损伤后以修复更换为主。

32）尾灯

按前照灯方法处理。

33）后保险杠及附件

按前保险杠方法处理。

根据车辆受损情况，可以从前到后，也可以从后到前逐项确定（对于一些进口小客车汽车的受损情况可以借助《MITCHELL 碰撞估价指南》逐项确定)。

2. 更换项目的确定

一般需要更换的零部件归纳为以下4种：

(1) 无法修复的零部件。如灯具的严重损毁，玻璃的破碎等。

(2) 工艺上不可修复使用的零部件。主要有胶贴的各种饰条，如胶贴的风窗玻璃饰条、胶贴的门饰条、翼子板饰条等。

(3) 安全上不允许修理的零部件。是指那些对汽车安全起重要作用的零部件。如行驶系统中的车桥、悬架；转向系统中的所有零部件，如转向横拉杆的弯曲变形等；制动系统中的所有零部件。这些零部件在受到明显的机械性损伤后，从安全的角度出发，基本上都不允许再使用。

(4) 无修复价值的零件。是指从经济上讲无修复价值，即那些修复价值接近或超过零部件原价值的零部件。

3. 拆装项目的确定

有些零部件或总成并没有损伤，但是更换、修复、检验其他部件需要拆下该零部件或总成后重新装回。

拆装项目的确定要求汽车评估人员对被评估汽车的结构非常清楚，对汽车修理工艺了如指掌。在对被评估汽车拆装项目的确定有疑问时，可查阅相关的维修手册和零部件目录。

4. 修理项目的确定

在现行的汽车损失评估（各地的价格认证中心）以及绝大多数机动车保险条款中，受损汽车在零部件的修理方式上仍以修复为主。所以若在工艺上、安全上允许，且具有修复价值的零部件应尽量修复。

5. 待查项目的确定

在车险查勘定损工作中，经常会遇到一些零件，用肉眼和经验一时无法判断其是否受损、是否达到需要更换的程度，甚至在车辆未修复前，就单独某零件用仪器都无法检测，例如转向节、悬架臂、副梁等。

7.4 汽车修理工时费用的确定

汽车修理工时包括更换、拆装项目工时，修理项目工时和辅助作业工时。工时费的确定是根据损失项目的确定而确定的，可以从评估基准地的《汽车维修工时定额与收费标准》中查到相应的工时数量或工时费标准。一般的碰撞损伤维修工作，可由框图 7-16 表示。

1. 更换、拆装项目的工时费确定

汽车修理中更换项目与拆装项目的工时绝大多数是相似的，有时更是相同的。所以通常将更换与拆装作为同类工时处理。汽车

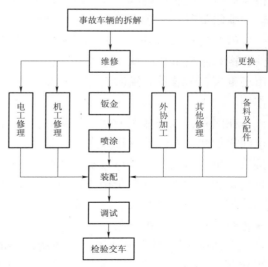

图 7-16 损伤修理流程

碰撞损失的更换、拆装项目工时的确定可以从评估基准地的《汽车维修工时定额与收费标准》中查找。然而在我国绝大多数地区没有相应的工时定额与收费标准，通常可以首先查阅生产厂有无相应的工时定额，如果有，再根据当地的工时单价计算相应的工时费。部分进口乘用车可以从《MITCHFLL 碰撞估价指南》中查到各项目的换件和拆装工时。

2. 维修费用的确定

1) 车辆维修费用的组成

车辆的维修费用主要有以下几个部分：工时费、材料费、外协加工费和税费等。

（1）工时费。工时费 = 工时费率 × 工时定额。工时费率即维修工作中每工时所需的费用价格，一般因维修作业项目和工种的不同而有所差异。工时定额即完成单项修理所需的工时数，一般业界有相应的规定。具体的工时费计算将在下面介绍。因工时费中是含有利润的，因此按照该公式计算出的费用即是维修所需的实际工费，不应再加利润。

（2）材料费。材料费是维修工作中所需要更换的零件费用和使用的材料，如涂料及其配套固化剂、稀释剂等及需要添加的运行材料费用。一般汽车修理所需的消耗（如零件清洗用品、钣金维修所需的氧气、乙炔气、普通砂纸和水、电消耗等）不应包含其中。这部分费用应在工时费率中已经包含了。但是，如果一辆事故车需要更换更多种配件时，会有一些小件如塑料件、橡胶件、螺栓、垫圈、电线及插头等损坏或丢失。这些零件价值不高，但数量众多，计算起来比较麻烦，此时可评经验适当增加辅料费用，计算到工时费中。

（3）外协加工费。外协加工费是维修过程中因厂家条件所限或某些必须专项修理的项目（也包含为降低修理成本而需要的专项修理），需要外协加工和专项修理的实际费用。这部分费用应按实际发生进行估算，不得再行加价。

（4）税费。税费应按照国家规定执行。税费是维修厂家进行结算收费是必须收取的，因此在进行维修费用估算是也应考虑在内，尤其是在维修费用很大时更加不能忽略。

2) 确定维修费用需要的资料

做好车辆碰撞的定损工作，准确地判定所需维修费用，除必需的专业技能外，还要借助很多资料，这些资料可以帮助定损人员更好地把握维修的费用。定损常常要用到的资料除车辆的维修手册外，还有零配件价格表和维修工时定额等。

（1）零配件和喷涂材料的价格。作为优秀的定损人员，应该对市场上各种车辆的零配件价格和涂料价格有深入的了解。在现在汽车销售市场整车价格风云变幻的情况下，零配件市场也有较大波动。随时掌握最新的零配件价格无疑的对维修费用的评估具有不可估量的作用。

在国外，维修费用的估算是有一定时间性的，主要的一点就是配件的价格变化。在国内也同样如此，对于修理厂家来讲，配件的使用和销售是利润的一大来源。按有关规定，厂家按出厂价进货的零配件可以加价30%；按照批发价进货的零配件可以加价15%；按照零售价进货的零配件不准加价销售，但可以收取3%的代购手续费。厂家的零配件渠道和来源不同，零件的差价也很大，给厂家带来的利润是有差异的。根据配件市场的价格对维修材料费用进行估算是最为准确的。

在碰撞修复预算中，喷涂工作所需要的原子灰、底漆、中途漆、面漆、清漆和相应的固化剂、稀释剂等盆土材料和抛光蜡、美容用品等的消耗量及其价格占有的比例相当大。有多大的面积需要涂装修理，需要何种方法涂装修理，每公升涂料可涂布的面积等都需要有比较精确的计算。车辆使用何种涂装材料，其价格相差很远。因此，定损人员不但需要有一定的实际工作经验，还要根据实际情况进行仔细的分析，适当掌握材料的价格和控制维修费用。

（2）维修工时定额和工时费率。工时定额是指完成单项维修作业需要的工作时间。作为一个衡量维修作业工作量的单位，通常并不以工人工作一个小时的实际工作时间来确定，而是比较笼统地规定了该项维修所需的工作量。

工时费率是指完成一个工时所需的费用，即每工时收费的标准。工时费率根据工作项目、工作环境和工种等有所差异。

维修工时定额和工时费率是由地方政府物价部门和地方汽车维修管理部门等政府机关，根据本地区汽车维修业平均工时和本地多数保有车型联合制定的指导性价格标准。它有利于平衡和统一本地区的车辆维修价格。近来，由于汽车技术的发展，新车型新技术不断涌现，汽车修理技术明显有了高低之分。因此，某些地区在维修收费标准上也按车型划了档次，执行"汽车维修车型系数"，在计算维修费用时要将基本工时定额乘以车型系数，使不同档次的汽车修理的收费标准拉开了较大距离。

各维修厂家由于其本身条件不同，可以根据本身的实际情况在政府指导工时定额和功率费的基础上适当上浮和下浮，报当地车辆维修管理机关批准后可以按本厂规定实行。

一些汽车生产厂家和其4S店也根据本地的政府指导性工时定额和工时费率，自行制定了专一车型维修工时定额和工时费率。因其4S店在本地区该种车型维修中的权威和垄断地位，在对该种车型进行损伤维修估算时也应该重点参考执行。

定损人员在做费用估算时，要把握估算的标准才能准确定出所需维修价格。如是厂家的定损人员在进行费用估算时，应根据本厂的工时定额和工时费率进行计算。如是保险公司的定损工作，定损员需根据当地的政府指导价格（或本保险公司的定损指南）来进行估算，这样才会比较准确地把握平均价格。

3）维修工时的确定

根据车损情况做出维修计划，按照每个维修项目估计确定维修工时，再根据工时定额可以计算出维修工费，确定维修工时是计算维修工费的关键。车辆碰撞损伤维修中主要包含以下几种工时：

（1）拆装工时。事故车辆的修理和正常的汽车维修不同，事故车修理中拆装工时常占有很大的比例。例如一辆轿车的侧面与另一辆车发生碰撞后，车辆车门受损、B柱和部分车顶损坏。要修理顶部就要拆除内顶饰板和B柱内饰板等部分，修理后要按照原样装好。往往拆装所需要的工作量比整型修理所需的工时还要多。拆装特定零部件的工时在工时定额中有明显规定，只要按照维修要求计算即可。

为碰撞修复而产生的拆装工时有3种形式：显性工时、隐性工时和整车拆装工时。在计算工时核算时，要根据实际情况分别计算。

① 显性拆装工时。修理某些零部件时，拆装该零部件所需的工时。在上例中，两车门需要整型，那么拆装这两个车门所需要的工时即为显性工时。

② 隐性拆装工时。维修某些零部件，需要首先拆除不需要修理的完好的部件，在修复装配时也是如此，这部分工时即为隐性工时。在上例中，为校正车顶而进行的内顶饰板和中柱内饰板等的拆装操作即为隐性工时。轿车前部正面或前角碰撞后，会造成纵梁和前翼子板

内板的损坏。而要校正或更换纵梁或翼子板内板，除要先拆除水箱支架、水箱、冷凝器、风扇、翼子板等（这些部件已经损坏，他们的拆装工时是显性的，亦包含在该单项修理的工时中）外，还要拆除发动机才能进行。发动机的拆装作业应即为隐性工时。隐性工时在轿车的碰撞修理中是经常有的，定损人员应充分注意。

③ 整车拆装工时。非承载式车身车辆在发生翻车和重大撞击事故时，会造成车架的严重变形。为校正或更换车架，就要拆下车体、吊下发动机、变速器、前后桥、悬架等几乎所有的车身零部件；在修复后则按照拆卸的相反顺序逐一装复，这就成了整车的拆装。

需要说明的是，某些零部件经鉴定已经损坏，更换这些零件所修要的工时成为换件工时。例如，轿车前部碰撞，前保险杠及保险杠衬板、散热器、水箱框架、灯具、翼子板需要更换。更换这些零部件所需的工时，即为换件工时。

（2）换件工时。事故车修理中，某些零部件经鉴定已经损坏，更换这些零部件所需要的工时称为换件工时。例如轿车前部碰撞，前保险杠及保险杠衬板、散热器格栅、水箱框架、灯具、翼子板等需要更换。更换这些零部件所需的工时，即为换件工时。

（3）整型工时。事故车辆的钣金件因碰撞而变形，对其整型修理所需的工时称为整型工时（钣金工时）。整型工时的定额根据车辆的钣金件部位和损伤程度等有很大的区别，一般按照钣金件的损伤程度将其分为轻度、中度和重度损伤3类：

① 轻度损伤。局部的、小范围的，不影响整体安装的轻度变形。其钣金修理的工时费用约为新件价格的10%~20%，如轿车的前翼子板、车门的轻微碰撞变形等。

② 中度损伤。局部框架的变形或板件中等程度的损伤。中度损伤的校正需要局部拆开进行整型操作，其钣金修理的工时费用约为新件价格的20%~35%，如轿车的前门立柱、中柱等钣金修理。

③ 重度损伤。板件或结构件已经整体变形，需要全部拆开进行整型矫正操作。其钣金整型工时费用约为新件价值的35%~50%。如平头货车的前门立柱、前围板、车门和驾驶室总成等。

损伤部位不同其钣金整形的工时费用也有所差异，比较重要的结构性部件和外观要求比较高的外观板件其工时定额要高一些。表7-1为某省轿车金属构件整型工时的参考定额。

表7-1　轿车车身构件整形定额工时（节选）

序号	作业项目 \ 工时定额 \ 变形程度	轻度	中度	重度	需更换
1	前围框架	6	9	12	16
2	发动机罩	10	15	20	—
3	前翼子板	8	10	12	—
4	前纵梁挡泥板总成	12	16	20	28
5	前风挡框架	8	12	16	—
6	前门前立柱	10	15	20	25
7	车门中柱	12	16	20	20

续表

序号	作业项目	工时定额 变形程度	轻度	中度	重度	需更换
8	车门		10	16	22	—
9	后备箱盖		10	15	20	—
10	后翼子板		10	15	20	24

（4）机修工时。事故车辆维修中，对机械部分进行的检查、调整、修理所需要的工时称为机修工时。例如变速器在碰撞中发生损坏，更换变速器壳体（也即变速器总成大修）所需要的工时，即为机修工时。

在事故车损伤维修中机修工时与总成大修或维修作业是相同的，可参考汽车修理工时定额进行计算，但有时应相应增加拆装工时。

（5）电工工时。电工工时包括对电气设备的修理和配合其他工种作业进行的灯具拆装、线路的更换或修整、仪表台及仪表的拆装、蓄电池的电解液补充和充电、仪表传感器等的拆装、发动机和起动机的检修等，可参照工时定额确定。

（6）调整工时。调整工时包括总成机件检修后的调试、磨合、制动、转向、离合器、四轮定位等修正后的路试检验，以及所有修理部位的检查等所需要的工时。

（7）喷涂维修费用。按喷、烤漆工时定额和收费标准，其费用为：工时费加喷、烤漆材料费。

以某省"轿车喷、烤漆成本核算参考定额"为例，一辆普通桑塔纳轿车喷、烤普通漆：
① 铲底30%以下，全车喷、烤漆为120工时；
② 铲底30%～60%，全车喷、烤漆为160工时；
③ 铲底60%以上，全车喷、烤漆为200工时；

铲底即底材处理。全车喷涂应包括底漆、原子灰、中涂、面漆和打磨等处理的费用和材料费用。一般事故车辆全车喷漆，轿车内部不喷涂，其铲底面积可按30%～60%计算，如按每工时收费7元的参考价格，喷、烤漆工时的费用约为1 200元，材料费约900元，喷、烤漆房使用费400元，加利润和税费（按成本的18%计）后，该车全部喷涂所需的费用总计约为1 800元，如表7-2所示。

表7-2 某省轿车喷、烤漆成本核算参考定额（节选）

序号	定额项目	车型 夏利7100		普通桑塔纳	
		用量	金额/元	用量	金额/元
1	原子灰	2桶	120	3桶	180
2	面漆	1.2 L		1.5 L	
3	固化剂	0.6 L	450	0.75 L	550
4	稀释剂	0.7 L		0.8 L	

续表

序号	项目 \ 定额 \ 车型	夏利7100		普通桑塔纳	
		用量	金额/元	用量	金额/元
5	底漆	1.3 kg	45	2 kg	80
6	稀释剂	1.3 kg		2 kg	
7	砂布	10 张		15 张	
8	砂纸	15 张	30	20 张	50
9	胶带	7 盘		10 盘	
10	贴护纸	—		—	
11	材料费合计		645		860
12	普通漆内、外喷	增加 250 元	895	增加 300 元	1 160
13	喷金属漆	增加 300 元		增加 300 元	
14	烤漆房使用费		400		400
15	外表全喷工时费	5×120	600	5×160×1.4	1 120
16	内、外喷工时费	5×150	750	5×200×1.4	1 400
	普通漆外表喷、烤成本 增加 18% 利润、税费 普通漆内、外喷、烤成本 金属漆外表喷、烤成本 增加 18% 利润、税费		1 645 约 1 900 约 1 900 1 945 约 2 300		2 380 约 2 800 2 680 2 680 约 3 160

桑塔纳轿车车身（地板除外）共由 15 块组成，各部分的单件喷、烤费用如表 7-3 所示。

表 7-3　桑塔纳轿车车身各部件喷、烤费用

序号	车身部件名称	喷、烤费用/元
1	前围框架	100
2	发动机罩（内、外）	450
3	前纵梁挡泥板总成	100×2＝200
4	轿顶	400
5	前翼子板	200×2＝400
6	后翼子板	250×2＝500
7	车门	250×4＝1 000
8	后备箱盖（内、外）	300
9	后舱后围	100

单件的喷、烤漆费用要高于整车的喷、烤漆费用,这是因为单件喷涂的涂料及消耗相对于整车喷涂的使用量和底材处理的比例,单件要高于整车的缘故。

金属漆的费用要高于普通漆,因为金属漆的价格要高于普通漆。同时,金属漆要喷清漆,这是普通漆所不必的。因此金属漆的整车喷烤价格要比普通漆的整车价格高 300 元左右;珍珠漆的费用比金属漆还要高,整车喷涂费用比使用金属漆高 200~300 元。

(8) 其他工时。汽车维修中还有外协加工工时和辅助工时等。一般的修理企业安装玻璃、修焊水箱、玻璃钢或铝合金制品的修焊等,需要到专门的专业加工厂完成。此外外协加工工时,其费用应根据实际发生费用估算。另外,有些大型修理厂,其专业分工细致,专有缝工、轮胎工等,如有这些工种的参与,也应当将其工时计算在内。

(9) 特种车辆的维修工时。在定损工作中有时会遇到特种车辆的费用估算问题,因为特种车辆的维修是比较专业的,有的车种还需要到专门指定的维修企业进行维修,所以在特种车定损时需要多方了解。

特种车辆类型繁多,批量较小,发生事故的概率也比较低。这类车型一般都附加有其他的机械设备,且价格都很高。比如消防车、冷藏车、大型吊车、重型自卸车、豪华大型轿车等。这些车一旦发生事故,损失都比较大,而且有的还需要到原制造厂或专业厂维修。修理工时没有可以参照的资料,确定起来有一定的困难。在定损时需要参考制造厂家或专业修理厂的标价进行。

7.5 车辆损失评估报告的撰写

在对车辆的损伤状况做完必要的检查与费用估算工作后,需要以书面的形式对车辆的损伤情况进行记录。这份记录将对制定车辆的修复计划起到决定的作用。

碰撞损伤的评估报告,可以是单独的损伤情况记录,也可以与车辆损伤的费用估算合二为一。汽车损失评估报告必须真实、实事求是、准确、经得起考验、得到各方的承认,撰写的报告是在事故现场查勘记录(原始材料)、损失情况确认书(定损书)、零部件更换项目清单、修理项目清单、保险快捷案件处理单等鉴定材料的基础上撰写而成的,要将以上各式表格材料作为补佐材料附在评估报告中。

1. 车损报告的编制

1) 基本信息

车损报告中的基本信息主要是指车主姓名、地址、电话号码、保险信息、车辆 17 位代码、油漆代码、牌照号、行驶里程等。这些信息是最基本的,也是非常重要的,不能缺省。

2) 确定是否有重要选装件

汽车选装某些零部件可能会增加汽车现值,因而应在汽车碰撞评估中列出,有以下这些件可以选择:

(1) 特定大小的发动机尺寸或其他;
(2) 汽车天窗;
(3) 中波/调频、立体声音响、录音机、CD 播放器(仅限原装件);
(4) 遥控门锁、车窗自动升降器和座椅自动调节器;
(5) 巡航控制、倾斜式转向盘;

（6）真皮座椅、特制轮箍罩盖、后备箱（原装件）和专用修理包。

除了选装件使现值增加之外，柴油机、手动变速器或没有装空调、备选修理包或动力转向均会降低汽车现值。

2. 判断事故前损伤

必须彻底检查整车，排除与保险条款无关的事故前损伤，例如：

（1）旧划痕和凹痕；

（2）锈、腐蚀或喷漆抛光的缺口和瑕疵；

（3）在保险杠、框架、护罩上的塑料件和橡胶件的裂缝、凹痕；

（4）座椅或内饰撕裂口；

（5）座椅、地毯和内部表面的污点和损伤；

（6）玻璃或后视镜的破碎和裂纹；

（7）轮箍罩盖或装饰条的损伤或缺失；

（8）灯罩开裂或破碎或者灯泡烧损；

（9）单独选配设备的损伤，如空调、暖风、后防霜等。

确定事故前损伤，将其记录在车损报告和鉴定中。保险公司不负担对事故前损伤的修理费用，他们的责任只是负担由于这次事故造成的损伤。

3. 确定更换零件及其价格

根据碰撞方向和程度，确定受损零件，其确定方法是：

（1）从直接碰撞点开始检查，向内检查整个损伤区域，列出受影响的全部零件。按着冲击力贯穿全车的路径进行检查。在最常见的前端碰撞事故中，检查过程是从汽车前端开始，逐渐向后。

（2）考虑把汽车划分为主要总成或相关零件组，然后按从外到里的顺序，按组列出损伤零件。

例如，一辆汽车左前角受到损伤。在这种碰撞中损伤的典型总成（按从前向后的顺序）为保险杠、格栅、左前照灯、散热器、车顶和翼子板。从汽车前端开始，检查已损伤总成的每个损伤零件。把零件按从外向内的顺序列出。例如，损伤翼子板需更换以下零件：翼子板、悬架滑柱支座、滑柱塔座、后延伸件、挡泥板和车裙围。翼子板附属件、车身嵌条和车灯等也可能需要换。

（3）根据配件价格手册，即可查出所需更换零件的价格及更换工时费用。

4. 确定维修项目及价格

对于需要维修的板件和车架，必须合理确定维修项目，分别列出需维修矫正的零件。根据"机动车事故修复分项工费"可查得修复某一零件所需工时及对应的工时费，填入评估表中。

5. 填写车损评估表注意事项

1）避免缩写

除非缩写在评估报告中已定义，否则不要过多地使用缩写。当一块后围侧板必须进行矫直时，不要写成"矫围板"，而要具体写成"矫正后围侧板"。应区分左、右侧的零件，例如，在这种情况下就要写明"左后侧围板"。在编写报告时，重复利用一个标记可节省时间，但用得过多会导致混乱，甚至难懂。每个记录都应完整。

2）字迹要整洁

给每个汽修厂员工或理赔员一份清楚、准确的报告，报告上无涂划、无污迹、无潦草或难懂文字或计算符号，这是专业要求。

3）特殊说明

任何特殊说明都应当清楚地在输入项中予以注明。这可以提醒修理者注意存在隐蔽损伤，给出解体说明，并详细说明拆解修理。拆解修理涉及的任何一方（碰撞修理企业、保险公司和用户）应该了解拆解修理项目、修理方法以及质量工作的重要性。

4）顾客要求

如果用户希望进行条款未规定的附加作业（例如修复事故前的损伤），这应视为"顾客要求"修理。作为一项通用规则，保险公司将不负责赔偿这部分修理费。在这种情况下，经常需要单独为顾客进行评估。

5）审阅车损报告

在完成车损报告编制并汇总和核查数字后，与用户共同审阅报告。逐项审阅报告，解释要做什么、怎样做和为什么某种类型零件和修理方法对于这辆汽车来说是最好的。

6）拍照记录

一般事故车的损伤摄影照片属于车损报告的一部分。照片可以用来记录和发现车辆损伤。照片上可能显示出隐患损伤、车架损伤、微量失准、小划痕和凹坑等。

6. 车损评估实例

例：2005年9月10日，高某驾驶辽×××××号桑塔纳2000型轿车去往沈阳的高速公路上，因疲劳驾驶，与护栏相撞，碰撞后该车前部受到严重损坏，如图7-17所示。所幸没有造成人员伤亡。由于该车投保了汽车损失保险，于是涉及该事故车的损伤评定。

对于图7-17所示的事故车辆，应查阅碰撞定损手册，列出所需更换的零部件名称，查阅各种部件价格，并且应用科学计算方法合理确定修理工时、油漆工时（根据当地核价，工时费率计为5元/工时），对该车作出全面、合理、科学的交通事故车辆损伤评定报告。其损伤评定报告如表7-4所示。

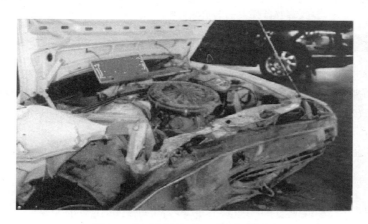

图7-17 桑塔纳2000前部碰撞图

表 7-4 事故车辆损伤修理的评定报告

客户名称	高××	牌照号	××××××	车型	SANTANA2000
驾驶员	高××	出险地点	高速公路	出险时间	2005.9.10
车架号	LSVJF0331×B××××××	发动机号	AJR××××	车辆颜色	白色
序号	修理项目			修理工时数	备注
1	发动机罩整形			15.00	手工
2	右前纵梁整形			20.00	校正器
3	左前纵梁整形			12.00	校正器
4	前围框架整形			12.00	校正器
5	左前翼子板整形			10.00	手工
6	换件工时			15.00	专用设备
7	调整工时			10.00	专用设备
8	油漆			100.00	烤漆
工时数合计				194.00	
工时费合计	大写：玖佰柒拾元整			小写	970.00 元
型号	更换零部件	单位		数量	当地价格（元）
1	前组合大灯（含转向灯）	只		2	448.00×2
2	前雾灯	只		2	140.00×2
3	前保险杠	个		1	750.00
4	前保险杠铁	个		1	140.00
5	右前翼子板	个		1	260.00
6	前面板	个		1	40.00
零件费合计	大写：贰仟叁佰陆拾陆元整			小写	2 366.00
修理费总计（大写）：叁仟叁佰叁拾陆元整				小写	3 336.00

保险当事人各方经协商同意并达成如下协议：（1）同意按本确认书确定的更换配件项目修理范围及金额对保险事故车辆进行修理。（2）修理质量须符合维修办或车辆管理部门质量标准。修理质量和修理时间由承修厂负责。（3）更换配件项目需要报价的，本确认书只确认更换配件项目的数量，金额以保险公司报价为准

盖章	核报价	承修厂	被保险车方	三责车方	保险公司
	年 月 日	年 月 日	年 月 日	年 月 日	年 月 日

习 题

一、简答题

1. 事故车辆的定损原则是什么？
2. 事故车辆的定损方法是什么？
3. 基本的汽车碰撞损伤鉴定步骤。
4. 塑料的修理方法。
5. 车辆维修费用的组成有哪些？
6. 车损报告的具体内容。
7. 如何确定需要更换的零件及其价格？
8. 如何确定修理件工时费？

二、论述题

1. 碰撞对非承载式车身结构的影响。
2. 碰撞对承载式车身结构的影响。
3. 简述车辆维修费用的确定方法。
4. 填写车损评估表注意事项。

三、技能训练

2009年11月1日，辽宁省某公司驾驶员王某驾驶辽A××××××号普通桑塔纳轿车去往沈阳的公路上，于朝阳村三岔路口，因避让右侧的摩托车而向左急转弯，由于方向过度与大树相撞，碰撞后该车前部受到严重损坏，如下图所示。所幸没有造成人员伤亡，由于该车向中国人民保险公司投保了机动车损失保险，该车经过一段时间的维修后，王某向中国人民保险公司提出索赔。于是，涉及该车的定损问题。请完成该事故车的损伤评估报告（工时费率计为8元/工时）。

第8章 新汽车评估

8.1 新汽车的价格

1. 我国汽车价格的构成

影响汽车价格的因素主要有两大类：企业的内部因素和外部因素。

1）企业的内部因素

企业的内部因素是指影响汽车价格的来自企业内部的因素，主要包括：

（1）汽车的设计。当企业决定开发一种新车型时，一般已明确了汽车的价格范围，因为产品的策略与市场策略是密不可分的，在设计汽车时，汽车将来的市场定位、消费群体及今后的销售价格区域基本上在这时已经确定下来。

（2）汽车的制造成本、费用。这是指汽车的生产成本、技术转让成本、管理费用和销售费用，是汽车价格构成的主体。在汽车的售价中，绝大部分都要用来补偿生产汽车所消耗的成本及经营费用，因此，汽车单位成本多少，经营费用的多少，也决定了汽车价格的范围。如果汽车的价格无法补偿其所消耗的成本费用，那么，这个产品也就失去生产的价值。

（3）企业的盈利目标和竞争力。企业经营的目标就是使企业的价值最大化，基于这个目标，企业在制定汽车的销售价格时要考虑盈利目标和营销策略，同时还要考虑本身产品的竞争能力，这两者是有关联的，企业经营策略影响产品的竞争力，产品竞争力强弱会影响企业的盈利目标和经营政策。

2）企业的外部因素

企业的外部因素是指来自企业外部的影响企业汽车价格的因素，这些因素主要包括：

（1）市场因素。市场因素指的是经济因素，如经济繁荣或衰退、产品的定位、同类产品的供求关系、竞争激烈程度等。

（2）竞争对手的情况。竞争对手的情况是指竞争对手的生产技术，产品的品质、种类，产品在市场上的占有率，同类产品的价格及价格策略、销售策略等。

（3）消费者的情况。消费者的情况是指消费者的消费习惯、消费心理、消费特点、消费能力、消费偏好，收入水平等。

2. 进口车的价格构成

对于目前国内进口车的价格主要由5部分构成，即到岸价格、关税、消费税、增值税和经销商费用，其中，到岸价格由于涉及外汇汇率变化，因此并不是一定的。

一般的进口车价格计算公式为：

$$进口车基本价格 = 到岸价 \times (1 + 关税税率 + 消费税税率) \times (1 + 增值税税率) + 经销商费用$$

按照这一计算公式，以一辆到岸价为10万元人民币、排量为1.0~2.2 L的进口中级轿车为例，按照加入WTO前的关税水准，其销售价 = 10万 × (1 + 80% + 5%) × (1 + 17%) + 其他费用，忽略经销商费用，则为21.64万元。实际上关税对进口车价格的影响也非常有限，如表 8-1 所示。

表 8-1 进口车税费构成

项 目		计算公式	举例/万元	
报关价		到岸价	以一辆报关价 20 万元人民币计	20
关税		应纳关税 = 报关价 × 关税税率 25%	20 * 25% = 5	5
消费税		应纳消费税 =（报关价 + 关税）/（1 - 消费税率）× 消费税率	消费税 =（20 + 5）/（1 - 12%）* 12% = 3.4	3.4
增值税		应纳增值税 =（报关价 + 关税 + 消费税）× 17%	增值税 =（20 + 5 + 3.4）* 17% = 4.9	4.9
综合费用	通关费用			3
	商检费用			
	运输费用			
	银行费用			
	选装件价格			
	其他费用			
经销商利润				4
进口车国内销售价				40.3

3. 汽车企业的汽车定价目标

一般来说，汽车企业可供选择的汽车定价目标有以下几类。

1）利润导向的汽车定价目标

汽车企业一般都把利润作为重要的汽车定价目标，这种目标主要有 3 种：

（1）以利润最大化为目标。以利润最大化为汽车定价目标，指的是汽车企业期望获取最大限度的销售利润。通常已成功地打开销路的中小企业，经常使用这种目标。追求利润最大化并不等于追求最高汽车价格。最大利润既有长期和短期之分，又有汽车企业全部汽车产品和单个汽车产品之别。

（2）以目标利润作为汽车定价目标。汽车企业把某项汽车产品或投资的目标利润水平规定为汽车销售额或投资额的一定百分比，即汽车销售利润或汽车投资利润率。汽车定价是在汽车成本的基础上加上目标利润。根据实现目标利润的要求，汽车企业要估算汽车按什么价格销售、销售多少才能达到目标利润。一般来说，预期汽车销售利润率或汽车投资利润率要明显高于银行存款利率。

以目标利润作为汽车定价目标的汽车企业，应具备以下两个条件：

① 该汽车企业具有较强的实力，竞争力比较强，在汽车行业中处于领导地位。

② 采用这种汽车定价目标的多为汽车新产品、汽车独家产品以及低价高质量的汽车产品。

(3) 适当利润目标。有些汽车企业为了保全自己，减少市场风险，或者限于实力不足，以满足适当利润作为汽车定价目标。这种情况多见于处于市场追随者地位的中小汽车企业。

2) 以销量导向的汽车定价目标

这种汽车定价目标是指汽车企业希望获得某种水平的汽车销售量或汽车市场占有率而确定的目标。

(1) 保持或扩大汽车市场占有率。汽车市场占有率是汽车企业经营状况和汽车产品在汽车市场上的竞争能力的直接反映，对于汽车企业的生存和发展具有重要意义。因此，保持或扩大汽车市场占有率非常重要。

一般来讲，只有当汽车企业处于以下几种情况时，才适合采用这种汽车定价目标。

① 采用进攻型经营策略的汽车企业；
② 低价能阻止现有和可能出现的竞争者；
③ 汽车企业有雄厚的实力能承受低价所造成的经济损失；
④ 汽车成本随着生产量的增加呈现逐渐下降的趋势，而利润有逐渐上升的可能；
⑤ 该汽车的价格需求弹性较大，低价会促使汽车市场份额的扩大。

(2) 增加汽车销售量。增加汽车销售量是指以增加、扩大现有汽车销售量为汽车的定价目标。这种方法一般适用汽车的价格需求弹性较大、生产能力过剩，只有降低价格，才能扩大销售，使单位固定成本降低、汽车企业总利润增加的情况。

3) 以竞争为导向的汽车定价目标

这是指汽车企业主要注重竞争激烈的汽车市场上以应付或避免竞争为导向的汽车定价目标。在汽车市场竞争中，大多数竞争对手对汽车价格很敏感，在汽车定价以前一般要广泛收集市场信息，把自己生产的汽车的性能、质量和成本与竞争者的汽车进行比较，然后制定本企业的汽车价格。

通常采用的方法有：
(1) 与竞争者同价；
(2) 高于竞争者的价格；
(3) 低于竞争者的价格。

汽车企业在遇到同行价格竞争时，常常会被迫采取相应对策。如：竞相降价，压倒对方；及时调价，价位对等；提高价格，树立威望。在现代市场竞争中，需要注重汽车质量、促销、分销和服务等方面，以巩固和扩大自己的汽车市场份额。

4) 汽车质量导向目标

汽车质量导向目标是指汽车企业要在市场上树立汽车质量领先的目标，而在汽车价格上作出反应。优质优价是一般的市场供求准则，研究和开发优质汽车必然要支付较高的成本，因此要求以高的汽车价格得到回报。

采取这一目标的汽车企业必须具备以下两个条件：
(1) 高性能、高质量；
(2) 优质服务。

5) 汽车企业生存导向目标

当汽车企业遇到生产过剩或激烈的市场竞争要改变消费者的需求时，它要把维持生存作为自己的主要目标。对于这类汽车企业，只要汽车价格能够弥补成本和一部分固定成本，即汽车单价大于汽车企业变动成本,就能够维持汽车企业。

6) 汽车销售渠道导向目标

对于需要经中间商销售的汽车企业,保持汽车销售渠道畅通无阻,是保证汽车企业获得良好经营效果的重要条件之一。

为了使得销售渠道畅通,汽车企业必须研究汽车价格对中间商的影响,充分考虑中间商的利益,保证对中间商有合理的利润,促使中间商有充分的积极性销售汽车。

例如,现在普遍流行的销售返利,经销商每销售一辆汽车,生产厂就会在年终返利给经销商1%~3%,年销售业绩突破一定数量后返利的点数会更高。

8.2 新汽车的定价

8.2.1 新汽车的定价方法

汽车定价方法是指汽车企业为了在目标市场上实现定价目标,而给汽车产品制定一个基本价格或浮动范围的方法。影响汽车价格的因素比较多,但在制定汽车价格时主要考虑汽车产品的成本、汽车市场的需求和竞争对手的价格等因素。一般来说,汽车产品的成本规定了汽车的最低价格,汽车市场的需求决定了汽车市场的价格弹性,竞争对手的价格提供了制定汽车价格时的参考点。在实际操作中,一般侧重于影响因素中的一个或几个因素来选定汽车定价方法,以解决汽车定价问题。由此产生了汽车成本导向定价法、汽车需求导向定价法和汽车竞争导向定价法等3种汽车定价方法。

1. 汽车成本导向定价法

汽车成本导向定价法就是以汽车成本、费用和税金为基础,加上一定的利润来制定汽车价格的方法。这是一种按汽车卖方意图定价的方法。以汽车成本为基础的定价方法主要有以下3种:

1) 汽车成本加成定价法

汽车成本加成定价法是一种最简单的汽车定价方法,即在单辆汽车成本的基础上加上一定比例的预期利润作为汽车产品的售价。售价与成本之间的差额,就是利润。由于利润的多少是按一定比例反映的,这种比例习惯称为"几成",所以这种方法称为成本加成定价法。计算公式如下:

$$汽车价格 = \frac{单车成本 \times (1 + 成本利润率)}{1 - 增值税率}$$

$$成本利润率 = \frac{要求达到的总利润}{总成本} \times 100\%$$

例如,设某个汽车企业一年要求达到总的利润为6 000万元,总成本为60 000万元,只生产某种汽车产品4 000辆,产品增值税率为17%,计算得:

$$成本利润率 = \frac{6\ 000}{60\ 000} \times 100\% = 10\%$$

$$汽车价格 = \frac{\frac{60\ 000}{4\ 000} \times (1 + 10\%)}{1 - 17\%} = 19.88 \ (万元/辆)$$

汽车成本加成定价法的优点：

（1）能使汽车企业的全部成本得到补偿，并有一定的盈利，使得汽车企业的再生产能继续进行。

（2）有利于政府及有关部门通过规定成本利润率，对汽车企业的汽车价格进行监督。

（3）如果汽车行业都采用此法，就可以避免汽车企业价格竞争，保持市场的价格稳定。

汽车成本加成定价法的缺点：

（1）由于汽车成本加成定价法忽视了汽车市场的需求和竞争对手的价格，只反映了生产经营中的成本消耗，因此，根据这种方法制定的汽车价格必然缺乏对汽车市场供求关系变化的适应能力，不利于增强汽车企业的市场竞争力。

（2）汽车企业成本属于企业的个别成本，而不是正常生产合理经营下的社会成本，因此，有可能包含不正常、不合理的费用开支。

此定价法主要适用于汽车生产经营处于合理状态下的企业和供求大致平衡、成本较稳定的产品。

2）汽车加工成本定价法

汽车加工成本定价法是将汽车企业成本分为外购成本后分别进行处理，并根据汽车企业新增成本来加成定价的方法。对于外购成本，企业只垫付资金，只有企业内部生产过程中的新增成本才是企业自身的成本消耗。因此，按汽车企业内部新增成本的一定比例计算自身成本消耗和利润，按汽车企业新增价值部分缴纳增值税，使汽车价格中的盈利同汽车企业自身的成本消耗成正比，是汽车加工成本定价法的要求。其计算公式如下：

$$汽车价格 = 外购成本 + \frac{汽车加工新增成本 \times (1 + 汽车加工成本利润率)}{1 - 加工增值税率}$$

$$汽车加工成本利润率 = \frac{要求达到的总利润}{加工新增成本总额} \times 100\%$$

$$加工增值税率 = \frac{应纳增值税金总额}{销售总额 - 外购成本总额} \times 100\%$$

这种汽车加工成本定价法主要适用于加工型汽车企业和专业化协作的汽车企业。此方法既能补偿汽车企业的全部成本，又能使协作企业之间的利润分配和税收负担合理化，避免按汽车成本定价法形成的行业之间和协作企业之间利益不均。

3）汽车目标成本定价法

汽车目标成本定价法是指汽车企业以经过一定努力预期能够达到的目标成本为定价依据，加上一定的目标利润和应纳税金来制定汽车价格的方法。目标成本与定价时的实际成本不同，这是企业在充分考虑到未来市场环境变化的基础上，为实现企业的经营目标而制定的一种预期成本，一般都低于定价时的实际成本。其计算公式如下：

$$汽车价格 = \frac{汽车目标成本 \times (1 + 汽车目标成本利润率)}{1 - 税率}$$

$$汽车目标成本利润率 = \frac{要求达到的总利润}{目标成本 \times 目标产销量} \times 100\%$$

上述表明，汽车目标成本的确定要同时受到价格、税率和利润要求的多重制约，即汽车价格应确保市场能容纳目标产销量，扣税后销售总收入在补偿目标产销量计算的全部成本后能为汽车企业提供预期的利润。此外，汽车目标成本还要充分考虑原材料、工资等成本价格变化的因素。

汽车目标成本虽不是定价时的实际成本,但也不是主观臆造出来的,主要建立在对"量、本、利"关系进行科学测算的基础上。通常,企业成本可以划分为固定总成本和变动成本这两大类。小批量生产成本高的主要原因是固定总成本按产量分摊额减少,平均变动成本一般变化不大,并还可能由于工艺技术更熟悉而降低一些,于是就使单辆汽车成本大大降低。预期的成本降低便可将汽车价格制定到能吸引消费者的水平,从而为汽车打开销路。但是,并非汽车目标成本定得越低越好,因为要降低目标成本就必须增大目标产销量,如果接近一个汽车企业的生产能力极限,单辆汽车成本水平反而又会升高,因此汽车目标成本一般是在保本点直到设备利用率达到80%左右的产量区间内确定的。

汽车目标成本定价法是为谋求长远和总体利益服务的,较适用于经济实力雄厚、生产和经营有较大发展前途的汽车企业,尤其适用于新产品的定价。采用汽车目标成本定价法有助于汽车企业开拓市场,降低成本,提高设备利用率,从而提高汽车企业的经济效益。

2. 汽车需求导向定价法

汽车需求导向定价法是一种以需求为中心,汽车企业依据汽车消费者对汽车价值的理解和对汽车需求的差别来定价的方法。

1) 对汽车价值的理解定价法

所谓对汽车价值的理解定价法,就是汽车企业按照汽车消费者对汽车价值理解来制定汽车价格,而不是根据汽车企业生产汽车的实际价值定价。对汽车价值的理解定价法同汽车在市场上的定位是相联系的。其方法是:

(1) 先从汽车的质量、提供的服务等方面为汽车在目标市场上定价;

(2) 决定汽车所能达到的售价;

(3) 估计在此汽车价格下的销量;

(4) 由汽车销量算出所需的汽车生产量、投资额及单辆汽车成本;

(5) 计算该汽车是否能达到预期的利润,以此来确定该汽车价格是否合理,并可进一步判明该汽车在市场上的命运如何。运用对汽车价值的理解定价法的关键是,要把自己的汽车产品与竞争者的汽车产品相比较,正确估计本企业的汽车产品在汽车消费者心目中的形象,找到比较准确的理解价值。因此,在汽车定价前应做好市场调研。

2) 对汽车需求的差别定价法

对汽车需求的差别定价法是根据对汽车需求方面的差别制定汽车的价格。主要有如下情况:

(1) 按汽车的不同目标消费者采取不同价格。因为同一商品对于不同消费者,其需求弹性不一样。有的消费者对价格敏感,适当给予优惠可以诱其购买,有的则不敏感,可以照价收款;

(2) 按汽车的不同花色、样式确定不同价格。因为对同一品牌、同一规格汽车的不同花色、样式,消费者的偏好程度和需求量也会不同。因此,制定不同的价格,能够吸引不同需求的消费者;

(3) 按汽车的不同销售时间采用不同价格。同一种汽车因销售时间不同,其需求量也不同,汽车企业可以据此制定不同的价格争取最大销售量。

总之,对汽车需求的差异定价法能反映汽车消费者对汽车需求的差别及变化,有助于提高汽车企业的市场占有率和增强其汽车产品的渗透率。但这种定价法不利于成交控制，且需求的差别不易精确估计。

3. 汽车竞争导向定价法

汽车竞争导向定价法是依据竞争者的价格定价，使本汽车企业的价格与竞争者价格相类似或保持一定的距离。这是一种汽车企业为了应对汽车市场竞争的需要而采取的特殊的定价方法。主要包括以下 3 种方法。

1）随行就市定价法

随行就市定价法，即以同类汽车产品的平均价格作为汽车企业定价的基础。这种方法适合汽车企业既难于对顾客和竞争者的反应作出准确的估计，自己又难于另行定价时运用。在实践中，有些产品难以计算，采用随行就市一般可较准确地体现汽车价值和供求关系，保证能获得合理效益。同时，也有利于协调同行业的步调，融洽与竞争者的关系。

此外，采用随行就市定价法，其汽车产品的成本与利润要受同行业平均水平的制约。因此，企业只有努力降低成本，才能获得更多的利润。

2）相关商品比价法

相关商品比价法，即以同类汽车产品中消费者认可某品牌汽车的价格作为依据，结合企业汽车产品与认可汽车的成本差率或质量差率来制定汽车价格。它有以下 3 种计算方式：

（1）当汽车商品与认可汽车相比，成本变化与质量变化方向程度大体相似时，可按成本变化，实行"按值论价"：

$$汽车价格 = 认可汽车价格 \times (1 + 成本差率)$$

（2）当汽车产品与认可汽车相比，成本下降不多而质量下降较多时，则应严格执行"按质论价"原则，实行低质廉价：

$$汽车价格 = 认可汽车价格 \times (1 - 质量差率)$$

采用这种定价法，由于价格常与认可汽车保持由信誉、质量和成本等方面的差别而形成一定的距离，因此，这是一种以避免竞争为主要意图的定价方法。

（3）当汽车产品与认可汽车相比，成本上升不多而质量有较大提高，可以根据"按值论价、优质优价"原则，结合考虑供求关系，在下列区域中定价：

$$汽车价格 \times (1 + 成本差率) < 汽车价格 \leq 认可汽车价格 \times (1 + 质量差率)$$

其中，质量差率要通过对汽车质量效用的综合评估而确定。

3）竞争投标定价法

在汽车交易中，采用招标、投标的方式，由一个卖主（或买主）对两个以上并相互竞争的潜在买主（或卖主）出价（或要价），择优成交的定价方法，称为竞争投标定价法。其显著特点是招标方只有一个，处于相对垄断的地位；而投标方有多个，处于相互竞争的地位。能否成交的关键在于投标者的出价能否战胜所有竞争对手而中标，中标者与卖方（买方）签约成交。

此定价法主要用于政府采购汽车和处理走私罚没汽车。

8.2.2 新汽车的定价策略

汽车价格竞争是一种重要的汽车营销手段。在激烈的汽车市场竞争中，汽车企业为了实现自己的营销战略和目标，必须根据自身产品的特点、市场需求及竞争情况，采取各种灵活多变的汽车定价策略,使汽车定价策略与汽车市场营销组合中的其他策略更好地结合,促使和扩大汽车销售,提高汽车企业的整体效益。在确定汽车价格过程中,企业要充分考虑影响汽车价格的因素,但是,要想为汽车确定合适、具有竞争力的价格,定价策略就显得十分重要。纵观近年来市场上各汽车制造商的定价策略,总的来讲有以下几点:

1. 高价的价格策略

这是一种汽车高价保利策略,是指在汽车新产品投放市场的初期,将汽车价格定得较高,以便在较短的时期内获得较高的利润,尽快收回投资。采用高价的价格策略是指当新车上市时,企业以较高的价格出售汽车,当销售量下降时,采用降低售价的方法,以吸引对价格比较敏感的消费者,达到攫取最大利润的目的。例如北京现代的雅绅特,新车一上市,采用高价策略。

(1) 优点。

① 汽车新产品投放市场,需求弹性小,尚未有竞争者,因此,只要汽车新产品性能超群、质量过硬,就可以采取高价,来满足一些汽车消费者求新、求异的消费心理;

② 由于汽车价格较高,因而可以使汽车企业在较短时期内取得较大利润;

③ 定价较高,便于在竞争者大量进入市场时主动降价,增强竞争力。

(2) 缺点。

① 在汽车新产品尚未建立起声誉时,高价不利于打开市场,一旦销售不利,汽车新产品就有夭折的风险;

② 如果高价投放销路旺盛,很容易引来竞争者,从而使汽车新产品的销路受到影响。

(3) 应用。

① 汽车企业研制、开发的这种新型、难度大、开发周期长的汽车新产品,用高价也不怕竞争者迅速进入市场;

② 这种汽车新产品有较大市场需求。由于汽车是一次购买,享用多年,因而高价市场也能接受;

③ 高价可以使汽车新产品一投入市场就树立起性能好、质量优的高档品牌形象。

采用高价策略还有一个好处:在高价的价格策略下,汽车的利润空间较大,一旦遇到对手的阻击,可以利用降价的策略,打乱对手的价格策略。但是高价的价格策略,在现在汽车市场竞争激烈的条件下,一定要策划好,弄不好很容易受到市场的抵制。如东风悦达起亚中高档汽车"起亚远航",以17.88万元至21.88万元的高价上市,但是新车一上市,就因为价格太高而不受消费者的欢迎,销售很不理想,最后企业不得不再推出售价为13.98万元的派生车型,以免失去市场。

2. 低价定价的策略

这是一种汽车低价促销策略,是指在汽车新产品投放市场时,将汽车价格定得较低,以便使汽车消费者接受,很快打开和占领市场。

(1) 优点。

① 可以利用低价迅速打开新产品的市场销路,占领市场,从多销中增加利润;

② 可以阻止竞争者进入,有利于控制市场;

(2) 缺点。

渗透定价策略的缺点是投资回收周期长、见效慢、风险大,一旦渗透失利,企业就会一败涂地。

（3）应用。

① 制造这种汽车新产品所采用的技术已经公开，或者易于仿制，竞争者容易进入市场。利用低价可以排斥竞争者，占领市场；

② 投放市场的汽车新产品，在市场上已有同类汽车产品，但是生产汽车新产品企业比生产同类汽车产品企业拥有较大的生产能力，并且该产品的规模效益显著，大量生产定会降低成本，收益有上升趋势；

③ 该类汽车产品在市场中供求基本平衡，市场需求对价格比较敏感，低价可以吸引较多顾客，可以扩大市场份额。

与上述第一点相反，这种策略是在新车上市时，以较低的价格出售，目的是吸引顾客，以争取市场的一种方法。较成功的例子是日本的丰田公司，在它的产品首次进入美国市场时，针对当时其竞争对手是欧洲和美国的生产商，日本汽车在美国市场是一个全新的产品，没得到消费者认可的情况下，丰田公司在其新车进入美国市场时以低价政策，成功地进入美国市场。

3. 务实的定价策略

务实的价格策略是指在以市场为向导的原则下，在充分了解市场上消费者的消费期望的基础上，采用根据消费者的消费能力确定新车价格的策略。每一品牌汽车都能满足汽车消费者某一方面的需求，汽车价值与消费者的心理感受有着很大的关系，这就为汽车心理定价策略的运用提供了基础，使得汽车企业在定价时可以利用汽车消费者的心理因素，有意识地将汽车价格定得高些或低些，以满足汽车消费者物质的和精神的多方面需求。例如大众的POLO，厂家在调查、了解消费者对新车反映的基础上，采用消费者期望的价格空间，最后确定POLO以低价售价9.38万元上市。

具体的定价策略如下：

1）整数定价策略

在高档汽车定价时，经常把汽车价格定成整数，不带尾数。凭借整数价格给消费者造成属于高档消费品的印象，提高汽车品牌形象，满足汽车消费者某种心理需求。

整数定价策略适用于汽车档次较高，需求的价格弹性不大的情形。由于目前选购高档汽车的消费者都属于高收入阶层，容易接受较高的整数价格。

2）尾数定价策略

尾数定价策略是与整数定价策略正好相反的一种定价策略，是指汽车企业利用消费者求廉的心理，在汽车定价时，不取整数，而带尾数的定价策略。这种带尾数的汽车价格给消费者直观上一种便宜的感觉。同时往往还会给消费者一种汽车企业经过了认真的成本核算才定价的感觉，可以提高消费者对该定价的信任度，从而激起消费者的购买欲望，促进汽车销售。尾数定价策略一般适用于汽车档次较低的经济型汽车。

3）分级定价策略

分级定价策略是指在定价时，把同类汽车分为几个等级，不同等级的汽车采用不同价格的一种定价策略。这种定价策略能使消费者产生货真价实、按质论价的感觉，因而容易被消费者所接受。而且，这些不同等级的汽车若同时提价，对消费者的质价观冲击不会太大。分级定价策略，等级的划分要适当，级差不能太大或太小。否则，不能得到应有的分级效果。

4）声望定价策略

这是根据汽车品牌在消费者心目中的声望、信任度和社会地位来确定汽车价格的一种定价策略。声望定价策略可以满足某些消费者的特殊欲望，如地位、身份、财富、名望和自我形象等，还可以通过高价格显示汽车的名贵优质。声望定价策略一般适用于具有较高知名度、有较大市场影响力的著名品牌的高档汽车。

5）特价定价策略

这是指将某种汽车产品的价格定得非常高，或者非常低，以引起消费者的好奇心理和观望行为，带动其他汽车产品的销售的一种汽车定价策略。如某些汽车企业时常采取在某一时期推出某一款车型降价出售，过一段时期又换一种车型，以此来吸引消费者时常关注该企业的汽车，降价产品销售的同时，促进同品牌其他型号车型的销售。

除了采用上述的定价策略外，在日益激烈的汽车市场中，汽车生产商们还采用暗地里降价的定价策略，即在企业销售汽车时，表面上，企业维持原来的价格出售，实际上他们通过增加或提高汽车的配置、附送汽车相关产品或送免费保养等措施来达到降价的策略，一方面增加汽车的销量，另一方面又给竞争对手的价格形成一种压力。

4. 后发制人的价格策略

后发制人的价格策略是指当厂家推出一款新车型时，先向消费者推出这种车型，但不同时公布其市场的售价，看市场的反映和收到订单的情况，然后再根据收集到的信息确定产品售价的方法。例如广汽丰田公司的凯美瑞上市就是采用此策略，在凯美瑞刚推出时，广汽丰田公司只是推出车，不同时公布凯美瑞的售价，在了解市场的情况后，再公布其售价。

5. 随众的定价策略

随众的价格策略是指跟随竞争对手的价格定价的策略。以广汽丰公司的凯美瑞为例，凯美瑞车型主要的竞争对手是本田的雅阁及上海大众的领驭等车型，由于雅阁、领驭在市场上是老牌子，其品牌在市场有一定影响力，广汽丰田公司考虑到凯美瑞是市场的后来者，在短期内想震撼雅阁在市场的地位，可能性很小，于是确定了凯美瑞的基本款的售价为19.78万元，其他的派生车型如2.0G4AT、2.G5AT的售价分别是21.98万元和22.98万元，与雅阁售价为20.98万元的2.0自动标准版及售价为21.98万元的2.0自动舒适版相差不大。因为价格定高了，很难吸引顾客；定低了，有成本的压力，所以广汽丰田公司采取随众的定价策略确定凯美瑞的售价。

8.3 新汽车评估实例

1. 新汽车评估方法与步骤

因为新汽车的评估方法通常都采用市场价格法，所以新汽车的评估步骤应遵循市场价格法的评估步骤，具体如下：

(1) 采集与被评估汽车同类型汽车的技术参数、性能指标、配置情况及价格；

(2) 选择参照车型；

(3) 对被评估汽车与参照汽车进行对比试驾；

(4) 被评估汽车与参照汽车的品牌、性能和结构特点、配置的差异比较；

(5) 收集被评估汽车与参照汽车的价格走势；

(6) 了解与判断被评估汽车的定价目标、方法和策略；
(7) 差异量化与评估。

2. 新汽车评估实例

实例1：奇瑞QQ的崛起

面对十多个品牌的激烈竞争，奇瑞QQ在不到半年的时间内就取得了3万辆的销量。也正是因为奇瑞QQ的畅销，使得奇瑞公司名列2003年国内汽车销量第八名。

1）产品定位

汽车产品一般是以价格档次定位的，例如，"经济型轿车""中级轿车""中、高级轿车""豪华轿车"。奇瑞QQ是以细分消费群体为明确客户定位的汽车产品。

奇瑞QQ提出了"年轻人的第一辆车"，年轻的上班族以崭新的生活方式拥有汽车、拥有一个属于自己的移动空间。而在此前，年轻的上班族的出行方式基本上是公交或自行车，打出租车只是偶尔的事情。

国内的汽车厂商一般都认为，年轻的上班族不会买车，或者说上班族需要多年积累才有实力买车，而且即使在有了一些经济实力之后，上班族在买房与买车之间一般是选择前者，而不是后者。而奇瑞QQ打破了传统的社会理念和消费观念，为年轻的上班族提出了汽车消费新理念。

奇瑞公司经过调查得知，金融信贷工具在国内的广泛使用和信贷市场的成熟，增强了年轻上班族的购买力，培育了他们信贷消费的全新理念，而且年轻人注重生活质量，崇尚时尚的生活方式，这使得年轻人提前拥有自己的轿车成为现实可能和主观需要。另外，随着年轻人的成长，年轻的上班族到那时还会更换更高价位的轿车。这就是奇瑞QQ"年轻人的第一辆车"产品定位的创意初衷，也表明了奇瑞公司对汽车消费市场的深入分析和对目标消费群体的准确把握。

2）产品定价

新车上市，主要有两种定价策略："高开低走"和"低价入市"，奇瑞QQ选择了后者。

奇瑞QQ上市之前，奇瑞公司曾经在新浪网上做了一个"网络价格竞猜"活动，在由20万人参加的奇瑞QQ新车价格竞猜调查中，大多数人都认为，这样一款设计时尚、性能不错、配置舒适的新车的价格应该在6万~9万元之间。与消费者大众相比，更有发言权的不少业内人士也认为，该车应该在5万~8万元之间。然而，奇瑞公司最终宣布的价格却是4.98万元。

奇瑞QQ的"低价入市"策略有着诸多优点：
(1) 在短时间内形成购车热潮，获得了新车难得的良好口碑；
(2) 销售规模的迅速崛起，使新车在国内微型车市场上占据了领跑者的位置；
(3) 新车的热销，使得汽车厂商的大规模生产成为现实，产能的充分释放又使得新车的零部件大规模采购成为可能，从而为终端产品的低价提供了成本保障和前提条件。

"高开低走"策略的定价逻辑是：新车先以比较高的价位入市，赚足尽可能多的单车利润，而后盯着市场供需变化和竞争对手的降价来不断调低自己新车的价格。奇瑞QQ"低价入市"策略与奇瑞QQ"不仅便宜，而且时尚"的产品理念是吻合的，也与奇瑞公司"造中国消费者买得起的具有世界品质的轿车"的造车理念相一致。

3）营销定位

奇瑞QQ这个名称从"嘟嘟""咪咪""爱Car（爱车）"等几十个候选名字中脱颖而出

时，就是因为它有着其他名字无可比拟的很多优势。第一，"QQ"这个名字是时尚的、前卫的，它最早诞生于国际互联网上，又有"我能找到你""我可以联系到你"的意思；第二，这个名字与目标消费者群体的定位基本吻合，他们年轻、敏感，喜欢接受新事物，对生活乐观、自信；第三，这个名字已经有了很高的知名度，推广起来成本比较低；第四，"QQ"这个名字简洁，容易被人记住，更容易传播。

可以说，奇瑞QQ成功的价值，在于它定位准确，营销组合策略的充分运用。

实例2：请对2006年1月1日，北京市场上的菱帅轿车（手动基本型）进行性价比评估。

1）市场调研

采集与被评估汽车同类型汽车的技术参数、性能指标、配置情况及价格，通过市场调研，得到2006年1月1日北京汽车市场几款同类型汽车（三厢、1.6 L、最低配置、时尚品牌）的制造厂商提供的技术参数、性能指标、配置情况及市场价格，如表8-2所示。

表8-2 几款同类型汽车的比较

品牌车型 参数、指标、配置	菱帅手动基本型 DN7160	凯越舒适版 SGM7161LX	伊兰特手动标准型 BH7160M	福美来新锐级 HMC7161GL	爱丽舍 X	宝来手动基本型 FV7161
（长/mm）×（宽/mm）×（高/mm）	4 430×1 700×1 410	4 515×1 725×1 445	4 526×1 725×1 425	4 365×1 705×1 410	4 305×1 707×1 413	4 376×1 735×1 446
轴距/mm	2 500	2 600	2 610	2 610	2 540	2 513
整备质量/kg	1 165	1 220	1 275	1 105	1 115	1 266
行李箱容积/L	420	405	415	416	437	455
发动机形式	四缸、顶置16气门、多点电喷汽油	四缸、顶置16气门、多点电喷汽油	四缸、顶置16气门、多点电喷汽油	四缸、顶置8气门、多点电喷汽油	四缸、顶置16气门、多点电喷汽油	四缸、顶置20气门、可变配气相位、多点电喷汽油
最大功率/[kW/(r·min^{-1})]	73/6 000	78/6 000	82/6 000	71/5 000	65/5 600	78/5 800
最大转矩/[N·m/(r·min^{-1})]	133/4 500	142/4 000	143/4 500	140.2/4 000	135/3 000	150/4 200
等速百公里油耗/L	6.5	6.5	6.3	6.0	6.8	6.3
燃油标号	95号以上无铅汽油	93号以上无铅汽油	93号以上无铅汽油	93号以上无铅汽油	90号以上无铅汽油	93号以上无铅汽油
油箱容积/L	50	60	55	55		55
最高时速/(km·h^{-1})	187	180	184	185	175	185

续表

参数、指标、配置 \ 品牌车型	菱帅手动基本型 DN7160	凯越舒适版 SGM7161LX	伊兰特手动标准型 BH7160M	福美来新锐级 HMC7161GL	爱丽舍X	宝来手动基本型 FV7161
0~100km/h 加速时间/s	12.4	12.7	11.6	12.7	15.5	12.5
排放标准	欧Ⅱ	欧Ⅲ	欧Ⅱ	欧Ⅱ	欧Ⅱ	欧Ⅱ
变速器	五挡手动	五挡手动	五挡手动	五挡手动	五挡手动	五挡手动
制动装置(前/后)	盘式/盘式	盘式/盘式	盘式/盘式	盘式/盘式	盘式/鼓式	盘式/盘式
ABS	无	有(加EBD)	有(加EBD)	有(带制动力分配)	有(带制动力分配)	有(加EBV)
转向助力	有	有	有	有	有	有
转向盘	不可调	不可调	倾角可调	倾角可调	倾角可调	高度及角度可调
轮胎规格	185/65R14	185/65R14	195/65R15	195/55R15	185/60R14	195/65R15
气囊	无	前排双	前排双	前排双	驾驶员座	驾驶员座
后座安全带	无	有	有	无	有	有
高位制动灯	无	无	有	无	无	无
防撞车身	有	无	有	无	无	无
防盗系统	无	有	有	有	有	有
中控门锁	有	有	有	有	有	有
倒车雷达	无	无	无	无	无	无
音响	磁带式收放机	立体声收音机/CD	立体声收音机/CD	立体声收音机/CD	磁带式收放机	磁带式收放机
玻璃升降	前后门电动	前后门电动	前后门电动	前后门电动	前后门电动	前后门电动
外后视镜	电动	电动	电动	电动	电动	电动加热
真皮座椅	无	无	无	无	无	无
价格/万元	8.49	10.98	10.61	10.66	8.95	12.43

2) 选择参照车型

从表8-2可以看出,爱丽舍X型已属于淘汰车型,不属于同一代产品,不能作为评估参照物。宝来手动基本型,由于设计理念是为驾车人设计的汽车,不同于其他几个车型,同时,发动机采用了可变配气相位,在同排量的汽车中使用较少,因此也不是一个档次的汽车,也不能作为评估参照物。

3) 对被评估汽车及参照汽车进行试驾

试驾情况如表 8-3 所示。

表 8-3 试驾情况

品牌车型 性能	菱帅手动 基本型	凯越舒适版 LX	伊兰特手动 标准型	福美来 新锐级 GL
加速性	最差	第三	最好	低速时加速性较好 高速时加速性一般
油耗	第二低	最高	第三低	最低
高速噪声	最大		第二大	
操纵稳定性	最好	一般	一般	一般

4) 被评估汽车与参照汽车的品牌、性能、结构特点和配置的差异比较

被评估汽车在品牌上与参照物均为一线品牌,而在性能、结构特点和配置上与参照汽车有一些差异,如表 8-4。

表 8-4 差异比较

品牌车型 参数、指标、配置	菱帅手动 基本型	凯越舒适版 LX	伊兰特手动 标准型	福美来 新锐级 GL
燃油标号	95 号以上 无铅汽油	93 号以上 无铅汽油	93 号以上 无铅汽油	93 号以上 无铅汽油
油箱容积/L	50	60	55	55
ABS	无	有(加 EBD)	有(加 EBD)	有(带制动力分配)
气囊	无	前排双	前排双	前排双
音响	磁带式收放机	立体声 收音机/CD	立体声 收音机/CD	立体声 收音机/CD

从表中可以看出,被评估汽车与参照汽车的差别主要表现在:

(1) 使用 95 号以上无铅汽油。由于要求使用 95 号以上无铅汽油,燃油标号要高于参照汽车,95 号以上无铅汽油普及率较低,中心城市以外不易购买到,造成行驶区域受到限制,从而使得一些对行驶区域有要求的潜在购买者被排除在外。购买者群体的减少会影响生产厂商的定价。

(2) 油箱容积。由于油箱容积相对较小,相对于参照物百公里燃油消耗也较高,因此行驶里程相对于参照物要少,这也使得对继驶里程要求较高的潜在买者被排除在外。购买者群体的减少也会影响生产厂商的定价。

(3) 无 ABS 系统。由于配置上无 ABS 系统,使得在制造成本与参照汽车相比有一定的差距,其制造成本上要比参照汽车低大约 4 000 元。

(4) 无气囊。由于配置上无气囊,使得在制造成本上与参照汽车相比也有一定的差距,

其制造成本要比仅安装驾驶员一侧单气囊的参照汽车低 3 000～5 000 元,比安装前排双气囊的参照汽车低 5 000～8 000 元。

(5) 磁带式收放机音响。由于配置上采用磁带式收放机响,与参照物汽车磁带式收放机加 CD 音响相比也有一点逊色,其制造成本上与参照汽车相比有一些的差距,大约低不到 1 000 元。与菱帅另一款配置 ABS 和 CD 音响的差 4 900 元。

5) 收集被评估汽车与参照汽车的价格走势

被评估汽车与参照汽车的价格比较如表 8-5 所示。

表 8-5 价格比较

品牌车型 时间、价格	菱帅手动基本型（类似车型）	凯越舒适版 LX（类似车型）	伊兰特手动标准型（类似车型）	福美来新锐级 GL（类似车型）
最初上市时刻	2003 年 3 月	2003 年 7 月	2004 年 4 月	2003 年 7 月
最初上市价格/万元	12.38	14.98	12.68	13
已上市时间/月	22	18	9	18
评估基准时价格/万元	8.49	10.98	10.61	10.66
平均每月降价/万元	1.77	2.22	2.3	1.3
现价占最初上市价/%	68.58	73.30	83.68	82.00

被评估汽车与参照汽车综合平均每月降价为 1 900 元。

6) 差异量化与评估

参照汽车的平均价格为 10.75 万元,与被评估汽车的配置差价约为 1.2 万元。

参照汽车的平均价格 - 配置差价 = 10.75 - 1.2 = 9.55 万元,而被评估汽车的价格为 8.49 万元。

评估结论:

(1) 被评估汽车使用燃油的标号较高,在现有的燃油供应的情况下,行驶区域受到限制;

(2) 被评估汽车的燃油箱容积相对较小,在同类型的汽车中油耗相当,续驶里程相对较少;

(3) 被评估汽车无 ABS 系统,制动稳定性相对参照车型的汽车较差;

(4) 被评估汽车无前排气囊,前排人员安全性相对于参照车型的汽车较差;

(5) 被评估汽车 CD 音响,相对于参照车型的汽车音质较差;

(6) 如果对 (1)、(2) 要求不高,并且驾驶技术比较成熟的潜在消费者,其性价比较高;

(7) 从被评估汽车的定价目标、方法和策略上看,被评估汽车的降价空间不大。

习 题

一、填空题

1. 汽车价格构成的 4 个要素是开发与生产成本、_____、_____

_____和企业利润。

2. _____是汽车价格构成的重要组成部分，是制定汽车价格的重要依据。

3. _____是产生于汽车生产企业向最终消费者转移过程的各个环节，并与汽车转移的_____、距离相关，是汽车成本构成必不可少的因素。

4. 政府税金是指政府向生产企业征收的税金，是汽车生产环节的税金。它包括_____税金和_____税金。

5. 汽车价格的高低，主要是由汽车中包含的_____大小决定的。

6. 汽车价格不仅取决于汽车_____的大小，而且取决于货币_____的大小。

7. 汽车成本导向定价法就是以_____、_____和税金为基础，加上一定的利润来制定汽车价格的方法。这是一种按汽车卖方意图定价的方法。

8. 汽车成本加成定价法是一种最简单的汽车定价方法，即在单辆汽车_____的基础上加上一定比例的_____作为汽车产品的售价。

9. 汽车加工成本定价法是将汽车企业成本分为_____后分别进行处理，并根据汽车企业_____来加成定价的方法。

二、名词解释

1. 汽车成本加成定价法
2. 汽车加工成本定价法
3. 汽车目标成本定价法
4. 汽车竞争导向定价法

三、简答题

1. 垄断竞争市场的特点。
2. 以利润导向的汽车定价目标分类及特点。
3. 以销量导向的汽车定价目标分类及特点。
4. 汽车需求导向定价法的方法。
5. 新汽车评估方法与步骤。

四、论述题

1. 详细解释汽车价格的构成。
2. 详细论述影响汽车价格的因素。
3. 详细论述汽车定价目标的分类与特点。
4. 详细论述汽车成本导向定价法的分类与特点。
5. 详细论述汽车竞争导向定价法的分类与特点。
6. 详细论述汽车新产品定价的基本策略。

第 9 章 旧机动车鉴定评估师

二手车评估师是运用目测、路试及借助相关仪器设备对二手车的技术状况进行综合检验和检测，结合车辆相关文件资料对二手车的技术状况进行鉴定，并根据评估的特定目的，选择适用的评估标准和方法进行二手车价格评估工作的专业汽车评估人员和管理人员。

9.1 鉴定评估师的职业背景

1. 职业背景

二手车市场是汽车市场的重要组成部分，二手车交易将逐渐成为汽车市场的经济增长点。目前国内 2009 年二手车年交易量达到 410 万辆，二手车市场刚刚起步，发展潜力很大。国内二手车市场在未来三五年内将出现爆发式增长，其增长潜力可达当前规模的 20～30 倍，且二手车经营相对于新车经营来说，利润十分可观。各主要汽车厂家、经销商、服务商都纷纷上马二手车业务，越来越多的汽车行业人员选择从业于二手车领域。

2004 年国家发改委颁布《汽车产业发展政策》，明确鼓励二手车流通，并要求积极培育和发展二手车市场。2005 年《二手车市场管理办法》的出台，标志着国家正在积极推动、培育、引导和规范二手车市场的发展。

二手车交易中最重要的一环是价格评估。由于二手车价格构成具有一定特殊性，需要有一套科学、统一的鉴定估价标准和方法来客观反映旧机动车的现时价格。按照国家相关部委规定，为提高旧机动车鉴定估价人员的素质，统一鉴定估价职业标准，规范旧机动车鉴定估价行为，将对旧机动车鉴定估价人员进行职业技能鉴定，实行职业资格证书制度。根据国家劳动法，从事资产价值鉴定职业的，必须持有国家劳动部门颁发的职业资格证书。

二手车评估师/二手车鉴定评估师（目前已统称为二手车评估师）就是在这样的时代背景下，依据国家劳动法律法规、相关管理条例和政策而推出的，旨在推动二手车市场规范经营、健康发展的职业资格考评体系。

国内二手车评估交易专业人才缺口在逐年扩大，当前人才缺口已达 30 万人。为满足汽车行业对二手车评估人才的迫切需求，各地区有计划地组织"二手车评估师/二手车鉴定评估师"培训，职业资格的考核、鉴定统一由国家劳动和社会保障部组织认证实施。

二手车评估师/二手车鉴定评估师是国务院批准的 6 类资产评估职业之一，是资产评估的重要组成部分。随着换车时代的到来，二手车评估师将成为未来最具发展潜力的朝阳职业。二手车评估师/二手车鉴定评估师为国家劳动保障部部级认证（全国认证，非地方认证），全国统一、通用，仅全国证符合国家出台的相关企业管理政策要求（如二手车评估公司注册），请申报二手车评估师/二手车鉴定评估师职业资格鉴定的人员特别注意。上海区域将一年举办三期二手车评估师及二手车鉴定评估师培训班，分别于 5 月（2 月底开班）、7 月（5 月初开班）、9 月组织（7 月初开班）协同中国汽车流通协会，参加国家人力资源和社会保障部职业技能鉴定中心组织考核鉴定。

2. 职业前景

二手车交易是一个极具发展潜力的市场，二手车市场繁荣与否也是一个国家汽车工业是否成熟的标志。在国外，二手车交易大约是新车交易量的 3 倍左右。我国二手车销售目前大约只占汽车销售总量的 30%。据统计，2005 年度我国汽车销售量已达到 580 万辆，增长速度跃居世界第二，全国汽车保有量 3 000 多万辆，每年要对约 100 万辆二手车进行鉴定估价，总价值逾 200 亿元，而且这个数量还在以 20% 左右的速度逐年递增。二手车交易市场的发展潜力很大。

据统计，在二手车交易总量中排列前 10 位的省市是：北京、上海、浙江、广东、山东、云南、河南、辽宁、新疆、福建等。随着国内汽车市场的发展，二手车交易将很快超过新车并逐渐占据主流地位。二手车评估师将作为一种独特的职业活跃在汽车营销领域，并逐渐得到市场的认可。

我国从 1999 年开始旧机动车鉴定估价师职业资格证书培训工作，出台了《旧机动车鉴定估价师国家职业标准》（1999 年 4 月 30 日试行）。为了顺应二手车评估行业的快速发展，2005 年《二手车流通管理办法》的实施，进一步加强了对旧车流通工作的规范化管理。《二手车流通管理办法》规范了二手车的评估鉴定工作，还对二手车鉴定评估师实行了职业资格制度。从事二手车鉴定评估经营活动的人员必须通过统一等级考试，取得劳动和社会保障部门颁发的二手车鉴定评估师等级职业资格证书。未取得二手车鉴定评估师等级职业资格证书的人员不得从事二手车鉴定评估经营活动。

在二手车交易中，价格问题实际上是最核心的问题，消费者购买二手车，往往面临质量欺诈、价格欺诈、购买非法车辆等风险，其结果是，整个二手车市场都难以取得消费者的信赖。在这个时候，二手车的鉴定评估就成为非常有价值的一个环节。

我国的二手车鉴定评估不再局限于二手车产权交易，已经扩展到二手车的纳税、保险、抵押、典当、司法鉴定等非产权交易，目前不仅厂家的汽车 4S 店需要二手车评估师，有可能资产评估事务所、会计师事务所、银行、公安机关、法院和保险公司等也很需要业务过硬的二手车评估师。而专门服务于个人的类似咨询师的二手车评估师更少。因此，需要大批二手车评估师这样的专业人才。

为使二手车交易市场规范有序、健康发展，服务于社会，迫切需要建立培训鉴定机构。二手车鉴定评估师项目经数年国家认证试点，按照国家职业资格管理规则，将下放到地方鉴定。今后，只有各地的省级人力资源和社会保障厅职业技能鉴定中心颁发省级职业资格证书（直辖市由劳动局职业技能鉴定中心颁发二手车鉴定评估师职业资格证书）。

二手车评估师就业潜力本身并不大，除了极个别新开二手车业务的单位因领取执照需要证书，很少单位招聘持证二手车评估师。从事二手车评估工作证书只是一个从业依据，更重要的是经验和能力。二手车评估师的市场需求仅为汽车修理工的 1/50，是汽车销售顾问市场需求的 1/30，是汽车保险估损人员的 1/15。现有持证二手车鉴定评估师 3 万人，持证二手车鉴定评估师就业率仅为 20%，远远低于其他相关职业工种的就业率。

二手车鉴定国家标准今年上半年有望出台，届时一个第三方价格鉴定体系将独立于买方和卖方规范运行，从事相关工作的人员持证上岗是一个必需的条件。

国家在这方面已经加大力度规范二手车市场秩序，作为二手车经营者既要了解国家的相关政策要求，又要提升自身的专业素质，应对面临的政策和相应的工作流程的变化，这是大势所趋。

二手车评估师用专业知识和真诚服务，为购车者辨别一个个陷阱，为二手车市场透明规范做自己的努力，优秀的二手车评估师将成为市场炙手可热的人才之一。

9.2　鉴定评估师的基本要求

二手车鉴定评估师的培训对象包括：开展以旧换新业务的各品牌汽车经销商；各旧机动车交易中心（市场）；旧机动车鉴定评估机构、资产评估机构等中介评估机构；其他从事机动车租赁、拍卖、报废回收、置换业务的企、事业单位的从业人员；有关车辆检测鉴定机构和其他从事机动车贷款、抵押、典当、保险、理赔、维修等业务的从业人员。对鉴定评估师的基本要求如下：

1. 职业道德

热爱本职工作，遵守职业道德，具有较高的政治素质和法制观念，从事业务要保证公正、公平、公开，不得利用职业之便损害国家、集体和个人利益。

（1）遵守法律、法规和有关规定；

（2）爱岗敬业，忠于职守，自觉履行各项职责；

（3）工作认真负责，严于律己；

（4）刻苦学习，钻研业务，努力提高思想和科学文化素质；

（5）谦虚谨慎，团结协作，主动配合；

（6）严格执行工艺文件，保证质量；

（7）重视安全、环保，坚持文明生产。

2. 基础知识

1）二手车评估基础

（1）掌握汽车分类、车辆识别代号编码、主要技术参数和性能指标；

（2）掌握汽车构造；

（3）运用电子商务收集各类汽车信息；

（5）操作、调用 MITCHELL 软件（一）；

（6）熟悉未来汽车技术发展；

（7）操作、调用 MITCHELL 软件（二）；

（8）掌握各类汽车的技术和知识（包含具有收藏价值的汽车）。

2）前期准备工作与现场手续检查

（1）接待业务；

（2）手续检查；

（3）洽谈业务；

（4）前期准备工作；

（5）现场手续检查。

3）检测汽车技术状况

（1）直观检查2.0及以下乘用车技术状况；

（2）仪器检测2.0及以下乘用车技术状况；

（3）直观检查各类汽车技术状况；
（4）仪器检测各类汽车技术状况。
4）评定汽车技术状况
（1）掌握2.0及以下乘用车主要部件技术状况；
（2）掌握2.0及以下乘用车整车技术状况；
（3）掌握汽车主要部件技术状况；
（4）掌握汽车整车技术状况；
（5）掌握汽车常见故障对汽车技术状况的影响。
5）评定与估算汽车价格
（1）估算二手2.0及以下乘用车价格；
（2）撰写二手车鉴定估价报告；
（3）估算二手车价格；
（4）撰写二手车鉴定估价报告；
（5）确认二手车收购估价；
（6）确定二手车销售价格；
（7）特殊车辆价格的评定与估算，综合评估各类汽车（包含具有收藏价值的汽车）。
6）掌握相关英语
掌握汽车相关英语。
7）培训指导
（1）理论知识和技能操作培训内容，进行现场教案准备、试讲；
（2）组织对部门的管理理论知识和技能操作内容；
（3）进行现场教案准备、试讲。
8）组织管理
组织对企业的管理。

3. 岗位职责与工作内容

二手车评估师主要的工作是车辆评估，有的还需要参与卖车的工作。除了检测车辆的性能外，有经验的评估师还不会放过二手车辆的"身份"。通常评估师会严格检查车辆手续和缴费情况，通过查验登记证、行驶证、附加费证、养路费单据、保险卡等各种证件，不仅可以确定一辆车的年限、使用性质（营运、非营运等），还可以确定该车是否为盗抢车、走私车，防止赃车流通。

其工作内容主要包括以下方面：
（1）运用路测、目视及借助相关仪器设备对二手车的技术状况进行综合检验和检测；
（2）结合车辆相关文件资料对二手车的技术状况进行鉴定；
（3）根据评估的特定目的，选择使用的评估标准和方法进行二手车价格评估工作；
（4）提供公平的鉴定信息，尽量满足买卖双方的技术要求。

通过二手车鉴定评估，可以让消费者了解车辆的技术状况、价格、行驶距离、修复经历等信息，从而提高用户对二手车的信任度，也有利于二手车流通市场的发展。据统计，为适应不同需要，目前我国每年要对约100万辆旧机动车进行鉴定估价，总价值逾200亿元，而且这个数量还在以20%左右的速度逐年递增。

9.3 鉴定评估师的技能要求

对旧机动车鉴定估价师的技能要求依人递进，高级鉴定估价师技能要求涵盖了鉴定估价师的技能要求。

9.3.1 旧机动车鉴定估价师

1. 咨询与服务

1）业务接待

（1）能按岗位责任和规范要求，文明用语、礼貌待客；

（2）能够简要介绍旧机动车交易方式、程序和有关规定。

① 岗位责任和规范要求；

② 旧机动车交易主要方式、程序和有关规定。

2）法规咨询

（1）能向客户解答旧机动车交易的法定手续；

（2）能向客户说明不同车主、不同类型旧机动车交易的有关法规。

① 国家对不同车主、不同类型旧机动车交易的规定；

②《汽车报废标准》《旧机动车交易管理办法》等。

3）技术咨询

（1）能向客户解答机动车常用的技术参数、基本构造原理及使用性能；

（2）能识别机动车类别、国产车型号和进口汽车出厂日期；

（3）能根据客户提供的情况，初步鉴别旧机动车新旧程度。

① 机动车主要技术参数、使用性能及基本构造原理；

② 机动车分类标准、国产车型号编制规则及进口车出厂日期的识别方法；

③ 鉴别机动车新旧程度基本方法。

4）价格咨询

（1）能掌握机动车市场价格行情；

（2）能向客户简要介绍汽车市场的供求状况。

① 能向客户介绍汽车交易所需的基本费用；

② 机动车价格行情、供求信息的收集渠道和方法；

③ 旧机动车交易各项费用及价格构成因素。

2. 手续检查

检查车辆各项手续：

（1）能按规定检查旧机动车交易所需的各项手续；

（2）能识别旧机动车交易所需票证的真伪。

① 旧机动车交易手续和相关知识；

② 旧机动车交易所需票证识伪常识。

3. 车况检测

1）技术状况

检查：

（1）通过目测、耳听、试摸等手段，能判断旧机动车外观和主要总成的基本状况；

（2）通过路试，能判断发动机动力性能、传动系、转向系、制动系、电路、油路等工作情况。

① 目测、耳听、试摸检查旧机动车的方法和要领；

② 路试检查旧机动车的方法和要领；

③ 机动车检测技术常识。

2）技术状况

检测：

（1）能读懂机动车检测报告；

（2）会使用简单的检测仪器和设备。

4. 技术鉴定

1）机动车主要部件技术状况鉴定

（1）熟悉机动车主要部件正常工作的状态；

（2）能判定旧机动车主要部件的技术状况。

① 机动车主要部件的工作原理；

② 检测报告数据分析方法；

③ 旧机动车技术状况等级鉴定方法。

2）机动车整车技术状况鉴定

（1）能正确分析检测报告的数据；

（2）能判定旧机动车整车的技术状况等级。

5. 评估定价

1）评估价格

（1）根据车况检测和技术鉴定结果，确定旧机动车的成新率；

（2）根据旧机动车成新率及市场行情，确定旧机动车价格。

① 确定旧机动车成新率的方法；

② 旧机动车价格评估程序和方法。

2）编写评估报告

能编写旧机动车鉴定估价报告，注意评估报告的格式、要求。

9.3.2 旧机动车高级鉴定估价师职业技能标准

1. 咨询与服务

1）业务接待

（1）能合理运用社交礼仪及社交语言；

（2）能与国外客户进行简单交流，能发现客户的需求和交易动机，营造和谐的洽谈气氛。

① 营销工作中的公关语言、礼仪；

② 常用外语口语；
③ 客户的需求心理、交易动机等常识。
2）法规咨询
（1）能向客户说明国家关于旧机动车交易的政策法规；
（2）能引导客户合法交易，应按照国家关于旧机动车交易的政策法规。
3）技术咨询
（1）能向客户解答说明机动车主要总成的工作原理；
（2）能向客户介绍机动车维修、保养常识；
（3）能为客户判断旧机动车常见故障；
（4）能理解国外常见车型代号的含义；
（5）能看懂进口汽车英文产品介绍、使用说明等技术资料。
① 机动车主要总成工作原理；
② 机动车维修、保养常识；
③ 机动车常见故障；
④ 国外常见车辆型号的含义；
⑤ 汽车专业英语基础。
4）价格咨询
（1）能通过计算机网络查询机动车价格行情和供求信息；
（2）能分析说明机动车市场价格、供求变化趋势，
（3）能根据车辆使用情况，初步估计旧机动车价格。
① 计算机信息系统软件使用方法；
② 价格学、市场学基础知识；
③ 旧机动车价格粗估方法。
5）投资咨询
（1）能帮助客户根据用途选择车型；
（2）能根据客户需要，提供投资建议。
① 机动车用途及购买常识；
② 机动车投资收益分析方法。

2. 手续检查

检查车辆各项手续。
（1）能掌握机动车上路行驶所需的手续；
（2）能判别旧机动车交易所需票证的真伪。
① 机动车交通管理常识；
② 机动车手续判别真伪知识。

3. 车况检测

1）技术状况检查
（1）能识别事故车辆；
（2）能识别翻新、大修车辆；
（3）能发现旧机动车主要部件更换情况。

① 识别事故车辆、翻新车辆、大修车辆的方法；
② 机动车维修常识；
③ 机动车基本的检测技术和方法。

2）技术状况检测

（1）熟悉机动车检测的基本项目；
（2）能掌握机动车基本检测方法；
（3）会使用机动车常用的检测仪器和设备。

4. 技术鉴定

1）机动车主要部件的技术状况鉴定

熟知机动车主要部件的技术状况对整车性能的影响。

（1）机动车部件损耗规律；
（2）旧机动车技术鉴定报告格式和内容。

2）机动车整车技术状况分析与鉴定

能撰写旧机动车技术鉴定结果报告。

5. 评估定价

1）评估价格

（1）能掌握国家有关设备折旧规定和计算方法；
（2）能掌握和运用多种评估定价方法；
（3）能利用计算机鉴定估价软件进行估价。

① 设备折旧法；
② 旧机动车估价软件使用方法；
③ 价格策略与常用定价方法：成本定价法、需求定价法、竞争定价法。

2）编写评估报告

能够运用计算机编写评估报告。掌握计算机文字处理软件的使用方法。

6. 工作指导

指导鉴定估价的工作。

（1）了解机动车的发展动态；
（2）能指导旧机动车鉴定估价师处理工作中遇到的较复杂问题；
（3）能结合实际情况，对鉴定估价工作提出改进意见，掌握鉴定估价的相关知识。

9.4 鉴定评估师考核实施办法

1. 鉴定评估师等级

我国的二手车鉴定评估不再局限于二手车产权交易，已经扩展到二手车的纳税、保险、抵押、典当、司法鉴定等非产权交易，因而二手车评估的外延大大扩张，人才需求也日益膨胀。二手车评估师是运用目测、路试及借助相关仪器设备对二手车的技术状况进行综合检验和检测，结合车辆相关文件资料对二手车的技术状况进行鉴定，并根据评估的特定目的，选择适用的评估标准和方法进行二手车价格评估工作的专业汽车评估人员和管理人员。职业定义看似简单，其实对二手车评估师的知识技能提出了很高要求。按照现有的职业等级，四级

（中级）、三级（高级）、二级（技师级）的职业水平有以下要求：

四级：能通过简单的仪器和目测手段了解车况并定价。需要掌握汽车商品知识，如汽车分类、车辆识别代号编码、主要技术参数和性能指标、汽车构造、运用电子商务收集各类汽车信息等；能检测汽车技术状况，如直观或仪器检查2.0及以下乘用车技术状况；评定汽车技术状况，如掌握2.0及以下乘用车主要部件和整车技术状况；最后评定与估算汽车价格。

三级（高级）：相比于四级，有更强的分析评估能力。需要掌握目前汽车新技术，能操作、调用MITCHELL软件（一）；能洽谈业务，做好前期准备和现场手续检查；能直观和仪器检测各类汽车技术状况；掌握汽车主要部件和整车技术状况；最后估算价格。此外还需要掌握汽车相关英语。

二级：拥有名车、特殊车的评估技术，还拥有大批量汽车的快速评估能力。需要熟悉未来汽车技术发展，能操作、调用MITCHELL软件（二）；掌握汽车常见故障对汽车技术状况的影响；确认二手车收购估价和销售价格，能对特殊车辆价格进行评定与估算；掌握汽车相关英语；承担现场教案准备、试讲培训、部门组织管理等职能。

一般来说，二手车评估师是一项看重经验的职业，从事相关行业的人才才有机会通过学习培训成为一名专业的评估师。有汽车营销、汽车商务、市场营销、汽车运用、汽车维修与检测、汽车运用技术、汽车工程、企业管理等相关专业背景，有二手车交易、二手车拍卖、汽车贸易、汽车销售、汽车服务（提供汽车金融、汽车保险、汽车租赁及汽车市场需求信息服务）、汽车运用、汽车维修、汽车检测、汽车制造等行业从业经验的人才都可以成为二手车评估师。

2. 鉴定评估师报名条件

1）培训对象

开展以旧换新业务的品牌汽车经销商；各二手车交易中心（市场）；二手车鉴定评估机构、资产评估机构等中介评估机构；其他从事机动车租赁、拍卖、报废回收、置换业务的企、事业单位的从业人员；有关车辆检测鉴定机构和其他从事机动车贷款、抵押、典当、保险、理赔、维修等业务的从业人员。

2）报名条件

本职业资格分为二手车鉴定评估师、高级二手车鉴定评估师两个等级。

申请参加二手车鉴定评估师职业资格培训人员要符合《二手车鉴定评估师国家职业标准》对本职业所规定的申报条件：

（1）文化程度具备以下条件之一：

① 持有中等职业学校（含中专、职校、技校）毕业证者，持有四级（汽车类）职业资格证书者，须在持证两年及以上，方可申报本职业的三级职业资格鉴定；

② 持有高等学校（含大学、大专、高职）毕业证者，汽车类专业，可直接申报本职业的三级职业资格鉴定；

③ 持有高等学校（含大学、大专、高职）毕业证者，非汽车类专业，在本职业工作两年及以上者，可直接申报本职业的三级职业资格鉴定；

④ 持有中等职业学校（含中专、职校、技校）及以上文化程度毕业证者，《二手车评估师》（四级）职业资格评定成绩为"良好"及以上者可直接申报参加三级职业资格鉴定。

(2) 持有有效的机动车驾驶执照,驾龄 3 年以上;
(3) 具有一定的汽车相关知识。

申请参加二手车高级鉴定评估师职业资格培训人员要符合《二手车鉴定评估师国家职业标准》对本职业所规定的申报条件:

(1) 文化程度具备以下条件之一:

① 须具备或者相当于高等学校大专(含高职)及以上文化程度,持有三级本职业资格证书者,须在持证两年及以上;持有其他三级(汽车类)职业资格证书者,须在持证两年及以上并从事本职业岗位工作两年及以上者,方可申报本职业的二级职业资格鉴定;

② 持有《高等学校学生职业资格证书》,并在毕业后从事本职业岗位工作两年及以上者,可申报本职业的二级职业资格鉴定;

③ 具备或者相当于高等学校大专(含高职)及以上文化程度,持有中级技术职称的人员,则必须参加本职业的三级职业资格鉴定,鉴定合格无须年限规定,可直接申报本职业的二级职业资格鉴定;

(2) 持有有效的机动车驾驶执照、驾龄 4 年以上;
(3) 熟悉汽车相关知识;
(4) 具有一定的企业管理知识。

3. 理论知识鉴定内容

四级(中级)二手车鉴定评估师的理论知识鉴定内容如表 9 - 1 所示。

表 9 - 1　四级理论知识鉴定内容

职业功能	工作内容	技能要求	专业知识要求	比重
一、二手车评估基础	(一)掌握汽车分类、车辆识别代号编码、主要技术参数和性能指标	1. 能识别汽车分类; 2. 能识别车辆识别代号编码; 3. 能对照汽车主要技术参数; 4. 能对照汽车性能指标	1. 汽车概况; 2. 车辆识别代号编码; 3. 汽车主要技术参数; 4. 汽车性能指标	10%
	(二)掌握汽车构造	1. 能识别、分析汽车发动机系统; 2. 能识别、分析汽车底盘系统; 3. 能识别、分析汽车车身系统; 4. 能识别、分析汽车电气设备	1. 汽车构造; 2. 汽车电气设备	8%
	(三)运用电子商务收集各类汽车信息	能运用电子商务收集各类汽车信息(品牌、汽车主要技术参数、性能指标、主要配置、选配件)	电子商务	4%

续表

职业功能	工作内容	技能要求	专业知识要求	比重
二、前期准备工作与现场手续检查	（一）接待业务	1. 能做好办公室接待； 2. 能做好电话接待	1. 二手车鉴定评估人员岗位职责； 2. 二手车鉴定评估人员的素质； 3. 二手车鉴定估价从业人员工作守则； 4. 公关礼仪知识	6%
	（二）手续检查	1. 能对评估乘用车手续进行检查，核对实物； 2. 能了解情况，填写二手车鉴定估价登记表	1. 相关法律法规； 2. 汽车鉴定估价流程； 3. 机动车的税费缴纳凭证	6%
三、检测汽车技术状况	（一）直观检查2.0及以下乘用车技术状况	1. 能静态直观检查乘用车技术状况； 2. 能动态直观检查乘用车技术状况	1. 目测、耳听、试摸静态检查汽车方法； 2. 路试检查汽车方法	20%
	（二）仪器检测2.0及以下乘用车技术状况	1. 能看懂机动车检测报告； 2. 会使用简单的轿车检测仪器、设备	1. 汽车检测技术； 2. 汽车检测仪器、设备的使用	10%
四、评定汽车技术状况	（一）2.0及以下乘用车主要部件技术状况评定	1. 能对照乘用车主要部件正常工作技术状况； 2. 会判断二手乘用车主要部件目前技术状况	1. 轿车主要部件的工作原理； 2. 汽车检测技术	4%
	（二）评定2.0及以下乘用车整车技术状况	1. 能对照乘用车整车正常工作技术状况； 2. 能正确分析机动车检测报告的相关数据； 3. 能判定二手乘用车整车的技术状况等级	1. 汽车理论； 2. 机动车检测报告的相关数据分析方法； 3. 二手车技术状况等级评定方法	8%
五、评定与估算汽车价格	（一）估算二手2.0及以下乘用车价格	1. 能确定二手乘用车成新率； 2. 能判定二手乘用车的价格	1. 二手车成新率； 2. 二手车的价值估算	14%
	（二）撰写二手车鉴定估价报告	会撰写二手乘用车鉴定估价报告	1. 二手车鉴定估价报告格式； 2. 二手车鉴定估价报告要求、内容	10%

习 题

一、简答题

1. 二手车鉴定评估师的培训对象有哪些？
2. 二手车评估基础知识。
3. 二手车评估师的工作内容。
4. 二手车鉴定评估师的报名条件。
5. 高级二手车鉴定评估师的报名条件。

二、论述题

1. 鉴定评估师的技能要求。
2. 高级鉴定评估师的技能要求。
3. 现有的各职业等级对评估师职业水平的要求。

附录一　机动车登记规定

第一章　总则
第二章　登记
　　第一节　注册登记
　　第二节　变更登记
　　第三节　转移登记
　　第四节　抵押登记
　　第五节　注销登记
第三章　其他规定
第四章　法律责任
第五章　附则

第一章　总　　则

第一条　根据《中华人民共和国道路交通安全法》及其实施条例的规定，制定本规定。

第二条　本规定由公安机关交通管理部门负责实施。

省级公安机关交通管理部门负责本省（自治区、直辖市）机动车登记工作的指导、检查和监督。直辖市公安机关交通管理部门车辆管理所、设区的市或者相当于同级的公安机关交通管理部门车辆管理所负责办理本行政辖区内机动车登记业务。

县级公安机关交通管理部门车辆管理所可以办理本行政辖区内摩托车、三轮汽车、低速载货汽车登记业务。条件具备的，可以办理除进口机动车、危险化学品运输车、校车、中型以上载客汽车以外的其他机动车登记业务。具体业务范围和办理条件由省级公安机关交通管理部门确定。

警用车辆登记业务按照有关规定办理。

第三条　车辆管理所办理机动车登记，应当遵循公开、公正、便民的原则。

车辆管理所在受理机动车登记申请时，对申请材料齐全并符合法律、行政法规和本规定的，应当在规定的时限内办结。对申请材料不齐全或者其他不符合法定形式的，应当一次告知申请人需要补正的全部内容。对不符合规定的，应当书面告知不予受理、登记的理由。

车辆管理所应当将法律、行政法规和本规定的有关机动车登记的事项、条件、依据、程序、期限以及收费标准、需要提交的全部材料的目录和申请表示范文本等在办理登记的场所公示。

省级、设区的市或者相当于同级的公安机关交通管理部门应当在互联网上建立主页，发布信息，便于群众查阅机动车登记的有关规定，下载、使用有关表格。

第四条　车辆管理所应当使用计算机登记系统办理机动车登记，并建立数据库。不使用计算机登记系统登记的，登记无效。

计算机登记系统的数据库标准和登记软件全国统一。数据库能够完整、准确记录登记内容，记录办理过程和经办人员信息，并能够实时将有关登记内容传送到全国公安交通管理信息系统。计算机登记系统应当与交通违法信息系统和交通事故信息系统实行联网。

第二章　登　记

第一节　注册登记

第五条　初次申领机动车号牌、行驶证的，机动车所有人应当向住所地的车辆管理所申请注册登记。

第六条　机动车所有人应当到机动车安全技术检验机构对机动车进行安全技术检验，取得机动车安全技术检验合格证明后申请注册登记。但经海关进口的机动车和国务院机动车产品主管部门认定免予安全技术检验的机动车除外。

免予安全技术检验的机动车有下列情形之一的，应当进行安全技术检验：

（一）国产机动车出厂后两年内未申请注册登记的；

（二）经海关进口的机动车进口后两年内未申请注册登记的；

（三）申请注册登记前发生交通事故的。

第七条　申请注册登记的，机动车所有人应当填写申请表，交验机动车，并提交以下证明、凭证：

（一）机动车所有人的身份证明；

（二）购车发票等机动车来历证明；

（三）机动车整车出厂合格证明或者进口机动车进口凭证；

（四）车辆购置税完税证明或者免税凭证；

（五）机动车交通事故责任强制保险凭证；

（六）法律、行政法规规定应当在机动车注册登记时提交的其他证明、凭证。

不属于经海关进口的机动车和国务院机动车产品主管部门规定免予安全技术检验的机动车，还应当提交机动车安全技术检验合格证明。

车辆管理所应当自受理申请之日起二日内，确认机动车，核对车辆识别代号拓印膜，审查提交的证明、凭证，核发机动车登记证书、号牌、行驶证和检验合格标志。

第八条　车辆管理所办理消防车、救护车、工程救险车注册登记时，应当对车辆的使用性质、标志图案、标志灯具和警报器进行审查。

车辆管理所办理全挂汽车列车和半挂汽车列车注册登记时，应当对牵引车和挂车分别核发机动车登记证书、号牌和行驶证。

第九条　有下列情形之一的，不予办理注册登记：

（一）机动车所有人提交的证明、凭证无效的；

（二）机动车来历证明被涂改或者机动车来历证明记载的机动车所有人与身份证明不符的；

（三）机动车所有人提交的证明、凭证与机动车不符的；

（四）机动车未经国务院机动车产品主管部门许可生产或者未经国家进口机动车主管部

门许可进口的；

（五）机动车的有关技术数据与国务院机动车产品主管部门公告的数据不符的；

（六）机动车的型号、发动机号码、车辆识别代号或者有关技术数据不符合国家安全技术标准的；

（七）机动车达到国家规定的强制报废标准的；

（八）机动车被人民法院、人民检察院、行政执法部门依法查封、扣押的；

（九）机动车属于被盗抢的；

（十）其他不符合法律、行政法规规定的情形。

第二节　变更登记

第十条　已注册登记的机动车有下列情形之一的，机动车所有人应当向登记地车辆管理所申请变更登记：

（一）改变车身颜色的；

（二）更换发动机的；

（三）更换车身或者车架的；

（四）因质量问题更换整车的；

（五）营运机动车改为非营运机动车或者非营运机动车改为营运机动车等使用性质改变的；

（六）机动车所有人的住所迁出或者迁入车辆管理所管辖区域的。

机动车所有人为两人以上，需要将登记的所有人姓名变更为其他所有人姓名的，可以向登记地车辆管理所申请变更登记。

属于本条第一款第（一）项、第（二）项和第（三）项规定的变更事项的，机动车所有人应当在变更后十日内向车辆管理所申请变更登记；属于本条第一款第（六）项规定的变更事项的，机动车所有人申请转出前，应当将涉及该车的道路交通安全违法行为和交通事故处理完毕。

第十一条　申请变更登记的，机动车所有人应当填写申请表，交验机动车，并提交以下证明、凭证：

（一）机动车所有人的身份证明；

（二）机动车登记证书；

（三）机动车行驶证；

（四）属于更换发动机、车身或者车架的，还应当提交机动车安全技术检验合格证明；

（五）属于因质量问题更换整车的，还应当提交机动车安全技术检验合格证明，但经海关进口的机动车和国务院机动车产品主管部门认定免予安全技术检验的机动车除外。

车辆管理所应当自受理之日起一日内，确认机动车，审查提交的证明、凭证，在机动车登记证书上签注变更事项，收回行驶证，重新核发行驶证。

车辆管理所办理本规定第十条第一款第（三）项、第（四）项和第（六）项规定的变更登记事项的，应当核对车辆识别代号拓印膜。

第十二条　车辆管理所办理机动车变更登记时，需要改变机动车号牌号码的，收回号牌、行驶证，确定新的机动车号牌号码，重新核发号牌、行驶证和检验合格标志。

第十三条 机动车所有人的住所迁出车辆管理所管辖区域的,车辆管理所应当自受理之日起三日内,在机动车登记证书上签注变更事项,收回号牌、行驶证,核发有效期为三十日的临时行驶车号牌,将机动车档案交机动车所有人。机动车所有人应当在临时行驶车号牌的有效期限内到住所地车辆管理所申请机动车转入。

申请机动车转入的,机动车所有人应当填写申请表,提交身份证明、机动车登记证书、机动车档案,并交验机动车。机动车在转入时已超过检验有效期的,应当在转入地进行安全技术检验并提交机动车安全技术检验合格证明和交通事故责任强制保险凭证。车辆管理所应当自受理之日起三日内,确认机动车,核对车辆识别代号拓印膜,审查相关证明、凭证和机动车档案,在机动车登记证书上签注转入信息,核发号牌、行驶证和检验合格标志。

第十四条 机动车所有人为两人以上,需要将登记的所有人姓名变更为其他所有人姓名的,应当提交机动车登记证书、行驶证、变更前和变更后机动车所有人的身份证明和共同所有的公证证明,但属于夫妻双方共同所有的,可以提供《结婚证》或者证明夫妻关系的《居民户口簿》。

变更后机动车所有人的住所在车辆管理所管辖区域内的,车辆管理所按照本规定第十一条第二款的规定办理变更登记。变更后机动车所有人的住所不在车辆管理所管辖区域内的,迁出地和迁入地车辆管理所按照本规定第十三条的规定办理变更登记。

第十五条 有下列情形之一的,不予办理变更登记:

(一)改变机动车的品牌、型号和发动机型号的,但经国务院机动车产品主管部门许可选装的发动机除外;

(二)改变已登记的机动车外形和有关技术数据的,但法律、法规和国家强制性标准另有规定的除外;

(三)有本规定第九条第(一)项、第(七)项、第(八)项、第(九)项规定情形的。

第十六条 有下列情形之一,在不影响安全和识别号牌的情况下,机动车所有人不需要办理变更登记:

(一)小型、微型载客汽车加装前后防撞装置;

(二)货运机动车加装防风罩、水箱、工具箱、备胎架等;

(三)增加机动车车内装饰。

第十七条 已注册登记的机动车,机动车所有人住所在车辆管理所管辖区域内迁移或者机动车所有人姓名(单位名称)、联系方式变更的,应当向登记地车辆管理所备案。

(一)机动车所有人住所在车辆管理所管辖区域内迁移、机动车所有人姓名(单位名称)变更的,机动车所有人应当提交身份证明、机动车登记证书、行驶证和相关变更证明。车辆管理所应当自受理之日起一日内,在机动车登记证书上签注备案事项,重新核发行驶证。

(二)机动车所有人联系方式变更的,机动车所有人应当提交身份证明和行驶证。车辆管理所应当自受理之日起一日内办理备案。

机动车所有人的身份证明名称或者号码变更的,可以向登记地车辆管理所申请备案。机动车所有人应当提交身份证明、机动车登记证书。车辆管理所应当自受理之日起一日内,在机动车登记证书上签注备案事项。

发动机号码、车辆识别代号因磨损、锈蚀、事故等原因辨认不清或者损坏的，可以向登记地车辆管理所申请备案。机动车所有人应当提交身份证明、机动车登记证书、行驶证。车辆管理所应当自受理之日起一日内，在发动机、车身或者车架上打刻原发动机号码或者原车辆识别代号，在机动车登记证书上签注备案事项。

第三节 转移登记

第十八条 已注册登记的机动车所有权发生转移的，现机动车所有人应当自机动车交付之日起三十日内向登记地车辆管理所申请转移登记。

机动车所有人申请转移登记前，应当将涉及该车的道路交通安全违法行为和交通事故处理完毕。

第十九条 申请转移登记的，现机动车所有人应当填写申请表，交验机动车，并提交以下证明、凭证：

（一）现机动车所有人的身份证明；

（二）机动车所有权转移的证明、凭证；

（三）机动车登记证书；

（四）机动车行驶证；

（五）属于海关监管的机动车，还应当提交《中华人民共和国海关监管车辆解除监管证明书》或者海关批准的转让证明；

（六）属于超过检验有效期的机动车，还应当提交机动车安全技术检验合格证明和交通事故责任强制保险凭证。

现机动车所有人住所在车辆管理所管辖区域内的，车辆管理所应当自受理申请之日起一日内，确认机动车，核对车辆识别代号拓印膜，审查提交的证明、凭证，收回号牌、行驶证，确定新的机动车号牌号码，在机动车登记证书上签注转移事项，重新核发号牌、行驶证和检验合格标志。

现机动车所有人住所不在车辆管理所管辖区域内的，车辆管理所应当按照本规定第十三条的规定办理。

第二十条 有下列情形之一的，不予办理转移登记：

（一）机动车与该车档案记载内容不一致的；

（二）属于海关监管的机动车，海关未解除监管或者批准转让的；

（三）机动车在抵押登记、质押备案期间的；

（四）有本规定第九条第（一）项、第（二）项、第（七）项、第（八）项、第（九）项规定情形的。

第二十一条 被人民法院、人民检察院和行政执法部门依法没收并拍卖，或者被仲裁机构依法仲裁裁决，或者被人民法院调解、裁定、判决机动车所有权转移时，原机动车所有人未向现机动车所有人提供机动车登记证书、号牌或者行驶证的，现机动车所有人在办理转移登记时，应当提交人民法院出具的未得到机动车登记证书、号牌或者行驶证的《协助执行通知书》，或者人民检察院、行政执法部门出具的未得到机动车登记证书、号牌或者行驶证的证明。车辆管理所应当公告原机动车登记证书、号牌或者行驶证作废，并在办理转移登记的同时，补发机动车登记证书。

第四节 抵 押 登 记

第二十二条 机动车所有人将机动车作为抵押物抵押的,应当向登记地车辆管理所申请抵押登记;抵押权消灭的,应当向登记地车辆管理所申请解除抵押登记。

第二十三条 申请抵押登记的,机动车所有人应当填写申请表,由机动车所有人和抵押权人共同申请,并提交下列证明、凭证:

(一)机动车所有人和抵押权人的身份证明;

(二)机动车登记证书;

(三)机动车所有人和抵押权人依法订立的主合同和抵押合同。

车辆管理所应当自受理之日起一日内,审查提交的证明、凭证,在机动车登记证书上签注抵押登记的内容和日期。

第二十四条 申请解除抵押登记的,机动车所有人应当填写申请表,由机动车所有人和抵押权人共同申请,并提交下列证明、凭证:

(一)机动车所有人和抵押权人的身份证明;

(二)机动车登记证书。人民法院调解、裁定、判决解除抵押的,机动车所有人或者抵押权人应当填写申请表,提交机动车登记证书、人民法院出具的已经生效的《调解书》、《裁定书》或者《判决书》,以及相应的《协助执行通知书》。

车辆管理所应当自受理之日起一日内,审查提交的证明、凭证,在机动车登记证书上签注解除抵押登记的内容和日期。

第二十五条 机动车抵押登记日期、解除抵押登记日期可以供公众查询。

第二十六条 有本规定第九条第(一)项、第(七)项、第(八)项、第(九)项或者第二十条第(二)项规定情形之一的,不予办理抵押登记。对机动车所有人提交的证明、凭证无效,或者机动车被人民法院、人民检察院、行政执法部门依法查封、扣押的,不予办理解除抵押登记。

第五节 注 销 登 记

第二十七条 已达到国家强制报废标准的机动车,机动车所有人向机动车回收企业交售机动车时,应当填写申请表,提交机动车登记证书、号牌和行驶证。机动车回收企业应当确认机动车并解体,向机动车所有人出具《报废机动车回收证明》。报废的大型客、货车及其他营运车辆应当在车辆管理所的监督下解体。

机动车回收企业应当在机动车解体后七日内将申请表、机动车登记证书、号牌、行驶证和《报废机动车回收证明》副本提交车辆管理所,申请注销登记。

车辆管理所应当自受理之日起一日内,审查提交的证明、凭证,收回机动车登记证书、号牌、行驶证,出具注销证明。

第二十八条 除本规定第二十七条规定的情形外,机动车有下列情形之一的,机动车所有人应当向登记地车辆管理所申请注销登记:

(一)机动车灭失的;

(二)机动车因故不在我国境内使用的;

（三）因质量问题退车的。

已注册登记的机动车有下列情形之一的，登记地车辆管理所应当办理注销登记：

（一）机动车登记被依法撤销的；

（二）达到国家强制报废标准的机动车被依法收缴并强制报废的。

属于本条第一款第（二）项和第（三）项规定情形之一的，机动车所有人申请注销登记前，应当将涉及该车的道路交通安全违法行为和交通事故处理完毕。

第二十九条 属于本规定第二十八条第一款规定的情形，机动车所有人申请注销登记的，应当填写申请表，并提交以下证明、凭证：

（一）机动车登记证书；

（二）机动车行驶证；

（三）属于机动车灭失的，还应当提交机动车所有人的身份证明和机动车灭失证明；

（四）属于机动车因故不在我国境内使用的，还应当提交机动车所有人的身份证明和出境证明，其中属于海关监管的机动车，还应当提交海关出具的《中华人民共和国海关监管车辆进（出）境领（销）牌照通知书》；

（五）属于因质量问题退车的，还应当提交机动车所有人的身份证明和机动车制造厂或者经销商出具的退车证明。

车辆管理所应当自受理之日起一日内，审查提交的证明、凭证，收回机动车登记证书、号牌、行驶证，出具注销证明。

第三十条 因车辆损坏无法驶回登记地的，机动车所有人可以向车辆所在地机动车回收企业交售报废机动车。交售机动车时应当填写申请表，提交机动车登记证书、号牌和行驶证。机动车回收企业应当确认机动车并解体，向机动车所有人出具《报废机动车回收证明》。报废的大型客、货车及其他营运车辆应当在报废地车辆管理所的监督下解体。

机动车回收企业应当在机动车解体后七日内将申请表、机动车登记证书、号牌、行驶证和《报废机动车回收证明》副本提交报废地车辆管理所，申请注销登记。

报废地车辆管理所应当自受理之日起一日内，审查提交的证明、凭证，收回机动车登记证书、号牌、行驶证，并通过计算机登记系统将机动车报废信息传递给登记地车辆管理所。

登记地车辆管理所应当自接到机动车报废信息之日起一日内办理注销登记，并出具注销证明。

第三十一条 已注册登记的机动车有下列情形之一的，车辆管理所应当公告机动车登记证书、号牌、行驶证作废：

（一）达到国家强制报废标准，机动车所有人逾期不办理注销登记的；

（二）机动车登记被依法撤销后，未收缴机动车登记证书、号牌、行驶证的；

（三）达到国家强制报废标准的机动车被依法收缴并强制报废的；

（四）机动车所有人办理注销登记时未交回机动车登记证书、号牌、行驶证的。

第三十二条 有本规定第九条第（一）项、第（八）项、第（九）项或者第二十条第（一）项、第（三）项规定情形的之一的，不予办理注销登记。

第三章 其他规定

第三十三条 申请办理机动车质押备案或者解除质押备案的,由机动车所有人和典当行共同申请,机动车所有人应当填写申请表,并提交以下证明、凭证:

(一)机动车所有人和典当行的身份证明;

(二)机动车登记证书。

车辆管理所应当自受理之日起一日内,审查提交的证明、凭证,在机动车登记证书上签注质押备案或者解除质押备案的内容和日期。

有本规定第九条第(一)项、第(七)项、第(八)项、第(九)项规定情形之一的,不予办理质押备案。对机动车所有人提交的证明、凭证无效,或者机动车被人民法院、人民检察院、行政执法部门依法查封、扣押的,不予办理解除质押备案。

第三十四条 机动车登记证书灭失、丢失或者损毁的,机动车所有人应当向登记地车辆管理所申请补领、换领。申请时,机动车所有人应当填写申请表并提交身份证明,属于补领机动车登记证书的,还应当交验机动车。车辆管理所应当自受理之日起一日内,确认机动车,审查提交的证明、凭证,补发、换发机动车登记证书。

启用机动车登记证书前已注册登记的机动车未申领机动车登记证书的,机动车所有人可以向登记地车辆管理所申领机动车登记证书。但属于机动车所有人申请变更、转移或者抵押登记的,应当在申请前向车辆管理所申领机动车登记证书。申请时,机动车所有人应当填写申请表,交验机动车并提交身份证明。车辆管理所应当自受理之日起五日内,确认机动车,核对车辆识别代号拓印膜,审查提交的证明、凭证,核发机动车登记证书。

第三十五条 机动车号牌、行驶证灭失、丢失或者损毁的,机动车所有人应当向登记地车辆管理所申请补领、换领。申请时,机动车所有人应当填写申请表并提交身份证明。

车辆管理所应当审查提交的证明、凭证,收回未灭失、丢失或者损毁的号牌、行驶证,自受理之日起一日内补发、换发行驶证,自受理之日起十五日内补发、换发号牌,原机动车号牌号码不变。

补发、换发号牌期间应当核发有效期不超过十五日的临时行驶车号牌。

第三十六条 机动车具有下列情形之一,需要临时上道路行驶的,机动车所有人应当向车辆管理所申领临时行驶车号牌:

(一)未销售的;

(二)购买、调拨、赠予等方式获得机动车后尚未注册登记的;

(三)进行科研、定型试验的;

(四)因轴荷、总质量、外廓尺寸超出国家标准不予办理注册登记的特型机动车。

第三十七条 机动车所有人申领临时行驶车号牌应当提交以下证明、凭证:

(一)机动车所有人的身份证明;

(二)机动车交通事故责任强制保险凭证;

(三)属于本规定第三十六条第(一)项、第(四)项规定情形的,还应当提交机动车整车出厂合格证明或者进口机动车进口凭证;

(四)属于本规定第三十六条第(二)项规定情形的,还应当提交机动车来历证明,以及机动车整车出厂合格证明或者进口机动车进口凭证；

（五）属于本规定第三十六条第（三）项规定情形的，还应当提交书面申请和机动车安全技术检验合格证明。

车辆管理所应当自受理之日起一日内，审查提交的证明、凭证，属于本规定第三十六条第（一）项、第（二）项规定情形，需要在本行政辖区内临时行驶的，核发有效期不超过十五日的临时行驶车号牌；需要跨行政辖区临时行驶的，核发有效期不超过三十日的临时行驶车号牌。属于本规定第三十六条第（三）项、第（四）项规定情形的，核发有效期不超过九十日的临时行驶车号牌。

因号牌制作的原因，无法在规定时限内核发号牌的，车辆管理所应当核发有效期不超过十五日的临时行驶车号牌。

对具有本规定第三十六条第（一）项、第（二）项规定情形之一，机动车所有人需要多次申领临时行驶车号牌的，车辆管理所核发临时行驶车号牌不得超过三次。

第三十八条 机动车所有人发现登记内容有错误的，应当及时要求车辆管理所更正。车辆管理所应当自受理之日起五日内予以确认。确属登记错误的，在机动车登记证书上更正相关内容，换发行驶证。需要改变机动车号牌号码的，应当收回号牌、行驶证，确定新的机动车号牌号码，重新核发号牌、行驶证和检验合格标志。

第三十九条 已注册登记的机动车被盗抢的，车辆管理所应当根据刑侦部门提供的情况，在计算机登记系统内记录，停止办理该车的各项登记和业务。被盗抢机动车发还后，车辆管理所应当恢复办理该车的各项登记和业务。

机动车在被盗抢期间，发动机号码、车辆识别代号或者车身颜色被改变的，车辆管理所应当凭有关技术鉴定证明办理变更备案。

第四十条 机动车所有人可以在机动车检验有效期满前三个月内向登记地车辆管理所申请检验合格标志。

申请前，机动车所有人应当将涉及该车的道路交通安全违法行为和交通事故处理完毕。申请时，机动车所有人应当填写申请表并提交行驶证、机动车交通事故责任强制保险凭证、机动车安全技术检验合格证明。

车辆管理所应当自受理之日起一日内，确认机动车，审查提交的证明、凭证，核发检验合格标志。

第四十一条 除大型载客汽车以外的机动车因故不能在登记地检验的，机动车所有人可以向登记地车辆管理所申请委托核发检验合格标志。申请前，机动车所有人应当将涉及机动车的道路交通安全违法行为和交通事故处理完毕。申请时，应当提交机动车登记证书或者行驶证。

车辆管理所应当自受理之日起一日内，出具核发检验合格标志的委托书。

机动车在检验地检验合格后，机动车所有人应当按照本规定第四十条第二款的规定向被委托地车辆管理所申请检验合格标志，并提交核发检验合格标志的委托书。被委托地车辆管理所应当自受理之日起一日内，按照本规定第四十条第三款的规定核发检验合格标志。

第四十二条 机动车检验合格标志灭失、丢失或者损毁的，机动车所有人应当持行驶证向机动车登记地或者检验合格标志核发地车辆管理所申请补领或者换领。车辆管理所应当自受理之日起一日内补发或者换发。

第四十三条 办理机动车转移登记或者注销登记后，原机动车所有人申请办理新购机动车注册登记时，可以向车辆管理所申请使用原机动车号牌号码。

申请使用原机动车号牌号码应当符合下列条件：

（一）在办理转移登记或者注销登记后六个月内提出申请；

（二）机动车所有人拥有原机动车三年以上；

（三）涉及原机动车的道路交通安全违法行为和交通事故处理完毕。

第四十四条 确定机动车号牌号码采用计算机自动选取和由机动车所有人按照机动车号牌标准规定自行编排的方式。

第四十五条 机动车所有人可以委托代理人代理申请各项机动车登记和业务，但申请补领机动车登记证书的除外。对机动车所有人因死亡、出境、重病、伤残或者不可抗力等原因不能到场申请补领机动车登记证书的，可以凭相关证明委托代理人代理申领。

代理人申请机动车登记和业务时，应当提交代理人的身份证明和机动车所有人的书面委托。

第四十六条 机动车所有人或者代理人申请机动车登记和业务，应当如实向车辆管理所提交规定的材料和反映真实情况，并对其申请材料实质内容的真实性负责。

第四章 法律责任

第四十七条 有下列情形之一的，由公安机关交通管理部门处警告或者二百元以下罚款：

（一）重型、中型载货汽车及其挂车的车身或者车厢后部未按照规定喷涂放大的牌号或者放大的牌号不清晰的；

（二）机动车喷涂、粘贴标识或者车身广告，影响安全驾驶的；

（三）载货汽车、挂车未按照规定安装侧面及后下部防护装置、粘贴车身反光标识的；

（四）机动车未按照规定期限进行安全技术检验的；

（五）改变车身颜色、更换发动机、车身或者车架，未按照本规定第十条规定的时限办理变更登记的；

（六）机动车所有权转移后，现机动车所有人未按照本规定第十八条规定的时限办理转移登记的；

（七）机动车所有人办理变更登记、转移登记，机动车档案转出登记地车辆管理所后，未按照本规定第十三条规定的时限到住所地车辆管理所申请机动车转入的。

第四十八条 除本规定第十条和第十六条规定的情形外，擅自改变机动车外形和已登记的有关技术数据的，由公安机关交通管理部门责令恢复原状，并处警告或者五百元以下罚款。

第四十九条 以欺骗、贿赂等不正当手段取得机动车登记的，由公安机关交通管理部门收缴机动车登记证书、号牌、行驶证，撤销机动车登记；申请人在三年内不得申请机动车登记。对涉嫌走私、盗抢的机动车，移交有关部门处理。

以欺骗、贿赂等不正当手段办理补、换领机动车登记证书、号牌、行驶证和检验合格标志等业务的，由公安机关交通管理部门处警告或者二百元以下罚款。

第五十条 省、自治区、直辖市公安厅、局可以根据本地区的实际情况，在本规定的处罚幅度范围内，制定具体的执行标准。

对本规定的道路交通安全违法行为的处理程序按照《道路交通安全违法行为处理程序规定》执行。

第五十一条 交通警察违反规定为被盗抢、走私、非法拼（组）装、达到国家强制报废标准的机动车办理登记的，按照国家有关规定给予处分，经教育不改又不宜给予开除处分的，按照《公安机关组织管理条例》规定予以辞退；对聘用人员予以解聘。构成犯罪的，依法追究刑事责任。

第五十二条 交通警察有下列情形之一的，按照国家有关规定给予处分；对聘用人员予以解聘。构成犯罪的，依法追究刑事责任：

（一）不按照规定确认机动车和审查证明、凭证的；

（二）故意刁难，拖延或者拒绝办理机动车登记的；

（三）违反本规定增加机动车登记条件或者提交的证明、凭证的；

（四）违反本规定第四十四条的规定，采用其他方式确定机动车号牌号码的；

（五）违反规定跨行政辖区办理机动车登记和业务的；

（六）超越职权进入计算机登记系统办理机动车登记和业务，或者不按规定使用机动车登记系统办理登记和业务的；

（七）向他人泄漏、传播计算机登记系统密码，造成系统数据被篡改、丢失或者破坏的；

（八）利用职务上的便利索取、收受他人财物或者谋取其他利益的；

（九）强令车辆管理所违反本规定办理机动车登记的。

第五十三条 公安机关交通管理部门有本规定第五十一条、第五十二条所列行为之一的，按照国家有关规定对直接负责的主管人员和其他直接责任人员给予相应的处分。

公安机关交通管理部门及其工作人员有本规定第五十一条、第五十二条所列行为之一，给当事人造成损失的，应当依法承担赔偿责任。

第五章 附 则

第五十四条 机动车登记证书、号牌、行驶证、检验合格标志的种类、式样，以及各类登记表格式样等由公安部制定。机动车登记证书由公安部统一印制。

机动车登记证书、号牌、行驶证、检验合格标志的制作应当符合有关标准。

第五十五条 本规定下列用语的含义：

（一）进口机动车是指：

1. 经国家限定口岸海关进口的汽车；
2. 经各口岸海关进口的其他机动车；
3. 海关监管的机动车；
4. 国家授权的执法部门没收的走私、无合法进口证明和利用进口关键件非法拼（组）装的机动车。

（二）进口机动车的进口凭证是指：

1. 进口汽车的进口凭证，是国家限定口岸海关签发的《货物进口证明书》；

2. 其他进口机动车的进口凭证，是各口岸海关签发的《货物进口证明书》；

3. 海关监管的机动车的进口凭证，是监管地海关出具的《中华人民共和国海关监管车辆进（出）境领（销）牌照通知书》；

4. 国家授权的执法部门没收的走私、无进口证明和利用进口关键件非法拼（组）装的机动车的进口凭证，是该部门签发的《没收走私汽车、摩托车证明书》。

（三）机动车所有人是指拥有机动车的个人或者单位。

1. 个人是指我国内地的居民和军人（含武警）以及香港、澳门特别行政区、台湾地区居民、华侨和外国人；

2. 单位是指机关、企业、事业单位和社会团体以及外国驻华使馆、领馆和外国驻华办事机构、国际组织驻华代表机构。

（四）身份证明是指：

1. 机关、企业、事业单位、社会团体的身份证明，是该单位的《组织机构代码证书》、加盖单位公章的委托书和被委托人的身份证明。机动车所有人为单位的内设机构，本身不具备领取《组织机构代码证书》条件的，可以使用上级单位的《组织机构代码证书》作为机动车所有人的身份证明。上述单位已注销、撤销或者破产，其机动车需要办理变更登记、转移登记、解除抵押登记、注销登记、解除质押备案、申领机动车登记证书和补、换领机动车登记证书、号牌、行驶证的，已注销的企业的身份证明，是工商行政管理部门出具的注销证明。已撤销的机关、事业单位、社会团体的身份证明，是其上级主管机关出具的有关证明。已破产的企业的身份证明，是依法成立的财产清算机构出具的有关证明；

2. 外国驻华使馆、领馆和外国驻华办事机构、国际组织驻华代表机构的身份证明，是该使馆、领馆或者该办事机构、代表机构出具的证明；

3. 居民的身份证明，是《居民身份证》或者《临时居民身份证》。在暂住地居住的内地居民，其身份证明是《居民身份证》或者《临时居民身份证》，以及公安机关核发的居住、暂住证明；

4. 军人（含武警）的身份证明，是《居民身份证》或者《临时居民身份证》。在未办理《居民身份证》前，是指军队有关部门核发的《军官证》、《文职干部证》、《士兵证》、《离休证》、《退休证》等有效军人身份证件，以及其所在的团级以上单位出具的本人住所证明；

5. 香港、澳门特别行政区居民的身份证明，是其入境时所持有的《港澳居民来往内地通行证》或者《港澳同胞回乡证》，香港、澳门特别行政区《居民身份证》和公安机关核发的居住、暂住证明；

6. 台湾地区居民的身份证明，是其所持有的有效期六个月以上的公安机关核发的《台湾居民来往大陆通行证》或者外交部核发的《中华人民共和国旅行证》和公安机关核发的居住、暂住证明；

7. 华侨的身份证明，是《中华人民共和国护照》和公安机关核发的居住、暂住证明；

8. 外国人的身份证明，是其入境时所持有的护照或者其他旅行证件、居（停）留期为六个月以上的有效签证或者居留许可，以及公安机关出具的住宿登记证明；

9. 外国驻华使馆、领馆人员、国际组织驻华代表机构人员的身份证明，是外交部核发的有效身份证件。

（五）住所是指：

1. 单位的住所为其主要办事机构所在地的地址；

2. 个人的住所为其身份证明记载的地址。在暂住地居住的内地居民的住所是公安机关核发的居住、暂住证明记载的地址。

（六）机动车来历证明是指：

1. 在国内购买的机动车，其来历证明是全国统一的机动车销售发票或者二手车交易发票。在国外购买的机动车，其来历证明是该车销售单位开具的销售发票及其翻译文本，但海关监管的机动车不需提供来历证明；

2. 人民法院调解、裁定或者判决转移的机动车，其来历证明是人民法院出具的已经生效的《调解书》、《裁定书》或者《判决书》，以及相应的《协助执行通知书》；

3. 仲裁机构仲裁裁决转移的机动车，其来历证明是《仲裁裁决书》和人民法院出具的《协助执行通知书》；

4. 继承、赠予、中奖、协议离婚和协议抵偿债务的机动车，其来历证明是继承、赠予、中奖、协议离婚、协议抵偿债务的相关文书和公证机关出具的《公证书》；

5. 资产重组或者资产整体买卖中包含的机动车，其来历证明是资产主管部门的批准文件；

6. 机关、企业、事业单位和社会团体统一采购并调拨到下属单位未注册登记的机动车，其来历证明是全国统一的机动车销售发票和该部门出具的调拨证明；

7. 机关、企业、事业单位和社会团体已注册登记并调拨到下属单位的机动车，其来历证明是该单位出具的调拨证明。被上级单位调回或者调拨到其他下属单位的机动车，其来历证明是上级单位出具的调拨证明；

8. 经公安机关破案发还的被盗抢且已向原机动车所有人理赔完毕的机动车，其来历证明是《权益转让证明书》。

（七）机动车整车出厂合格证明是指：

1. 机动车整车厂生产的汽车、摩托车、挂车，其出厂合格证明是该厂出具的《机动车整车出厂合格证》；

2. 使用国产或者进口底盘改装的机动车，其出厂合格证明是机动车底盘生产厂出具的《机动车底盘出厂合格证》或者进口机动车底盘的进口凭证和机动车改装厂出具的《机动车整车出厂合格证》；

3. 使用国产或者进口整车改装的机动车，其出厂合格证明是机动车生产厂出具的《机动车整车出厂合格证》或者进口机动车的进口凭证和机动车改装厂出具的《机动车整车出厂合格证》；

4. 人民法院、人民检察院或者行政执法机关依法扣留、没收并拍卖的未注册登记的国产机动车，未能提供出厂合格证明的，可以凭人民法院、人民检察院或者行政执法机关出具的证明替代。

（八）机动车灭失证明是指：

1. 因自然灾害造成机动车灭失的证明是，自然灾害发生地的街道、乡、镇以上政府部门出具的机动车因自然灾害造成灭失的证明；

2. 因失火造成机动车灭失的证明是，火灾发生地的县级以上公安机关消防部门出具的机动车因失火造成灭失的证明；

3. 因交通事故造成机动车灭失的证明是，交通事故发生地的县级以上公安机关交通管理部门出具的机动车因交通事故造成灭失的证明。

（九）本规定所称"一日"、"二日"、"三日"、"五日"、"七日"、"十日"、"十五日"，是指工作日，不包括节假日。

临时行驶车号牌的最长有效期"十五日"、"三十日"、"九十日"，包括工作日和节假日。

本规定所称以下、以上、以内，包括本数。

第五十六条 本规定自 2008 年 10 月 1 日起施行。2004 年 4 月 30 日公安部发布的《机动车登记规定》（公安部令第 72 号）同时废止。本规定实施前公安部发布的其他规定与本规定不一致的，以本规定为准。

附录二 旧机动车流通管理办法

商务部、公安部、工商总局、税务总局 2005 年第 2 号令《旧机动车流通管理办法》
商务部条法司

第一章 总 则

第一条 为加强旧机动车流通管理，规范旧机动车经营行为，保障旧机动车交易双方的合法权益，促进旧机动车流通健康发展，依据国家有关法律、行政法规，制定本办法。

第二条 在中华人民共和国境内从事旧机动车经营活动或者与旧机动车相关的活动，适用本办法。

本办法所称旧机动车，是指从办理完注册登记手续到达到国家强制报废标准之前进行交易并转移所有权的汽车（包括三轮汽车、低速载货汽车，即原农用运输车，下同）、挂车和摩托车。

第三条 旧机动车交易市场是指依法设立、为买卖双方提供旧机动车集中交易和相关服务的场所。

第四条 旧机动车经营主体是指经工商行政管理部门依法登记，从事旧机动车经销、拍卖、经纪、鉴定评估的企业。

第五条 旧机动车经营行为是指旧机动车经销、拍卖、经纪、鉴定评估等。

（一）旧机动车经销是指旧机动车经销企业收购、销售旧机动车的经营活动；

（二）旧机动车拍卖是指旧机动车拍卖企业以公开竞价的形式将旧机动车转让给最高应价者的经营活动；

（三）旧机动车经纪是指旧机动车经纪机构以收取佣金为目的，为促成他人交易旧机动车而从事居间、行纪或者代理等经营活动；

（四）旧机动车鉴定评估是指旧机动车鉴定评估机构对旧机动车技术状况及其价值进行鉴定评估的经营活动。

第六条 旧机动车直接交易是指旧机动车所有人不通过经销企业、拍卖企业和经纪机构将车辆直接出售给买方的交易行为。旧机动车直接交易应当在旧机动车交易市场进行。

第七条 国务院商务主管部门、工商行政管理部门、税务部门在各自的职责范围内负责旧机动车流通有关监督管理工作。

省、自治区、直辖市和计划单列市商务主管部门（以下简称省级商务主管部门）、工商行政管理部门、税务部门在各自的职责范围内负责辖区内旧机动车流通有关监督管理工作。

第二章 设立条件和程序

第八条 旧机动车交易市场经营者、旧机动车经销企业和经纪机构应当具备企业法人条件，并依法到工商行政管理部门办理登记。

第九条 旧机动车鉴定评估机构应当具备下列条件：

（一）是独立的中介机构；

（二）有固定的经营场所和从事经营活动的必要设施；

（三）有 3 名以上从事旧机动车鉴定评估业务的专业人员（包括本办法实施之前取得国家职业资格证书的旧机动车鉴定估价师）；

（四）有规范的规章制度。

第十条 设立旧机动车鉴定评估机构，应当按下列程序办理：

（一）申请人向拟设立旧机动车鉴定评估机构所在地省级商务主管部门提出书面申请，并提交符合本办法第九条规定的相关材料；

（二）省级商务主管部门自收到全部申请材料之日起 20 个工作日内作出是否予以核准的决定，对予以核准的，颁发《旧机动车鉴定评估机构核准证书》；不予核准的，应当说明理由；

（三）申请人持《旧机动车鉴定评估机构核准证书》到工商行政管理部门办理登记手续。

第十一条 外商投资设立旧机动车交易市场、经销企业、经纪机构、鉴定评估机构的申请人，应当分别持符合第八条、第九条规定和《外商投资商业领域管理办法》、有关外商投资法律规定的相关材料报省级商务主管部门。省级商务主管部门进行初审后，自收到全部申请材料之日起 1 个月内上报国务院商务主管部门。合资中方有国家计划单列企业集团的，可直接将申请材料报送国务院商务主管部门。国务院商务主管部门自收到全部申请材料 3 个月内会同国务院工商行政管理部门，作出是否予以批准的决定，对予以批准的，颁发或者换发《外商投资企业批准证书》；不予批准的，应当说明理由。

申请人持《外商投资企业批准证书》到工商行政管理部门办理登记手续。

第十二条 设立旧机动车拍卖企业（含外商投资旧机动车拍卖企业）应当符合《中华人民共和国拍卖法》和《拍卖管理办法》有关规定，并按《拍卖管理办法》规定的程序办理。

第十三条 外资并购旧机动车交易市场和经营主体及已设立的外商投资企业增加旧机动车经营范围的，应当按第十一条、第十二条规定的程序办理。

第三章 行为规范

第十四条 旧机动车交易市场经营者和旧机动车经营主体应当依法经营和纳税，遵守商业道德，接受依法实施的监督检查。

第十五条 旧机动车卖方应当拥有车辆的所有权或者处置权。旧机动车交易市场经营者和旧机动车经营主体应当确认卖方的身份证明，车辆的号牌、《机动车登记证书》、《机动车行驶证》，有效的机动车安全技术检验合格标志、车辆保险单、交纳税费凭证等。

国家机关、国有企事业单位在出售、委托拍卖车辆时，应持有本单位或者上级单位出具的资产处理证明。

第十六条 出售、拍卖无所有权或者处置权车辆的，应承担相应的法律责任。

第十七条 旧机动车卖方应当向买方提供车辆的使用、修理、事故、检验以及是否办理抵押登记、交纳税费、报废期等真实情况和信息。买方购买的车辆如因卖方隐瞒和欺诈不能办理转移登记，卖方应当无条件接受退车，并退还购车款等费用。

第十八条 旧机动车经销企业销售旧机动车时应当向买方提供质量保证及售后服务承诺，并在经营场所予以明示。

第十九条 进行旧机动车交易应当签订合同。合同示范文本由国务院工商行政管理部门制定。

第二十条 旧机动车所有人委托他人办理车辆出售的，应当与受托人签订委托书。

第二十一条 委托旧机动车经纪机构购买旧机动车时，双方应当按以下要求进行：

（一）委托人向旧机动车经纪机构提供合法身份证明；
（二）旧机动车经纪机构依据委托人要求选择车辆，并及时向其通报市场信息；
（三）旧机动车经纪机构接受委托购买时，双方签订合同；
（四）旧机动车经纪机构根据委托人要求代为办理车辆鉴定评估，鉴定评估所发生的费用由委托人承担。

第二十二条 旧机动车交易完成后，卖方应当及时向买方交付车辆、号牌及车辆法定证明、凭证。车辆法定证明、凭证主要包括：

（一）《机动车登记证书》；
（二）《机动车行驶证》；
（三）有效的机动车安全技术检验合格标志；
（四）车辆购置税完税证明；
（五）养路费缴付凭证；
（六）车船使用税缴付凭证；
（七）车辆保险单。

第二十三条 下列车辆禁止经销、买卖、拍卖和经纪：

（一）已报废或者达到国家强制报废标准的车辆；
（二）在抵押期间或者未经海关批准交易的海关监管车辆；
（三）在人民法院、人民检察院、行政执法部门依法查封、扣押期间的车辆；
（四）通过盗窃、抢劫、诈骗等违法犯罪手段获得的车辆；
（五）发动机号码、车辆识别代号或者车架号码与登记号码不相符，或者有凿改迹象的车辆；
（六）走私、非法拼（组）装的车辆；
（七）不具有第二十二条所列证明、凭证的车辆；
（八）在本行政辖区以外的公安机关交通管理部门注册登记的车辆；
（九）国家法律、行政法规禁止经营的车辆。

旧机动车交易市场经营者和旧机动车经营主体发现车辆具有（四）、（五）、（六）情形之一的，应当及时报告公安机关、工商行政管理部门等执法机关。

对交易违法车辆的，旧机动车交易市场经营者和旧机动车经营主体应当承担连带赔偿责任和其他相应的法律责任。

第二十四条 旧机动车经销企业销售、拍卖企业拍卖旧机动车时，应当按规定向买方开具税务机关监制的统一发票。

进行旧机动车直接交易和通过旧机动车经纪机构进行旧机动车交易的，应当由旧机动车交易市场经营者按规定向买方开具税务机关监制的统一发票。

第二十五条 旧机动车交易完成后，现车辆所有人应当凭税务机关监制的统一发票，按法律、法规有关规定办理转移登记手续。

第二十六条 旧机动车交易市场经营者应当为旧机动车经营主体提供固定场所和设施，并为客户提供办理旧机动车鉴定评估、转移登记、保险、纳税等手续的条件。旧机动车经销企业、经纪机构应当根据客户要求，代办旧机动车鉴定评估、转移登记、保险、纳税等手续。

第二十七条 旧机动车鉴定评估应当本着买卖双方自愿的原则，不得强制进行；属国有资产的旧机动车应当按国家有关规定进行鉴定评估。

第二十八条 旧机动车鉴定评估机构应当遵循客观、真实、公正和公开原则，依据国家法律法规开展旧机动车鉴定评估业务，出具车辆鉴定评估报告；并对鉴定评估报告中车辆技术状况，包括是否属事故车辆等评估内容负法律责任。

第二十九条 旧机动车鉴定评估机构和人员可以按国家有关规定从事涉案、事故车辆鉴定等评估业务。

第三十条 旧机动车交易市场经营者和旧机动车经营主体应当建立完整的旧机动车交易购销、买卖、拍卖、经纪以及鉴定评估档案。

第三十一条 设立旧机动车交易市场、旧机动车经销企业开设店铺，应当符合所在地城市发展及城市商业发展有关规定。

第四章 监督与管理

第三十二条 旧机动车流通监督管理遵循破除垄断，鼓励竞争，促进发展和公平、公正、公开的原则。

第三十三条 建立旧机动车交易市场经营者和旧机动车经营主体备案制度。凡经工商行政管理部门依法登记，取得营业执照的旧机动车交易市场经营者和旧机动车经营主体，应当自取得营业执照之日起2个月内向省级商务主管部门备案。省级商务主管部门应当将旧机动车交易市场经营者和旧机动车经营主体有关备案情况定期报送国务院商务主管部门。

第三十四条 建立和完善旧机动车流通信息报送、公布制度。旧机动车交易市场经营者和旧机动车经营主体应当定期将旧机动车交易量、交易额等信息通过所在地商务主管部门报送省级商务主管部门。省级商务主管部门将上述信息汇总后报送国务院商务主管部门。国务院商务主管部门定期向社会公布全国旧机动车流通信息。

第三十五条 商务主管部门、工商行政管理部门应当在各自的职责范围内采取有效措施，加强对旧机动车交易市场经营者和经营主体的监督管理，依法查处违法违规行为，维护市场秩序，保护消费者的合法权益。

第三十六条 国务院工商行政管理部门会同商务主管部门建立旧机动车交易市场经营者和旧机动车经营主体信用档案，定期公布违规企业名单。

第五章 附　则

第三十七条　本办法自 2005 年 10 月 1 日起施行，原《商务部办公厅关于规范旧机动车鉴定评估管理工作的通知》（商建字〔2004〕第 70 号）、《关于加强旧机动车市场管理工作的通知》（国经贸贸易〔2001〕1281 号）、《旧机动车交易管理办法》（内贸机字〔1998〕第 33 号）及据此发布的各类文件同时废止。

附录三 汽车报废标准

（国家经济贸易委员会、国家计划委员会、国内贸易部、机械工业部、
公安部、国家环保局 1997 年 7 月 15 日印发）

凡在我国境内注册的民用汽车，属下列情况之一的应当报废：

一、轻、微型载货汽车（含越野型）、矿山作业专用车累计行驶 30 万公里，重、中型载货汽车（含越野型）累计行驶 40 万公里，特大、大、中、轻、微型客车（含越野型）、轿车累计行驶 50 万公里，其他车辆累计行驶 45 万公里；

二、轻、微型载货汽车（含越野型）、带拖挂的载货汽车、矿山作业专用车及各类出租汽车使用 8 年，其他车辆使用 10 年；

三、因各种原因造成车辆严重损坏或技术状况低劣，无法修复的；

四、车型淘汰，已无配件来源的；

五、汽车经长期使用，耗油量超过国家定型车出厂标准规定值百分之十五的；

六、经修理和调整仍达不到国家对机动车运行安全技术条件要求的；

七、经修理和调整或采用排气污染控制技术后，排放污染物仍超过国家规定的汽车排放标准的。

除 19 座以下出租车和轻、微型载货汽车（含越野型）外，对达到上述使用年限的客、货车辆，经公安车辆管理部门依据国家机动车安全排放有关规定严格检验，性能符合规定的，可延缓报废，但延长期不得超过本标准第二条规定年限的一半。对于吊车、消防车、钻探车等从事专门作业的车辆，还可根据实际使用和检验情况，再延长使用年限。所有延长使用年限的车辆，都需按公安部规定增加检验次数，不符合国家有关汽车安全排放规定的应当强制报废。

八、本标准自发布之日起施行。在本标准发布前已达到本标准规定报废条件的车辆，允许在本标准发布后 12 个月之内报废。本标准由全国汽车更新领导小组办公室负责解释。

附录四　旧机动车鉴定评估委托书样本

旧机动车鉴定评估委托书

委托书编号：_____

××机动车鉴定估价有限公司：

　　因□交易　□转籍　□拍卖　□置换　□抵押　□担保　□咨询　□司法裁决需要，特委托你单位对车辆［号牌号码_____车架号（或 VIN 码）_____发动机号_____车辆类型_____］进行技术状况鉴定并出具评估报告书。

附：委托评估车辆基本信息

车主		身份证号码/法人代码证		联系电话	
住址				邮政编码	
经办人		身份证号码		联系电话	
住址				邮政编码	
车辆情况	厂牌型号			使用用途	
	载重量/座位/排量			燃料种类	
	初次登记日期		年　月　日	车身颜色	
	已使用年限		年　个月	累计行驶里程（万公里）	
	大修次数	发动机（次）		整车（次）	
	发动机及车架变更情况	□无变更情况　□发动机已变更并办理变更登记手续　□车架已变更并办理变更登记手续　□发动机已变更尚未办理变更登记手续　□车架已变更尚未办理变更登记手续			
	维修情况				
	事故情况				
价值反映	购置日期		年　月　日	原始价格（元）	
	车主报价（元）				
备注：					

说明：

1. 若被评估车辆使用用途曾经为营运车辆，需在备注栏中予以说明；
2. 委托方必须对车辆信息的真实性负责，不得隐瞒任何情节，凡由此引起的法律责任及赔偿责任由委托方负责；
3. 本委托书一式二份，委托方、受托方各一份。

委托方：（盖章） ××机动车鉴定估价有限公司（盖章）

经办人：（签字） 经办人：（签字）

      年　月　日   年　月　日

附录五　机动车鉴定评估作业表

机动车鉴定评估作业表

车主				所有权性质		联系电话	
住址						经办人	
原始情况	厂牌型号			号牌号码		车辆类型	
	车辆识别代号（VIN）					车身颜色	
	发动机号			车架号			
	座位/功率					燃料种类	
	初次登记日期			车辆出厂日期		年　月　日	
	已使用年限		月	累计行驶里程（万公里）		用途	
核对证件	证件						
	税费						
结构特点							
现时技术状况							
价值反映	维护保养情况			现时状态			
	账面原值（元）			车主报价（元）			
	重置成本（万元）		成新率%		折扣率%	评估价格（万元）	
鉴定评估目的：							
鉴定评估说明							

旧机动车鉴定估价师（签名）　　　　　　　　　　复核人（旧机动车高级鉴定估价师）
　　　　　　　　　　　　　　　　　　　　　　　　（签名）

　年　月　日　　　　　　　　　　　　　　　　　　　　　　年　月　日

附录六 二手车技术状况调查表

二手车技术状况调查表

评估委托方：×××　　　　　　　　　　　　评估基准日：2002 年 4 月 30 日

<table>
<tr><td rowspan="7">车辆基本情况</td><td>明细表序号</td><td>01</td><td>车辆牌号</td><td colspan="2">粤×.×××</td><td>厂牌型号</td><td colspan="2">BUICK 上海别克/BUICK/GI8</td></tr>
<tr><td>生产厂家</td><td>上海通用</td><td>已行驶里程</td><td colspan="2">50 000 km</td><td>规定行驶里程</td><td colspan="2">500 000 km</td></tr>
<tr><td>购置日期</td><td>2001.2</td><td>登记日期</td><td colspan="2">2001 年 2 月</td><td>规定使用年限</td><td colspan="2">15 年（180 个月）</td></tr>
<tr><td>大修情况</td><td colspan="7">无大修</td></tr>
<tr><td>改装情况</td><td colspan="7">无改装</td></tr>
<tr><td>耗油量</td><td>正常</td><td>是否达到环保要求</td><td colspan="2">是</td><td>事故次数及情况</td><td colspan="2">无事故</td></tr>
<tr><td colspan="8">现场查勘情况</td></tr>
<tr><td rowspan="14">车辆实际技术状况</td><td rowspan="3">外形车身部分</td><td>颜色</td><td>白</td><td>光泽</td><td>较好</td><td>褪色</td><td>无</td><td>锈蚀</td><td>无</td></tr>
<tr><td>有否被碰撞</td><td>轻微</td><td>严重程度</td><td>—</td><td>修复</td><td>—</td><td>车灯是否齐全</td><td>齐全</td></tr>
<tr><td>前、后保险杠是否完整</td><td>完整</td><td colspan="7">其他：车头右侧及左前车门有轻碰刮痕</td></tr>
<tr><td rowspan="2">车内装饰部分</td><td>装潢程度</td><td>一般</td><td>颜色</td><td>浅色</td><td>清洁</td><td>较好</td><td>仪表是否齐全</td><td>是</td></tr>
<tr><td>座位是否完整</td><td>是</td><td colspan="7">其他</td></tr>
<tr><td rowspan="2">发动机总成</td><td>动力状况评分</td><td>85</td><td>有否更换部件</td><td>无</td><td>有否修补现象</td><td>无</td><td>有否替代部件</td><td>无</td></tr>
<tr><td>漏油现象</td><td colspan="7">严重□　一般□　轻微□　无□</td></tr>
<tr><td rowspan="3">底盘各部分</td><td>有否变形</td><td>无</td><td>有否异响</td><td>无</td><td>变速箱状况</td><td>工况正常</td><td>后桥状况</td><td>正常</td></tr>
<tr><td>前桥状况</td><td>正常</td><td>传动状况</td><td>工况正常</td><td>漏油现象</td><td colspan="3">严重□　一般□　轻微□　无□</td></tr>
<tr><td>转向系统情况</td><td colspan="3">工况正常</td><td>制动系统情况</td><td colspan="3">工况正常</td></tr>
<tr><td rowspan="2">电气系统</td><td>电源系统是否工作正常</td><td>工况正常</td><td>发动机点火器是否工作正常</td><td>工况正常</td><td>空调系统是否有效</td><td>工况正常</td><td>音响系统是否正常工作</td><td>工况正常</td></tr>
<tr><td colspan="8">其他</td></tr>
<tr><td>鉴定意见</td><td colspan="8">维护保养情况较好，磨损正常，整体车况较好</td></tr>
</table>

资产占有单位技术人员签字：×××　　　　　　　　　　　　评估人员签字：×××

附录七　旧机动车鉴定评估报告书

二手车鉴定评估报告书（示范文本）

××二手车鉴定评估机构评报字（200　年）第××××号

一、绪言

××二手车鉴定评估机构接受××的委托，根据国家有关资产评估的规定，本着客观、独立、公正、科学的原则，按照公认的资产评估方法，对××（车辆）进行了鉴定评估。本机构鉴定评估人员按照必要的程序，对委托鉴定评估车辆进行了实地查勘与市场调查，并对其×××年××月××日所表现的市场价值作出了公正评估。现将车辆评估情况及鉴定评估结果报告如下：

二、委托方与车辆所有方简介

（一）委托方××××，委托方联系人×××，联系电话：×××××××××。

（二）根据机动车行驶证所示，委托车辆车主×××。

三、评估目的

根据委托方的要求，本项目评估目的：

□交易　　□转籍　　□拍卖　　□置换　　□抵押　　□担保　　□咨询　　□司法裁决

四、评估对象

评估车辆的厂牌型号（　　　　）；号牌号码（　　　　）；发动机号（　　　　）；车辆识别代号/车驾号（　　　　）；登记日期（　　　　）：年审检验合格至　　年　月；公路规费交至　　年　月；购置附加税（费）证（　　　　）；车船使用税（　　　　）。

五、鉴定评估基准日

鉴定评估基准日＿＿＿＿＿＿＿年＿＿＿月＿＿＿日。

六、评估原则

严格遵循"客观性、独立性、公正性、科学性"原则。

七、评估依据

（一）行为依据

二手车评估委托书第×××号。

（二）法律、法规依据

1.《国有资产评估管理办法》（国务院令第91号）。

2.《摩托车报废标准暂行规定》（国家经贸委等部门令第33号）。

3. 原国家国有资产管理局《关于印发〈国有资产评估管理办法施行细则〉的通知》（国资办法［1992］36号）。

4. 原国家国有资产管理局《关于转发〈资产评估操作规范意见（试行）〉的通知》（国资办法［1996］23号）。

5. 国家经贸委等部门《汽车报废标准》（国经贸经［1997］456号）、《关于调整轻型载货汽车机器补充规定》（国经贸经［1998］407号）、《关于调整汽车报废标准若干规定的通知》（国经贸资源［2000］1202）、《农用运输车报废标准》（国经贸资源［2001］234号）等。

6. 其他相关的办法、法律等。

（三）产权依据

委托鉴定评估车辆的机动车登记证书编号：

（四）评定及取价依据

技术标准资料：

技术参数资料：

技术鉴定资料：

其他资料：

八、评估方法

□现行市价法　　□重置成本法　　□收益现值法　　□清算价格法　　□其他①

计算过程如下：

九、评估过程

按照接受委托、验证、现场查勘、评定估算、提交报告的程序进行。

十、评估结论

车辆评估价格：＿＿＿＿＿＿＿＿＿＿元，大写金额＿＿＿＿＿＿＿＿＿＿＿＿。

十一、特别事项说明②

十二、评估报告法律效力

（一）本项评估结论有效期为90天，自评估基准日至＿＿＿＿年＿＿月＿＿日止。

（二）当评估目的在有效期内实现时，本评估结果可以作为作价参考依据。超过90天，需重新评估。另外在评估有效期内若被评估车辆的市场价格或因交通事故等原因导致车辆的价值发生变化，对车辆评估结果产生明显影响时，委托方也需要重新委托评估机构重新评估。

（三）鉴定评估报告书的使用权归委托方所有，其评估结论仅供委托方为本项目评估目的使用和送交二手车鉴定评估主管机关审查使用，不适用于其他目的；因使用本报告书不当而产生的任何后果与签署本报告书的鉴定估价师无关；未经委托方许可，本鉴定评估机构承诺不将本报告书的内容向他人提供或公开。

附件：

一、二手车鉴定评估委托书；

二、二手车鉴定评估作业表；

三、车辆行驶证、购置附加税（费）证复印件；

四、鉴定估价师职业资格证书复印件；

五、鉴定评估机构营业执照复印件；

六、二手车照片（要求外观清晰，车辆牌照能够辨认）。

备注：本报告书和作业表一式三份，委托方两份，受托方一份。

注册二手车鉴定估价师：（签字、盖章）　　　复核人③：（签字、盖章）

（二手车鉴定评估机构盖章）

年　月　日

注：① 指利用两种或两种以上的评估方法对车辆进行鉴定评估，并以它们评估结果的加权值为最终评估结果的方法。
② 特别事项是指在已确定评估结果的前提下，评估人员认为需要说明在评估过程中已发现可能影响评估结论，但非评估人员执业水平和能力所能评定估算的有关事项以及其他问题。
③ 复核人须具有高级鉴定估价师资格。

附录八 二手车鉴定评估收费标准

××有限公司
二手车鉴定评估收费标准表

类　　别		车辆评估鉴定价值	收费标准（元/车、次）
汽车	三轮汽车		100
	低速货车		100
	其他汽车	2.5万元以下	200
		2.5万~5万元（含5万元）	300
		5万元以上~10万元（含10万元）	400
		10万元以上	500
摩托车		排气量50 CC	50
		排气量50 CC以上	80

附录九 机动车注册登记/转入申请表

机动车注册登记/转入申请表

	申请事项			□注册登记　□转入	
机动车所有人	姓名/名称			联系电话	
	住所地址			邮政编码	
	身份证明名称		号码	□常住人口　□暂住人口	
	居住/暂住证明名称			号码	
机动车	机动车使用性质	□公路客运　□公交客运　□出租客运　□旅游客运　□租赁　□货运 □非营运　□警用　□消防　□救护　□工程抢险　□营转非 □出租营转非			
	机动车获得方式	□购买　□仲裁裁决　□继承　□赠与　□协议抵偿债务　□中奖 □资产重组　□资产整体买卖　□调拨　□境外自带 □法院调解、裁定、判决			
	机动车品牌型号				
	车辆识别代号/车架号				
	发动机号码				
相关资料	来历凭证	□ 销售/交易发票　□《调解书》 □《裁定书》　□《判定书》　□ 相关文书 □ 批准文件　□ 调拨证明　□《仲裁裁决书》		机动车所有人签章：	
	进口凭证	□《货物进口证明》 □《没收走私汽车、摩托车证明书》 □《中华人民共和国海关监管车辆进（出）境领（销）牌证通知书》			
	其他	□ 国产机动车的整车出厂合格证 □ 机动车档案　□ 身份证明 □《协助执行通知书》　□《公证书》			
申请方式	□ 由机动车所有人申请 □ 机动车所有人委托＿＿＿＿＿＿＿＿＿＿代理申请			（个人签字/单位盖章） 　年　月　日	

附录九 机动车注册登记/转入申请表

续表

代理人	姓名/名称			联系电话	
	住所地址				
	身份证明名称		号码		代理人签章：
	经办人	姓 名			
		身份证明名称		号码	
		住所地址			（个人签字/单位盖章）
		签 字		年 月 日	年 月 日

填表说明：

1. 填写时使用黑色、蓝色墨水笔，字体工整。

2. 标注有"□"符号的为选择项目，选择后在"□"中画"√"。

3. 机动车所有人的住所地址栏，属于个人的，填写实际居住的地址；属于单位的，填写组织机构代码证书上签注的地址。

4. 机动车栏的"机动车品牌型号"、"车辆识别代码/车架号"、"发动机号码"项目，按照车辆的技术说明书、合格证等资料标注的内容与车辆核对后填写。

5. 申请方式栏，属于由机动车所有人委托代理单位或者代理人代为申请的，除在"□"内画"√"外，还应当在下划线处填写代理单位或者代理人的全称。

6. 机动车所有人的签字/盖章栏，属于个人的，由机动车所有人签字；属于单位的，盖单位公章。

7. 代理人栏，属于个人代理的，填写代理人的姓名、住所地址、身份证明名称、号码，在代理人栏内签名，不必填写经办人姓名等项目；属于单位代理的，应填写代理人栏的所有内容，代理单位应盖单位公章，经办人应签字。

附录十 二手车交易合同

二手车买卖合同

合同编号：_____

签订时间：_____年___月___日

甲方：（售车方）_____

乙方：（购车方）_____

第一条 目的

依据国家有关法律、法规和本市有关规定，甲、乙双方在自愿、平等和协商一致的基础上，就订立二手车买卖合同，并完成其他委托的服务事项达成一致，订立本合同。

第二条 当事人及车辆情况

一、甲方（售车方）基本情况

（1）单位代码证号□□□□□□□□□□□□□□□—□，经办人_____，

身份证号码□□□□□□□□□□□□□□□□□□，

单位地址_____，联系电话_____。

（2）自然人身份证号码□□□□□□□□□□□□□□□□□□，

现常住地址_____，联系电话_____。

二、乙方（购车方）基本情况

（1）单位代码证号□□□□□□□□□□□□□□□—□，经办人_____，

身份证号码□□□□□□□□□□□□□□□□□□，

单位地址_____，联系电话_____。

（2）自然人身份证号码□□□□□□□□□□□□□□□□□□，

现常住地址_____，联系电话_____。

三、出售车辆基本情况

车辆牌号_____，车辆类别_____，

厂牌型号_____，颜色_____。

初次登记时间_____，登记证号_____。

发动机号码_____，车架号码_____。

行驶里程_____km，允许使用年限至_____年___月___日，

车辆年检签证有效期至_____年_____月，

车辆购置费完税交纳证号_____/免税交纳（有证/无证），

车辆保险险种：1._____ 2._____ 3._____

4. _____。

　　保险有效期截止日期：_____年___月___日。
　　配置：_____
_____。
　　其他情况：_____
_____。

第三条　车辆价款

　　经协商一致，本车价款定为人民币_____元（大写：_____
元），上述价款包括车辆、备胎及_____等附件。
　　过户手续费为人民币_____元（大写：_____元），由
_____方负责。

第四条　付款及交付、过户

　　1. 乙方于合同签订后（当日/_____日）内支付价款_____%（人民币：
_____元，大写：_____元）作为定金支付给甲方；支付方
式：（现金/指定账户）。
　　2. 甲方于合同签订（当日/_____日）内，将本车（过户/转籍）所需的有关证件
原件及复印件交付给_____方，由_____方负责办理（过户/转籍）手续。
　　3. 乙方于（过户/转籍）事项完成后（当日/_____日）内向甲方支付剩余价款
（人民币_____元，大写：_____元）；支付方式：（现金/
指定账户）。

第五条　双方的权利和义务

　　1. 甲方承诺车辆出让时不存在任何权属上的法律问题和各类尚未处理完毕的交通违章
记录，所提供的证件、证明均真实、有效，无伪造情况；否则，致使出让车辆不能过户、转
籍的，乙方有权单方解除本合同或终止本合同的履行，甲方应接受退回的车辆，并向乙方双
倍返还定金和支付实际发生的费用。
　　_____方如在收取有关文件、证明后_____日内未办理（过户/转籍）手续或
由于_____方的过失导致（过户/转籍）手续不能办理或不能在合理期限内完成（双方
约定该合理期限为收取文件、证明后的_____日内），除非有正当理由或不可抗力，否
则_____方可单方终止本合同，并要求_____方双倍返还定金和支付实际发生的
费用。
　　2. 乙方承诺已对受让车辆的配置、技术状况和原使用性质了解清楚，该车能根据居住
管辖地车辆落籍规定办理落籍手续。如由于乙方的过失导致（过户/转籍）手续不能办理，
则甲方可单方终止本合同，并不返还定金，已经发生的费用应乙方承担。
　　本合同签订后，乙方如未按本合同规定的时间支付定金，甲方有权单方解除本合同，并
要求乙方赔偿相应的经济损失。

第六条　合同在履行中的变更及处理

　　本合同在履行期间，任何一方要求变更合同条款的，应及时书面通知对方，并征得对方
的同意后，在约定的时限_____天内，签订补充条款，注明变更事项。未书面告知对
方，并征得对方同意，擅自变更造成的经济损失，由责任方承担。

本合同履行期间，双方因履行本合同而签署的补充协议及其他书面文件，均为本合同不可分割的一部分，具有同等效力。

第七条 违约责任

甲、乙双方如发生违约行为，违约方给守约方造成的经济损失，由守约方按照法律、法规的有关规定和本合同有关条款追偿。

第八条 风险承担

本车在过户、转籍手续完成前由甲方作为所有人承担一切风险责任；本车在过户、转籍手续完成后乙方作为所有人承担一切风险责任。

第九条 其他规定

本合同未约定的事项，按照《中华人民共和国合同法》以及有关法律、法规的规定执行。

第十条 发生争议的解决办法

甲、乙双方在履行本合同过程中发生争议，由双方协商解决；协商不成的，提请二手车交易市场或二手车交易管理协会调解。调解成功的，双方应当履行调解协议；调解不成的，按本合同约定的下列第（　　）项进行解决：

1. 向仲裁委员会申请仲裁；
2. 向法院提起诉讼。

第十一条 合同效力和订立数量

本合同内，空格部分填写的文字，其效力优于印刷文字的效力。本合同所称"日"，均指工作日。

本合同经双方当事人签字、盖章后生效；本合同一式三份，由甲方、乙方、二手车交易市场各执一份，均具有同等的法律效力。

甲方：出售方（名称）：＿＿＿＿＿＿＿＿＿＿＿＿＿＿＿＿

法定代表人/自然人：（签章）＿＿＿＿＿＿＿＿＿＿＿＿＿＿

经办人：（签章）＿＿＿＿＿＿＿＿＿＿＿＿＿＿＿＿＿

开户银行：＿＿＿＿＿＿＿＿＿＿＿＿＿＿＿＿＿＿＿＿

账号：＿＿＿＿＿＿＿＿＿＿＿＿＿＿＿＿＿＿＿＿＿＿

乙方：购车方（名称）：＿＿＿＿＿＿＿＿＿＿＿＿＿＿＿＿

法定代表人/自然人：（签章）＿＿＿＿＿＿＿＿＿＿＿＿＿＿

经办人：（签章）＿＿＿＿＿＿＿＿＿＿＿＿＿＿＿＿＿

开户银行：＿＿＿＿＿＿＿＿＿＿＿＿＿＿＿＿＿＿＿＿

账号：＿＿＿＿＿＿＿＿＿＿＿＿＿＿＿＿＿＿＿＿＿＿

二手车居间合同

合同编号：_____

签订时间：_____年___月___日

委托出让方（简称甲方）：_____

居间方：_____

委托买入方（简称乙方）：_____

第一条 目的

依据国家有关法律、法规和本市有关规定，三方在自愿、平等和协商一致的基础上，就居间方接受甲乙双方的委托，促成甲、乙双方二手车交易，并完成其他委托的服务事项达成一致，订立本合同。

第二条 当事人及车辆情况

一、甲方基本情况：

（1）单位代码证号□□□□□□□□□□□□□□□—□，经办人_____，
身份证号码□□□□□□□□□□□□□□□□□□，
单位地址_____，联系电话_____。

（2）自然人身份证号码□□□□□□□□□□□□□□□□□□，
现常住地址_____，联系电话_____。

二、乙方基本情况：

（1）单位代码证号□□□□□□□□□□□□□□□—□，经办人_____，
身份证号码□□□□□□□□□□□□□□□□□□，
单位地址_____，联系电话_____。

（2）自然人身份证号码□□□□□□□□□□□□□□□□□□，
现常住地址_____，联系电话_____。

三、出售车辆基本情况

车辆牌号_____，车辆类别_____。

厂牌型号_____，颜色_____。

初次登记时间_____，登记证号_____。

发动机号码_____，车架号码_____。

行驶里程_____km，允许使用年限至_____年___月___日。

车辆年检签证有效期至_____年___月。

车辆购置费完税交纳证号_____/免税交纳（有证/无证），

车辆保险险种：1._____ 2._____ 3._____

4._____。

保险有效期截止日期：_____年___月___日。

配置：_____
_____。

其他情况：_____

_____。

第三条 车辆价款

经协商一致，本车价款定为人民币_____元（大写：_____元），上述价款包括车辆、备胎及_____等附件。

过户手续费为人民币_____元（大写：_____元），由_____方负责。

第四条 付款及交付、过户

1. 乙方于合同签订后（当日/_____日）内支付价款_____%（人民币：_____元，大写_____元）作为定金支付给甲方；支付方式：（现金/指定账户）。

2. 甲方于合同签订（当日/_____日）内，将本车辆存放于居间方指定地点，由居间方和乙方查验认可，出具查验单后，由居间方代为保管或三方约定由甲方继续使用本车。甲方于合同签订后_____日内将本车辆有关证件原件及复印件交付给乙方，并协助乙方办理过户手续。

3. 乙方于（过户/转籍）事项完成后（当日/_____日）内向甲方支付剩余价款（人民币_____元，大写：_____元）；支付方式：（现金/指定账户）。

第五条 佣金标准、数额、收取方式和退赔

（一）居间方已完成本合同约定的委托人甲方委托的事项，委托人甲方按照下列第_____种方式计算支付佣金（任选一种）：

1. 按照该二手车成交价_____的_____%，具体数额为人民币_____元作为佣金支付给居间方。

2. 按双方约定，佣金为人民币_____元，支付给居间方。

（二）居间方已完成本合同约定的委托人乙方委托的事项，委托人乙方按照下列第_____种方式计算支付佣金（任选一种）：

1. 按照该二手车成交价_____的_____%，具体数额为人民币_____元作为佣金支付给居间方。

2. 按双方约定，佣金为人民币_____元，支付给居间方。

（三）居间方未完成本合同委托事项的，按照下列约定退还佣金：

1. 居间方未完成委托人甲方委托的事项，将本合同约定收取佣金的_____%，具体数额为人民币_____元退还给委托人甲方，已发生费用由居间方承担；

2. 居间方未完成委托人乙方委托的事项，将本合同约定收取佣金的_____%，具体数额为人民币_____元退还给委托人乙方，已发生费用由居间方承担。

第六条 甲方的权利和义务

甲方承诺车辆出让时不存在任何权属上的法律问题和各类尚未处理完毕的交通违章记录，所提供的证件、证明均真实、有效，无伪造情况；否则，致使出让车辆不能过户、转籍的，乙方有权单方解除本合同或终止本合同的履行，甲方应接受退回的车辆，全额退回车款，向居间方支付佣金和实际发生的费用，并承担赔偿责任。

本合同有效期内，甲方委托出让的车辆根据本合同约定将本车存放在指定的地点，并按规定支付停车费,因保管不善造成车辆毁损、灭失的,由责任方承担赔偿责任。

甲方不提供相关文件、证明,或未按本合同第四条第二款的约定将本车存放于指定地点,除非有正当理由或不可抗力,否则乙方有权终止本合同并要求双倍返还定金。

第七条 乙方的权利和义务

本合同签订后,乙方应向居间方预付定金(人民币_____元,大写_____元)。

乙方履行合同后,定金抵作乙方应当支付给居间方的佣金。如乙方违约,乙方无权要求返还定金并支付实际发生的费用;如居间方违约,应当双倍返还定金。

乙方如未按本合同规定的时间支付定金,甲方有权单方解除本合同,并要求乙方赔偿相应的经济损失。

乙方如拒绝接受甲方提供的文件、证明,除非有正当理由或不可抗力,否则甲方可单方终止本合同,并不返还定金。

乙方如在收取有关文件、证明后_____日内未办理(过户/转籍)手续或由于乙方的过失导致(过户/转籍)手续不能办理或不能在合理期限内完成(双方约定该合理期限为收取文件、证明后的_____日内),除非有正当理由或不可抗力,否则甲方可单方终止本合同,并不返还定金,已经发生的费用应由乙方承担。

第八条 居间方的权利和义务

居间方应向甲、乙双方出示营业执照等有效证件。

居间方的执业经纪人应向甲、乙双方出示经纪执业证书,并应亲自处理委托事务,未经甲、乙双方同意,不得转委托。

居间方应按照甲、乙双方的要求处理委托事务,报告委托事务处理情况,为甲、乙双方保守商业秘密。

居间方应按约定或依规定收取甲、乙双方支付的款项并开具收款凭证。

居间方不得采取胁迫、欺诈、贿赂和恶意串通等手段,促成交易。

居间方不得伪造、涂改、买卖交易文件、证明和凭证。

第九条 合同在履行中的变更及处理

本合同在履行期间,任何一方要求变更合同条款的,应及时书面通知相对方,并征得相对方的同意后,在约定的时限_____天内,签订补充条款,注明变更事项。未书面告知相对方,并征得相对方同意,擅自变更造成的经济损失,由责任方承担。

本合同履行期间,三方因履行本合同而签署的补充协议及其他书面文件,均为本合同不可分割的一部分,具有同等效力。

第十条 违约责任

1. 三方商定,居间方有下列情况之一的,应承担违约责任:
(1)无正当理由解除合同的;
(2)与他人私下串通,损害委托人甲、乙双方利益的;
(3)其他过失影响委托人甲、乙双方交易的。

2. 三方商定,委托人甲、乙双方有下列情况之一的,应承担违约责任:
(1)无正当理由解除合同的;
(2)未能按照合同提供必要的文件、证明和配合,造成居间方无法履行合同的;

（3）相互或与他人私下串通，损害居间方利益的；
（4）其他造成居间方无法完成委托事项的行为。

3. 三方商定，发生上述违约行为的，按照合同约定佣金总数的_____%，计人民币违约金支付给各守约方。违约方给各守约方造成的其他经济损失，由守约方按照法律、法规的有关规定追偿。

第十一条 风险承担

本车在过户、转籍手续完成前由甲方作为所有人承担一切风险责任；本车在过户、转籍手续完成后乙方作为所有人承担一切风险责任。

第十二条 其他规定

本合同未约定的事项，按照《中华人民共和国合同法》以及有关法律、法规的规定执行。

第十三条 发生争议的解决办法

三方在履行本合同过程中发生争议，由三方协商解决；协商不成的，提请二手车交易市场和二手车交易管理协会调解。调解成功的，三方应当履行调解协议；调解不成的，按本合同约定的下列第_____项进行解决：

1. 向仲裁委员会申请仲裁；
2. 向法院提起诉讼。

第十四条 合同效力和订立数量

本合同内，空格部分填写的文字，其效力优于印刷文字的效力。本合同所称"日"，均指工作日。

本合同经三方当事人签字、盖章后生效；本合同一式四份，由甲方、乙方、居间方、二手车交易市场各执一份，均具有同等的法律效力。

委托出售方（甲方）：_____
法定代表人/自然人：（签章）_____
经办人：（签章）_____
开户银行：_____
账号：_____
居间方（名称）：_____
营业执照注册号：_____
法定代表人：（签章）_____
执业经纪人：（签章）_____
执业经纪证书：（编号）_____
开户银行：_____
账号：_____
委托买入方（乙方）：_____
法定代表人/自然人：（签章）_____
经办人：（签章）_____
开户银行：_____
账号：_____

附录十一 车损评估表

典型车损评估表（××保险股份有限公司）

被保险人：_____

车辆型号			牌照号码			发动机号码					
车壳颜色			出险时间			保险单号码					
损失项目	损坏程度	修理方式	材料费			工时费				定损金额			备注
			数量	单价	金额	工种	工时	单价	金额	材料费	残值	工时费	
材料费合计： 元						工时费合计： 元							
修理总金额（估损）： 元						定损（大写）： ¥							
备注：													
被保险人 （签字盖章） 年 月 日			修理厂 （签字盖章） 年 月 日			第三者 （签字盖章） 年 月 日			保险公司 （签字盖章） 年 月 日				

预计修理日期　　　天　　　　　　　　　　　　　　出厂日期　年　月　日

典型车损评估表（××××保险股份有限公司）

被保险人：_____

牌照号码			肇事车保单号码				
发动机号			底盘号（VIN）				
厂牌车型		出险时间	年　月　日　时		保险险别	□ 车损险　□ 三者险	
生产年月			排气量（L）		变速器形式	□ 自动　□ 手动	
发动机形式	□ 化油器　□ 电喷		安全装置	□ 安全气囊　□ ABS 系统　□ 无安全装置			
更换配件名称	数量		配件价格		修理项目		工时费
					事故拆装：		
					事故钣金：		
					机修：		
					电工：		
					事故油漆：		
					工时费小计：		
材料费小计：					管理费：		

本页未尽之栏目，请见定损报告明细表

(1) 经甲乙丙三方协商，完全同意按以上核定的价格修理。
　　总计工料费人民币_____佰_____拾_____万_____仟_____佰_____拾_____元_____角_____分（￥_____）。

(2) 乙方按以上核定项目保质保量修理，且履行以上核定的修理及换件项目，如有违背，甲方有权向乙方追回价格差额。

(3) 乙方保证在_____日内保质保量按时完成修理；若违约，愿意赔偿因拖延时间而造成丙方的利润损失。

(4) 丙方对以上核定的修理项目和价格无任何异议。如存在修理质量问题或价格超标，由乙方负责全部责任。

(5) 其他约定：

乙方（修理厂）签章：	丙方（车方）签章：	甲方（保险公司）签章： 查勘定损人： 核价人：
年　月　日	年　月　日	年　月　日

附录十二 工时费标准

南京市轿车类事故车修复工时费标准

（单位：元）

序号	项目		微型轿车			普通型轿车			中级轿车						中高级轿车			高级轿车			备注
									普通类			豪华类									
			轻微	一般	较重	轻微	一般	较重	轻微	一般	较重	轻微	一般	较重	轻微	一般	较重	轻微	一般	较重	
1	前保险杠	根	20	30	50	40	80	120	60	100	140	120	200	280	120	240	360	220	600	900	
2	保险杠骨架	根	20	40	60	30	60	70	30	50	60	50	120	180	120	240	360	180	240	480	
3	保险杠支架	只	10	20	30	10	20	30	10	20	30	20	40	60	20	40	60	40	80	120	
4	前面罩	只	10	20	30	10	20	30	10	20	30	30	60	120	60	150	300	120	240	360	
5	散热器框架	只	20	40	60	40	120	180	40	120	180	80	160	300	120	280	420	180	360	600	
6	前横梁	根	20	40	60	40	120	180	40	120	180	120	240	360	120	280	420	180	360	480	
7	发动机罩	只	20	40	60	40	80	120	40	80	160	60	240	360	120	360	540	240	720	960	
8	前翼子板	块	15	20	30	15	40	80	20	40	80	40	80	120	40	120	240	120	240	480	
9	前轮廓	个	30	80	160	50	80	180	50	120	240	100	240	320	180	320	480	240	480	960	
10	前纵梁	根	30	50	100	50	80	180	50	120	240	100	240	320	180	320	480	240	480	960	
11	前围	个	40	80	160	50	80	180	50	120	240	100	240	320	180	320	480	240	480	960	
12	前风窗框	只	50	80	140	80	160	240	100	300	400	120	350	480	240	450	600	300	600	800	
13	前围上盖板	个	20	60	100	30	60	160	50	100	220	50	100	220	200	400	600	300	600	900	

续表

序号	项目	单位	微型轿车			普通型轿车			中级轿车 普通类			中级轿车 豪华类			中高级轿车			高级轿车			备注
			轻微	一般	较重	轻微	一般	较重	轻微	一般	较重	轻微	一般	较重	轻微	一般	较重	轻微	一般	较重	
14	仪表板框架	台	30	60	90	40	70	100				50	80	120	50	80	120	80	120	200	
15	前立柱	根	60	160	200	100	180	280				200	400	600	300	600	750	400	800	1 000	
16	中立柱	根	40	100	140	80	160	260				120	200	280	200	350	500	300	400	600	
17	后立柱	根	30	80	120	80	160	260				120	180	240	200	350	500	300	400	600	
18	车门	扇	40	80	120	40	120	240				80	200	400	100	300	500	120	300	500	
19	车门窗框	扇	50	100	150	100	200	300			100	200	300	150	300	450	600	300	450	450	
20	车门槛梁	根	30	60	80	30	60	120				40	120	180	80	180	240	200	300	450	
21	后纵梁	根	30	50	100	30	60	120	50	120	240	100	240	320	180	320	480	240	480	960	
22	车顶	个	50	100	180	60	120	240				100	240	320	100	320	480	200	400	800	天窗加 30%
23	车顶梁	根	10	20	30	10	20	30	10	20	30	20	40	60	20	40	60	40	80	120	
24	车身底梁	根	20	60	120	20	60	180				200	400	600	300	600	900	300	600	900	
25	转向器固定支架	只	10	20	30	10	20	30	10	30	40	20	30	40	40	60	80	60	80	120	
26	后翼子板	块	30	60	120	40	80	140	50	120	140	120	240	450	200	400	600	200	600	900	
27	后翼子板轮廓	个	30	80	160	50	80	180	50	120	240	100	240	320	180	320	480	240	960	120	
28	刮水器下围板	个	20	40	60	40	80	160	50	100	240	100	240	320	100	240	320	120	240	320	
29	后座椅靠背挡板	个	10	20	30	10	20	30	10	20	40	20	40	60	20	40	60	40	80	120	

附录十二 工时费标准　　243

续表

序号	项目		微型轿车			普通型轿车			中级轿车						中高级轿车			高级轿车			备注
									普通类			豪华类									
			轻微	一般	较重	轻微	一般	较重	轻微	一般	较重	轻微	一般	较重	轻微	一般	较重	轻微	一般	较重	
30	排气管消声器	只	10	20	30	10	30	60	30	60	120	30	60	120	30	60	120	50	80	160	
31	座椅骨架	个	20	30	60	30	60	120	30	60	120	60	120	240	80	150	260	80	150	260	
32	后行李箱底板	个	30	80	120	30	120	160	30	120	160	60	160	240	60	160	240	120	240	360	
33	后三角窗框架	个	20	30	40	20	40	60	20	40	60	40	120	120	60	120	240	60	120	240	
34	后悬架臂骨架	个	30	40	50	30	40	50	40	50	60	50	60	80	60	80	100	100	150	200	
35	外侧梁	根	30	40	50	30	40	50	50	60	80	60	80	100	80	100	120	120	180	240	
36	行李舱盖	个	20	80	140	60	120	160	60	120	180	120	180	320	180	240	480	240	320	640	
37	行李舱后围板	个	60	100	160	60	120	240	60	120	240	100	240	300	100	240	300	200	300	500	
38	后保险杠	根	20	30	50	40	80	120	60	100	140	120	300	450	120	300	450	220	600	900	
39	车身底板	块	30	60	180	50	120	300	50	160	360	120	240	400	160	320	480	200	400	600	
40	后横梁	根				40	120	180	60	180	240	180	280	380	180	360	520	240	480	963	
41	背门 (二厢)	扇	20	80	140	60	160	280				120	320	560	240	480	760	240	760	1 000	
42	天窗	个							200	400	600	200	400	600	400	600	1 000	400	800	1 200	
43	副梁	根	20	30	40	40	160	240	120	240	360	120	280	420	120	280	420	180	360	480	

① 玻璃安装采用粘接工艺，按同事故级别的豪华类计算

事故车常见零部件拆检工时费标准

序号	名称	轿车定额/元	客车定额/元	货车定额/元
1	全车拆检	992	1 098	984
2	拆保险杠	16	18	16
3	拆水箱冷凝器	32	60	48
4	拆发动机	88	200	80
5	解体发动机	224	180	160
6	拆汽缸盖	24	32	32
7	拆气门室盖	8	8	8
8	拆前桥	64	100	80
9	拆转向器总成	32	40	24
10	拆制动总泵	16	8	8
11	拆仪表台	96	80	56
12	拆组合仪表	64	72	32
13	拆门饰板	32	20	16
14	解体变速器	192	80	64
15	拆灯光线束	48	40	24
16	拆驾驶室			128
17	拆车厢			112
18	拆后桥	56	160	96

事故车做漆工时费收费标准

车型分类	漆种	基本车型	费用/($元·m^{-2}$)	漆料比例/%	工费比例/%
微型	普漆	夏利、奥拓、长安、凯旋、昌河、飞虎、大发、松花江、云雀、英格尔	120	50	50
普通型	普漆	普桑、富康、依维柯、捷达	240	50	50
普通型	出租双色	普桑、富康、捷达	320	60	40
普通型	出租金属漆双色	普桑、桑塔纳2000、捷达、富康等	400	60	40
中级	单色普通烤漆	桑塔纳2000、切诺基、标致307、奥迪100、红旗7200、时代超人	340	60	40
中高级	银粉、珠光烤漆	奥迪V6、V8、沃尔沃、本田、现代、丰田、蓝鸟、别克、帕萨特	440	60	40

续表

车型分类	漆种	基本车型	费用/ (元·m^{-2})	漆料比例/ %	工费比例/ %
高级	高级车 金属烤漆	凌志、道奇、凯迪拉克、旁蒂克、 宝马、雪佛兰、奔驰	540	60	40
高级客车	高级烤漆	沃尔沃、凯斯鲍尔、北方大客 BFC6120、奔驰亚星、金龙 XMQ6120	单色：340 金属：440	60	40
其他	一般普漆	大货、普通大客、普通中巴	120	50	50

附录十三 旧机动车鉴定评估师技能要求

附表 1 旧机动车鉴定估价师技能要求

职业功能	工作内容	技能要求	相关知识	配分比例
一、咨询与服务	（一）业务接待	1. 能按岗位责任和规范要求，文明用语、礼貌待客； 2. 能够简要介绍旧机动车交易方式、程序和有关规定	1. 岗位责任制和规范要求； 2. 旧机动车交易主要方式、程序和有关规定	1
	（二）法规咨询	1. 能向客户解答旧机动车交易的法定手续； 2. 能够向客户说明不同车主、不同类型旧机动车交易的有关法规	1. 国家对不同车主、不同类型旧机动车交易的规定； 2. 《旧机动车报废标准》、《旧机动车交易管理办法》等	1
	（三）技术咨询	1. 能向客户解答机动车常用的技术参数、基本构造原理及使用性能； 2. 能识别机动车类别、国产车型号和进口旧机动车出厂日期； 3. 能根据客户提供的情况，初步鉴别旧机动车新旧程度	1. 机动车主要技术参数、使用性能及基本构造原理； 2. 机动车分类标准、国产车型号编制规则及进口车出厂日期的识别方法； 3. 鉴别机动车新旧程度的基本方法	2
	（四）价格咨询	1. 能掌握机动车市场行情； 2. 能向客户简要介绍旧机动车市场的供求状况； 3. 能向客户介绍旧机动车交易所需的基本费用	1. 机动车价格行情、供求信息的收集渠道和方法； 2. 旧机动车交易各项费用及价格构成因素	1
二、手续检查	检查车辆各项手续	1. 能按规定检查旧机动车交易所需的各项手续； 2. 能识别旧机动车交易所需票证的真伪	1. 旧机动车交易手续和相关知识； 2. 旧机动车交易所需票证识伪常识	8

续表

职业功能	工作内容	技能要求	相关知识	配分比例
三、车况检测	（一）技术状况检查	1. 通过目测、耳听、试摸等手段，能判断旧机动车外观和主要总成的基本情况； 2. 通过路试，能判断发动机动力性能，传动系、转向系、制动系、电路、油路等工作情况	1. 目测、耳听、试摸检查旧机动车的方法和要领； 2. 路试检查旧机动车的方法和要领； 3. 机动车检测技术常识	40
	（二）技术状况检测	1. 能读懂机动车检测报告； 2. 会使用简单的检测仪器和设备		
四、技术鉴定	（一）机动车主要部件技术状况鉴定	1. 熟悉机动车主要部件正常工作的状态； 2. 能判定旧机动车主要部件的技术状况	1. 机动车主要部件的工作原理； 2. 检测报告数据分析方法； 3. 旧机动车技术状况等级鉴定方法	22
	（二）机动车整车技术状况鉴定	1. 能正确分析检测报告的数据； 2. 能判定旧机动车整车的技术状况等级		
五、评估定价	（一）评估价格	1. 根据车况检测和技术鉴定结果，确定旧机动车的成新率； 2. 根据旧机动车成新率及市场行情，确定旧机动车价格	1. 确定旧机动车成新率的方法； 2. 旧机动车价格评估程序和方法	25
	（二）编写评估报告	能编写旧机动车鉴定估价报告	评估报告的格式、要求	

附表 2　旧机动车高级鉴定估价师职业技能标准

职业功能	工作内容	技能要求	相关知识	配分比例
一、咨询与服务	（一）业务接待	1. 能合理运用社会礼仪及社交语言； 2. 能与国外客户进行简单交流； 3. 能发现客户的需求和交易动机，营造和谐的洽谈气氛	1. 营销工作中的公关语言、礼仪； 2. 常用外语口语； 3. 客户的需求心理、交易动机等常识	1
	（二）法规咨询	1. 能向客户说明国家关于旧机动车交易的政策法规； 2. 能引导客户合法交易	国家关于旧机动车交易的政策法规	1
	（三）技术咨询	1. 能向客户解答说明机动车主要总成的工作原理； 2. 能向客户介绍机动车维修、保养常识； 3. 能为客户判断旧机动车常见故障； 4. 能理解国外常见车型代号的含义； 5. 能看懂进口机动车英文产品介绍、使用说明等技术资料	1. 机动车主要总成工作原理； 2. 机动车维修、保养常识； 3. 机动车常见故障； 4. 国外常见车辆型号的含义； 5. 旧机动车专业英语基础	2
	（四）价格咨询	1. 能通过计算机网络查询机动车价格行情和供求信息； 2. 能分析说明机动车市场价格、供求变化趋势； 3. 能根据车辆使用情况，初步估计旧机动车价格	1. 计算机信息系统软件使用方法； 2. 价格学、市场学基础知识； 3. 旧机动车价格粗估方法	1
	（五）投资咨询	1. 能帮助客户根据用途选择车型； 2. 能根据客户需要，提供投资建议	1. 机动车用途及购买常识； 2. 机动车投资收益分析方法	2
二、手续检查	检查车辆各项手续	1. 能掌握机动车上路行驶所需的手续； 2. 能判别旧机动车交易所需票证的真伪	1. 机动车交通管理常识； 2. 机动车手续判别真伪知识	5

附录十三　旧机动车鉴定评估师技能要求

续表

职业功能	工作内容	技能要求	相关知识	配分比例
三、车况检测	（一）技术状况检查	1. 能识别事故车辆； 2. 能识别翻新、大修车辆； 3. 能发现旧机动车主要部件更换情况	1. 识别事故车辆、翻新车辆、大修车辆的方法； 2. 机动车维修常识； 3. 机动车基本的检测技术和方法	38
	（二）技术状况检测	1. 熟悉机动车检测的基本项目； 2. 能掌握机动车基本检测方法； 3. 会使用机动车常用的检测仪器和设备		
四、技术鉴定	（一）机动车主要部件技术状况鉴定	熟知机动车主要部件的技术状况对整车性能的影响	1. 机动车部件损耗规律； 2. 旧机动车技术鉴定报告格式和内容	20
	（二）机动车整车技术状况鉴定	能撰写旧机动车技术鉴定结果报告		
五、评估定价	（一）评估价格	1. 能掌握有关设备折旧规定和计算方法； 2. 能掌握和运用多种评估定价方法； 3. 能利用计算机鉴定估价软件进行估价	1. 设备折旧法； 2. 旧机动车估价软件使用方法； 3. 价格策略与常用定价方法； 4. 成本定价法、需求定价法、竞争定价法	25
	（二）编写评估报告	能够利用计算机编写评估报告	计算机文字处理软件使用方法	
六、工作指导	指导鉴定估价的工作	1. 了解机动车的发展动态； 2. 能指导旧机动车鉴定估价师处理工作中遇到的较复杂问题； 3. 能结合实际情况对鉴定估价工作提出改进意见	机动车发展动态以及鉴定估价的相关知识	5

参 考 文 献

[1] 王永胜. 汽车评估 [M]. 北京: 机械工业出版社, 2005.
[2] 王永胜. 车险理赔查勘与定损 [M]. 北京: 机械工业出版社, 2008.
[3] 郭志军. 二手车鉴定与评估 [M]. 北京: 北京理工大学出版社, 2009.
[4] 庞昌乐. 二手车评估与交易实务 [M]. 北京: 北京理工大学出版社, 2007.
[5] 吴兴敏. 二手车鉴定评估师 [M]. 北京: 国防工业出版社, 2010.
[6] 王若平. 汽车评估师 [M]. 北京: 北京理工大学出版社, 2005.
[7] 林在犁. 汽车评估 [M]. 上海: 同济大学出版社, 2008.
[8] 杜建. 汽车评估 [M]. 北京: 人民交通出版社, 2008.
[9] 许洪国. 汽车运用工程基础 [M]. 北京: 清华大学出版社, 2004.
[10] 高延龄. 汽车运用工程 [M]. 北京: 人民交通出版社, 2007.
[11] 张宪华. 出险汽车损伤评估与修复技术标准手册 [M]. 北京: 银声音像出版社, 2004.
[12] 董恩国. 汽车保险与理赔实务 [M]. 北京: 机械工业出版社, 2008.
[13] 何宝文. 汽车评估 [M]. 大连: 大连理工大学出版社, 2009.
[14] 吕恩利. 国外二手车评估体系的比较 [J]. 汽车工业研究, 2007 (2): 27 - 29.
[15] 张帆. 浅析我国二手车业的发展现状以及完善办法 [J]. 内蒙古科技与经济, 2004 (24): 68 - 69.